女人的历史

【英国】罗莎琳德·迈尔斯(Rosalind Miles)◎著
刁筱华◎译

THE
WOMEN'S HISTORY
OF THE WORLD

全国百佳出版社
中央编译出版社
Central Compilation & Translation Press

THE WOMEN'S HISTORY OF THE WORLD by ROSALIND MILES
Copyright © 1988, 2001 by Rosalind Miles
This edition arranged with INTERCONTINENTAL LITERARY AGENCY (ILA)
through BIG APPLE TUTTLE – MORI AGENCY, LABUAN, MALAYSIA.
Simplified Chinese edition copyright © 2011 by Central Compilation & Translation Press
All rights reserved.
本书译文由城邦文化事业股份有限公司麦田出版事业部授权使用。

图书在版编目(CIP)数据

女人的历史/(英)迈尔斯(Miles,R.)著;刁筱华译.
—北京:中央编译出版社,2011.12
书名原文:The Women's History of the World
ISBN 978-7-5117-1063-5

Ⅰ.①女…
Ⅱ.①迈… ②刁…
Ⅲ.①妇女史学-研究-世界
Ⅳ.①D441.9

中国版本图书馆 CIP 数据核字(2011)第 211906 号

女人的历史

出 版 人	和 龑
责任编辑	张维军
执行编辑	刘文利
责任印制	尹 珺
出版发行	中央编译出版社
地　　址	北京西城区车公庄大街乙5号鸿儒大厦B座(100044)
电　　话	(010)52612345(总编室)　(010)52612343(编辑室)
	(010)66161011(团购部)　(010)52612332(网络销售)
	(010)66130345(发行部)　(010)66509618(读者服务部)
网　　址	www.cctphome.com
经　　销	全国新华书店
印　　刷	河北下花园光华印刷有限责任公司
开　　本	787毫米×1092毫米　1/16
字　　数	244千字
印　　张	17
版　　次	2011年12月北京第1版
印　　次	2011年12月第1次印刷
定　　价	39.00元

本社常年法律顾问:北京大成律师事务所首席顾问律师　鲁哈达
凡有印装质量问题,本社负责调换。电话:(010)66509618

献给

世界上所有没有历史的女人

女人是历史,且塑造了历史。

——玛丽·瑞特·毕尔德(Mary Ritter Beard)

目 录
Contents

序 1–6

第一篇 起 初

1 初始的女人 9–25
  强大的基因—采集食物—生育—生殖器的进化—狩猎者—性暴力—宗教仪式

2 女　神 27–47
  母神—女神的爱人—母权体制—女性的权利—凯尔特人—终极自由

3 阳物的兴起 49–68
  权利的转移—男人决定生育—阳具崇拜—女性被推翻—性虐待—女性的暴力反抗

第二篇 女人的衰微

4 父　神 71–91
  上帝的出现—父权体制—女性的衰微—二元对立—女性沦为外围集团

5 母亲的罪 93–111
  女体—"不知足"的阴户—月经禁忌—强迫婚姻—生殖器操控—妓女

6 一些学识 113–133
  女性的空间—对抗男性操控—女修道院—猎巫—女权崛起—学识的危险

第三篇　统治与宰制

7　妇女劳动 ································· 137–156

　　被忽略的女人—同工不同酬—女人的工作—女人的商业权—跨入公共领域—女演员

8　革命,伟大的引擎 ··························· 157–177

　　战争中的女人—美国独立战争中的女人—法国大革命下的女人—工业革命—工厂制度—女矿工

9　帝国的权力 ································· 179–198

　　帝国女性—女性被工具化—女罪犯—殖民地生活—游走四方的女性—原住民女性

第四篇　移风易俗

10　女　权 ···································· 201–221

　　男性霸权—女性劣势—工业化的破坏—女性问题—父权力量—女权运动

11　身体政治 ·································· 223–240

　　身体权战役—避孕—生产—女同性恋—避孕权—身体操控权

12　时间之女 ·································· 241–263

　　纳粹政权—女战士—宫内避孕器—妇女解放—职业妇女—双重压迫—种族歧视

译后记 ·· 265–266

序

"什么是历史?"研究罗马帝国的伟大历史学者吉本(Edward Gibbon)这般沉思。"历史不该只是男人的罪恶、愚行及种种不幸之记录而已。"终于,推动摇篮的手提起笔,将文献更正。历史上,还有女人。

以上的陈述,终究只是假设,得不到多少历史文献的支持。当美国马萨诸塞州普里茅斯码头竖起一块纪念碑,以纪念参与一六二〇年历史性的五月花号航行的诸位"国父"时,与他们同行至新大陆的十七位女性却未见于碑文记载。一般而言,女性殊少受到历史学者青睐。一二三八年,当一位刺客手执刀,闯进英格兰国王寝宫意图行刺时,唯一的目击者,是位"夜晚不寐,吟唱圣歌"的女仆。她改变了历史轨道——但记录者,英国历史学家帕里斯(Matthew de Paris)却连她的名字都不知道。

然而女人是有历史的,且她们的故事比我们所以为的要远为丰富、奇异得多。本书的主要目的就是要肯定女人对人类进化所做贡献的幅度、力量与重要性,女人在公领域及私领域所立下的汗马功劳,以及女人在所有层面——文化、商业、家庭、情感、社会和性等种种领域所取得的杰出成就。我们的世界史,实充塞着数不清的女性故事,其中有亚马逊(Amazon)及亚述(Assyria)女战士,有母神(mother goddesses),有一跃成为世界统治者的王朝嫔妃,有科学家、精神病患者、圣者及罪人,有布隆希尔德(Brunhid)①、德布林维埃(Marie de Brinvilliers)②、特蕾莎修女及江青。女英雄的生命虽未被歌颂,却有着"未被说出的最伟大故事"的魅力。人的生命无时无刻不在被缔造,而论缔造之功,舍女性谁归?从舒服怀胎、养尊处优生产坐月子的女皇,到匆忙分娩、旋即背着小孩回返田作的农妇,人类之更新全拜女性所赐。但这份完全由女性承担的苦劳,却大体未获承认。

当我们的历史观照完全集中在男性身上,把全部功劳归诸于不到一半人口的男性,女性的好处当然都被抹煞了。该观照是十分"大小眼"的——破碎、偏私、压抑,无法正确反映的历史。历史学家宁可到处搜索证据以追索伟大男人的肮脏行事,也不肯对无名女性的伟大作为投注一点关心。社会将金球、十字架上的宝珠、剑及职杖捧奉为男人阳刚象征物,对之大加崇拜,阳具意象受到张扬,使得男人益发趾高气昂、不可一世。千年来每一代传给下一代的历史,都是一虚张声势、硬充门面的历史;此历史谬误百出,每一代人接受的都是"并无其事"的历史,受骗而犹不自知。诚如英国女作家简·奥斯丁认真的评论:"历史大部分内容是虚构的,而竟如此沉闷,这真令我想不透啊。"

男人的历史已然创作完成,女人的历史却才刚开始要创造它自己。男人早在公元前两千多年就已取得记录、定义、诠释事件的权力;对于女人,这个过程要到十九世纪才开始。为了抗衡权能兼备的男性人物,早期的女性史专以搜寻女皇、女修道院院长及女学者的纪事为主,因此我们看到的女性多是英雄形象的翻版:圣女贞德、南丁格尔、凯瑟琳女皇(Catherine the Great, 1762—1796, 俄国女皇)。这般刻意标高女性形象的女性史,固在肯定"女性可以和男性一样全能、强悍"方面有若干价值,却有两个问题:它加强了"历史是由男人主导、支配"的错误观念,因为男性统治者及"天才"总是比女性多了许多;且它无法道出大多数平凡女性的生活实相。

然则女人的历史应为何?答案是:它必须填补传统历史全神贯注于男人作为所留下的罅隙,并给予女性生活应有的关注及荣耀。女性被排除在历史之外,象征千千万万个被压制的声音。恢复女性在历史中的位置绝非易事,任何女性史因此都必须留心空白、遗漏及似是而非的论调。

它必须倾听静默,让静默发出声来。

第二个任务是要把女人身为"最大受害群"的故事揭露出来。"女性活着阴暗如枭,劳动如牛马,死如蝼蚁,"十七世纪的英国女公爵玛格丽特(Margaret of Newcastle)这样论道。男性对女性施加的长期一贯迫害,从殴妻到焚巫,自阴蒂割除至谋杀,其残酷不仁,男女皆必须体会,以作为迈向匡矫历史积弊大恶的第一步。

说到这里,笔者必须指出,女性的利益不仅经常与男性的利益对立,更经常受男性的利益排挤。无怪乎男性取得极大进展的历史时期,往往伴随女性的失败、退却。倘若列宁的主张"妇女解放可作为任何社会文明程度的适当指标"确含有几分真理的话,那么我们可以说,诸如古代雅典社会、文艺复兴时期及法国大革命等一般认为代表"进步"的历史发展,都有必要历经一番大幅度的重估,只因女性在其中皆蒙受严重的逆转、倒退。这方面,美国历史学者琼·凯利(Joan Kelly)曾冷然评到:"女人一贯处境艰难——任何时期都一样。"

一部女性史,因此,必须有志解释和陈述,寻找下列两个关键问题的答案:男人如何成功缔造男尊女卑?而女人何以会让他们得逞?据指出,在物种起源之时,大自然使女人负担生育工作中较大的部分,她们因而必须服从男性的统治,以取得对她们自己及她们子女的保护。不过,却有历史文献显示,"原始"社会的女性拥有比"进步"社会的女性更好的平等机会。在进步社会,男性宰制业已深入生活每个层面——确言之,随着宗教、生物、"科学"、精神分析及经济等因素彼此连结成一套(能合理化男尊女卑的)结构,这套结构且代代传递、扩增,男性宰制在每个时代都被结结实实地重新发明一次。男性霸权的传统论辩始终活力惊人——所有民主实验、一切革命、一切对平等的呼吁至今皆未能带来两性平等——而被视为"先天较劣"的女性,至今犹未能获得完全自决的人权。

男人固然冀望掌权,但女人为什么要让他们得逞?关于男性宰制的"必然性",向来是众说纷纭、莫衷一是。被一个男人(父亲)当作孩童般交到另一个男人(丈夫)手中,女性数千年来无论在法律、经济或体能上均受制于赤裸裸的男性权力——直到非常晚近，所有社会的男人仍都有权以妻子不贞为由杀妻。身体暴力以外，男人更祭出"精神暴力"的杀手锏，对女人施加精神威吓。女人从此在身心双方面都受到控制，在身体与心灵上都受到男性的羁绊、约束。此间光景，诚如朵拉·罗素（Dora Russell）所言："人类历史的惊人事实在于：宗教、哲学、政治、社会及经济思想都是被保留来作为男人的特权。我们的世界是男人意识的产物。"那么，女性如何能"想像那极不可能的"，以伍尔芙的话来说，"消灭炉灶旁的天使"（Killing the Angel at the Hearth）？此既不可行，最后，女性只有成为这无可逃避的男性宰制的共犯——安于自身的范畴，安于她们接受自己、接受男人的方式，安于她们自己种种机敏巧设、足智多谋的对策。她们不仅有助于维系男性宰制体系，而且将她们的子女，无论男女，诱骗入此一体系。

然而——这正是女性历史的终极矛盾——女性终究并未完全服膺在男性或男性史的控制之下，她们反而力争上游，终而出落为坚强、不可侮、傲骨凌然的一群。如今，她们终于解脱生育枷锁，正砥砺斗志，试图匡矫男人多个世纪以来施加的种种不平等。盖父权体制业已走到尽头，如今非但不能为男女的真正需要服务，更由于其根深蒂固的种族偏见、黩武思想、层级结构及支配、破坏的欲望，而威胁到地球上所有生命的生存。"女人团结起来了，"美国女性五角大楼行动联盟（American Women's Pentagon Action Group）于一九八〇年这样宣称，"因为生存危机已大到不能忍受的程度。"要是女性再继续容许男性塑造历史，我们就必须为由于我们的规避所造成的精神、物质双方面的影响负责。

是以我们必须努力将女性从其历史枷锁中解放出来——废除如焚新娘及阴蒂割除等仍存在于二十世纪的令人发指的旧习俗——并力抗那些二十世纪新近产生的不平等待遇。因为，妇女解放运动绝非如一些西方人士所以为的已经结束。在本世纪，新发明的工业技术、医药科学的进步及都市化业已为女性带来无与伦比的自由——但各自在其自身之内却又携带了"反女性"的种子，使得女性在蒙受福利之余，又得承受种种新的压榨与剥削，承担种种新的艰辛劳动形式，遭受种种新的威胁与迫害。举例来说，羊水诊断术（amniocentesis test）本来是设计来作为提高健康宝宝出生率的一种手段，但它如今却被广泛使用来侦测婴儿性别，以作为堕掉女婴的判断根据：印度孟买一家诊所仅在一年内（一九八四至一九八五年）就执行了一万六千台女胎堕胎手术（《卫报》[Guardian]，一九八六年四月十一日）。

就"女性历史"此一主题而言，诚可谓包容广大，可说有多少女性写历史，就有多少不同的故事。本书不试图兼容并蓄，也不打算对书写女性历史的所有难题做一劳永逸式的解决。本书旨在抛砖引玉——既然女性史各个不同，我们亟需更多女性写出更多、更好的女性史来，丰富女性史的内容。笔者的这一版本无意作男女平等状，不欲博"公平论述"美名，因此，如同任何论述女性的著作一样，定会从某处冒出个好男人抗议本书对男性不公。就这方面的答复而言，恐怕没有任何答案比女性书写先锋玛丽·瑞特·毕尔德那番精彩的自我辩护来得更好了："若干处无疑有过度强调的情形发生，但我以为，当情况长久以来对一方过于有利，为拨乱反正，有必要对另一方多加支援。"也可听到这样的反对声音：男女既都同样受苦，不该独厚女人、特为女性请命。当男女同样呻吟于摧人筋骨的劳动之下，辗转于冻饿贫病之间，男人的痛苦，他们说，不会比女人的痛苦少。这是另一个禁不起任何检验却广植人心的信仰，男女生活实有相当大的差异存于其间，庄稼汉无论多穷、地位多低，总有权殴妻；黑种男奴虽白天为主人卖命，却不必夜里也为主人效劳。变化的社会状况对男女生活的冲击力亦不同——对众人生活的物质条件有所改善的十九世纪欧美的工业化，其本身依赖的是狞猛凶恶的消费主义的引入，而对二十世纪社会的女性最具贬损作用的，正是消费主义。

未来，总得比过去好才行。更美好的明天，建立在了解过去的基础上。如同十九世纪英国历史学者艾克顿勋爵（Lord Acton）所说："历史比哲学更容易说服人。"史学家创造出引导我们走过一代又一代的种种解释、理论、象征及固定形式。因此，要是历史继续"大小眼"，对女性有偏见，它定会把我们全带往错误方向。自有人类以来，女人始终是积极、能干而重要的，我们若是不了解此点，那就太可悲了。这里的"我们"

包括男女，因为，要是女性的重要性被否定，这样的历史对男性来说也没有意义。一如种族偏见迷思，此等片面的人类历史论述不再为人所接受：观念谬误且缺乏解释力量，只会越来越暴露出其内里的空洞、无知。

  人类能自历史的教训当中学习吗？为趋向一个更公平的社会，其中所有人都能发展成完整的人，男人必须准备放弃父权体制种种严格的正统说法及忽视生命的层级体系；女人则必须挑起她们对社会公共组织的那份责任作为回报，并在私领域学习以平等态度爱男人，视男人为伴侣，让男人从传统"严父兼大孩子"的不良角色中解放出来。从今起，一切未来发展必须从两性的角度考量，因为男女二者对历史的塑造同等重要。未来的希望正如人类过往的成就，是筑基在男女的合作与互补之上。

罗莎琳德·迈尔斯

---

① 译注：布隆希尔德为德国神话中著名的女战神。

② 译注：德布林维埃为法王路易十四时女子，伙同陆军上将情夫毒杀父兄，以保家产并防奸情外泄。由于事涉多位王朝重臣，造成法国历史上著名的"毒药事件"。

第一篇　起初

> 理解女性史的关键在于接受（虽然对于很多人来说，这可能难以接受）"人类史的大部分是女性史"这一事实。
>
> ——格达·勒纳（Gerda Lerner）

1

初始的女人

> 人类社会进化的主要理论一直是"男人是狩猎者"(Man-the-Hunter)。"人类起源自挥舞棍棒、孔武有力的男猿"这一理论,被如此广泛接纳为科学真理,且在通俗文化中地位如此巩固,仿佛它是人人皆知、不言自明的。
>
> ——鲁思·布雷尔教授(Professor Ruth Bleier)

没有女人的男人,在天在地都得不到天堂。没有女人就没有太阳,没有月亮,没有农业,没有火。

——阿拉伯谚语

人类的历史起源于女性。一直到今天，人类由女性传递最初的染色体；女性在进化上所做出的适应保障了物种的延续与兴旺；女性在养育子女上所做的工作则对人与人的沟通及社会结构提供了智力上的帮助。然而对从古至今的历史学家、考古学者、人类学者及生物学家来说，男性始终是人类进化史的唯一主角。男人是狩猎者，男人是工具制造者，男人是万物之王，以孤独而光荣的姿态穿过各类人猿，高视阔步于原始草原。然而，默默肩负起延续人类命脉任务的却是女性——是女性的劳动、女性的技能、女性的生物性支配了人类命运，执掌了人类命运的关键。

如同科学家所承认的："女人是人种本身，是强大的第一性，而男人是生物学上的后续产物。"❶而就人类细胞构造而言，女性所拥有的是基本的 X 性染色体：受孕之时只要搜集另一个 X 就能产生女婴，但男性的产生则需要相异的 Y 染色体的配合，而 Y 染色体被一些人视做"基因突变"，是"破碎而畸形的 X 性染色体"。女人的卵子比精子大数百倍，携带了新生儿所将接受的一切主要遗传信息。因此，女人是原初的、是第一性、是生物基准；男性则只是从此基准衍生而出的。历史学者里恩寇特（Amaury de Reincourt）对此下了结论："自《圣经·创世记》，经由亚里士多德延续到托马斯·阿奎那（Thomas Aquinas，十三世纪意大利哲学家及神学者）的传统，认为女性是男性的不完整形式。事实绝非如此。**女性是基准，是生命的基本形式。**"

我们该怎么对天父说？对尼格尔·卡尔德（Nigel Calder）来说，"宇宙间最初的王是彩色球体黏质物"——它们也可能是原生质分子或最简单的细菌，但它们其实是男性。然而，这种古老的生物学偏见却与最近的科学发现相抵触——据后者指出，地球上的每个人都是同一个原始人的后代，而这位我们共同的祖先是一位女性。加州柏克莱大学及牛津大学的科学研究员利用最新的 DNA 基因研究技术，业已成功分离出一种全人类共有的 DNA"指纹"。千年万代以来，全世界所有人种、人口都拥有这种指纹——而这种指纹无疑属于女性。这一研究直接指出，一位作为全人类最初"基因库"的女性，于三十万年前居住在非洲，而其后代后来离开非洲，迁徙、散布在地球各处，产生了存活到现在的所有人类。

上述理论仍处在最初的萌芽阶段，其观点和暂时性的结论颇引人争议。这一理论对亚当的子孙提出了一个很大的挑战：因为这其中隐含着对基督教神话的否定——认为人类最初的"基因库"必然有一位母亲，且她的性伴侣的身份或人数根本无关紧要，因为只有她自己的细胞才算数。尽管此论调颇引人争议，但女性在人类进化中所扮演的重要角色却是确定无疑的。就一个新个体成为人类所需要的 DNA 资料而论，主要的遗传资料向来只由女性贡献和传递。就此意义而言，我们每一个人都是夏娃的孩子，我们每个人的身体都是最早与男人肩并肩穿过非洲草原的女人的活化石。

由此可见，"初始的女性所扮演的角色是蜷缩在洞穴火堆旁的'狩猎者的伴侣'"，这样的刻板印象与事实相去太远。在公元前五十万年左右，从女性直立猿人初次在某个洒满阳光的原始峡谷与男性直立猿人并排站在一起，到二者都成为智人（现代人），其间产生了诸多变化。而整个更新世时期诸多不同地点的连续性证据显示，女性在部落生存及进化的所有层面均扮演着重要角色，而这些重要角色（例如狩猎者），过去则一般被认为是由男性扮演的。

事实上，早期女性从早忙到晚，一刻不得闲。她的生命不长，其伴侣也一样。从对化石的科学分析上看，大多数原始人类女性活不过二十岁，仅有少数人活到三十岁，而能活到四十岁简直是奇迹。但在这样短暂的生命里，原始女性却发展出众多活动与技能。考古证据以及现存的石器时代文化显示，当时的女性所从事以及擅长的活动有：

- 食物采集
- 子女养育
- 皮革物品的制造
- 烹饪
- 陶器制造
- 编织草叶、芦苇及树皮以制造篮子

- 以齿或骨为原料来制造珠子及饰物
- 临时或永久住所的建造
- 制造多种用途（非仅农业用途）的工具——如石制刮泥器（用来刮除身上的泥）以及尖锐石刀（用来割下动物腱以制作衣服）
- 炼制草药，以供各种医疗及其他用途（如堕胎）

在这种种女性职责当中，食物采集维系了部落生存，其重要性无疑应该居于首位。史前时代的妇女，无论是否生育子女，都绝不可能依赖男人的游猎为生。当然，在原始社会里，男人的确游猎。人类学家至今已调查过大约一百七十五个分布于大洋洲、亚洲、非洲及美洲的游猎/采集部落，其中有百分之九十七的部落的游猎活动完全由部落中的男性主导；而剩下的百分之三，则完全且必然是男性禁入的领域。但这些取材广阔、记录翔实的研究却也同时表明，作为提供食物的一种手段，游猎是多么缺乏效率。从游猎活动中根本得不到多少可食用的肉——以非洲东部波札那（Botswana）的布希曼族（Bushman）来说，他们在一个月中只努力游猎一个星期，其他时间都用来休息——而在炎热的天气中，肉是无法储存的。其结果是女人的采集代替男人的游猎维系了部落生存。女性在白天不断工作，每天固定供应部落食物总需求量的百分之八十❷。

初民时代，女人的采集不仅有助于维系部落生存，也有助于推动种族走向文明。因为如果要做到成功的采集，就必须发展识别、判断及记忆等各方面的技巧，而在非洲多处遗址发现的一系列种子、坚果壳及草叶均显示出当时的采集并非随意为之，而是须根据知识、经验做出审慎选择的一种活动，这一活动也给原始人提供了实践各种技术的机会。人类学家偏执地认为是男性狩猎者将最早的工具用于游猎，然而游猎本身已经是后续的发展，较早时应有使用兽骨、石头或木棍作为采集工具以挖掘根茎，或作为辅助工具用以磨碎木质植物以方便咀嚼的时期。所有这些都是女人的工具，而在几处遗址发现的木棒也显示这些远古的女性采集者是多么富有创造力，多么善于解决问题：她们将树枝的一头削尖，将尖头置于火中使其干硬，这样，这根树枝就成了更有效的工具，供采集时使用。

不过，迄今我们所见的早期工具，毕竟还是以斧、鱼叉及箭等以燧石原料为刃的工具为主，能体现出女性的智慧及发明才能的，实在非常少。木棒在考古学者眼中也缺乏杀戮工具那种致命的魅力，在"男人是狩猎者"这个戏码里也实在称不上是个重要角色。在另一项女人的发明主题上，考古学也同样沉默——即原始女性采集者所使用的"采集袋"(swag bag)。一定是女性设计了这种容器，以将其每日在路上的采集所得带回家。

以食物的需要量及食物的来源范围来看，女性采集者是不可能将她们当日采集到的所有粮食都捧在手里或兜在衣服里带回家的。她们的收获应不只限于草叶、草莓及根叶类，还应该包括蜥蜴、蚂蚁、蛞蝓、蜗牛、青蛙及蛴螬等富含蛋白质的小动物。蛋和鱼被视为珍馐佳肴，但也不是完全弄不到，因为如果住在海边的话，大海就会提供无限丰富的海产。无论自然条件有多恶劣，即使尽是些死蚱蜢、死蛇，我们的女性采集者也是不会放弃的；直到袋子充实，她们才肩负着全家人的粮食回家。而回家后还必须面对一项挑战，那就是变原料为盛宴，让全家人饱餐一顿。

若女性还有婴儿要照顾，那她的采集工作自然会更繁重累人。作为母亲，女人的第一个任务便是将采集袋加上背带以背负婴儿，这样她才能一边采集、一边照顾宝宝。由于大多数原始女性都活不过二十岁，所以"祖母带孙"的情形是看不到的，女性必须得自己亲手照应子女才行。原始人的宝宝很重，且随着脑袋（头骨）变大会越来越重，然而母体的毛发却随着进化而日益稀疏，婴儿的重量就越来越难以承受了。无论是将婴儿斜挂胸前，还是吊在背后，总之母亲不得不带着婴儿。究竟怎么带？要是考古学家能告诉我们就好了。

养育幼儿对早期女性及人类未来都有同等重要的意义，有两个因素使得这项任务远比过去更艰巨。首先，人婴长大成人所需要的时间要比猿婴长得多——因为人类的婴儿需要更多、更久的照顾，没法像猿婴那样小小年纪就离开母亲的怀抱。再者，养育人婴的工作并不止于体力劳动，孩子必须被启蒙加入社会系统及从事知识活动，而这个过程无疑比任何动物所须经受的训练都更为复杂。而在绝大多数的人类社会中，这项责任通常主要属于女性，且须由女性独力承担。原始女性在这方面的成功，可从她们的子孙昌盛繁衍这一点上看出来。

生育的职责在进化史上的重要性，至今仍未得到承认。相对而言，身为狩猎者的男人在人类史上的重要性则得到了普遍的认可，而此一重要性之所以成立，来源于以下这种似乎毋庸置疑的理论："男人们在游猎上的合作需要较多沟通及社会组织方面的技巧。故而，较复杂的脑部发展，甚至人类社会的起源，及人类社会进化上的动力，都是由男性狩猎者提供的。"然而，萨利·斯洛科姆（Sally Slocum）却提出了与之完全相反且十分生动的观点：

喂养断奶后的婴孩，学习处理较复杂的人际关系，应用采集所发展的新技能及文化上的发明——凡此种种都需要智慧。**游猎所需的技巧博得了过多的关注，采集与养育子女所需的技巧却乏人关心。**❶

可以说，女人在觅食及哺育子女方面所付出的辛劳，与统御部落的男性狩猎者（领导者）所做的工作，在社会结构与促进团体合作上，至少应该是同样重要的。身为出生后需要经历长期生长发展阶段的人婴之母，女人的工作还包括其他诸多有关子女养育（提供居住场所、安抚、娱乐）以及与其他母亲和幼儿社交等方面。现代心理学明确指出这些活动能促进 IQ（智商）的发展，且在精神及思考能力的进化上扮演着极其重要的推进角色。当然，能提供安慰、鼓励与照顾的当然并非只有母亲，但这几种活动与早期男性所从事的游猎、杀戮活动无疑有很大的不同。

母、婴联结的重要性尚不止于此。在"男人是狩猎者"神话里，男人发明了家庭。通过使伴侣受孕、差遣她到洞穴里照看火堆，男人创造了基本的人类社会单位，再通过游猎（杀戮）等活动加以维系。美国记者罗伯特·阿德雷（Robert Ardrey）是游猎论的主要支持者，他如此天真地描述原始人类工作日中的性别分工："男人游猎，女人管家（等同于现代家庭中男人上班、女人持家的格局)。"但与这种"大丈夫"观点相抵触的是，诸多证据显示：早期家庭是由女性及其子女组成的，因为所有原始游猎社会都是以母亲为中心，且由母亲建构而成。年轻男子不是主动离开就是被赶走，女性则留在原生家庭中，陪伴在母亲身边，并将她们的男人带入这个家庭。在以女性为中心的家庭里，男人是附属的、边缘的，而这些家庭的核心及其所发展出的任何关系网，终究都是属于女性的。在当今世界，这种家庭结构仍然存在于若干被称为"活化石"的石器时代部落。正如人类学家托马斯（W. I. Thomas）所强调的："血缘世系是由母方开创和发展的。社会组织的源头始终是女人、女人的子女及其子女的后代。"事实上，越来越多生物学上的证据显示，人类蒙原始女性的恩惠不胜枚举。例如，我们多数人惯用右手，即拜原始女性所赐。正如卡尔德所说："现代人惯用右手，这是一种女性现象。"自远古以来，女人便习惯将婴儿怀抱在身体左侧，以便令婴儿感觉到母亲的心跳而得到抚慰，母亲也可腾出右手来做事，后来的人类也就普遍性地惯用右手。卡尔德指出"惯用右手是一种女性现象"是有事实支持的，直到现在，女婴右手功能的发育仍比男婴迅速且灵巧许多——女婴的语言能力亦然。

尚有一项得自女性的生物遗产应受到更多重视。在灵长类时代，男性的阴茎是一个不显眼的器官，一般猿类恐吓不了任何雌性，只会引起同情，因为它的阴茎是这样小，和它整个躯体的庞大体积不成比例。不过，随之进化而来的男人却发育出了相当大的阴茎，终于能凭傲人的那话儿而自诩为万物之王——而这是女人的功劳。显然，当渴望直立的女性以后腿站立、行走，阴道角度也随之回转向前、向下，阴道本身则更深入体内；男性的阴茎就也相应地反应了阴道的变化，遵循同长颈鹿颈部一样的进化原则：它长长，并能深入阴道。这种需要也决定了人类"正面做爱"的独特性交姿势，为繁衍后代，男人必须"进得去"才行，然而为了能够轻松进入，在做爱的过程中，多数伴侣经常交替使用正面及由后方进入的体位，由此可见，女人在生物上的进化对男人的冲击有多大，男人得花多少力气才能适应女人这项变化。

事实上，女性生理支配了人类史，进化的胜利发生在女体——这一进化关乎人类未来的重大进程。这是从灵长类动物的发情期到人类的月经期的生理转变。尽管并未赢来赞誉，甚至很少被提起，但女性每个月的生理循环的确是为维持人类生存、确保人类繁衍而在进化上所做的调适。

雌性高级灵长类的发情期是一种相当缺乏效率的机制。雌性灵长类中的非洲黑猩猩、大猩猩及长臂猿极少发情，甚至每五到六年才生育一头小兽，这使整个物种时时濒临绝种的危机；大型猿类仅有少量存活于现今世界，且必须在最有利的环境下才能生存。女人则不同——每年有十二次受孕机会，而不是每五年一次——女人所拥有的生殖力是其灵长类"姐妹"的六十倍。月经（而不是游猎）才是伟大的进化跃进。经过女性对生存条件的适应（而不是男性的适应），男人才能繁衍、昌盛，进而主宰世界。

而且女性月经并不只是像饮食、排便那样的生理现象而已。当代的评论家业已指出，女人的月经不仅有助于解决繁衍后代的问题，更有利于男人的精神发展。在《聪明的伤口》（*The Wise Wound*）这本阐述女人月经的先锋著作里，作者佩拿洛普·舒托（Penelope Shuttle）及彼得·瑞德葛洛夫（Peter Redgrove）强调了原始社会中月亮周期与月经循环的关系，认为最早唤醒人类"辨识抽象"、"产生联结"及"抽象思考"能力的是女性。对伊莉斯·鲍丁（Elise Boulding）而言，这类心智功能起源于女性传授给男性数字、制历及各种计算原理的一个早期阶段："因为月经周期的存在，每个女人都有一个'身体月历'，而她应该是第一个注意到自己身体循环与月亮周期关系的人。"其他女性作家则表达了她们对著名的雅各布·布洛诺斯基（Professor Jacob Bronowski）"不成熟言论"的嘲笑，布氏在电视系列片《人类的跃升》（*The Ascent of Man*）里，郑重地将一块史前鹿骨上的三十一道刻痕描述为"显然是一个月亮周期的记录"。冯达·麦金泰尔（Vonda Mcintyre）便在其《到底是谁的跃升》（*The Ascent of You Know Who*）一文里，煞有介事地评论道："坦白说：三十一天的月亮周期？我看说这骨头是某个女人的一份月经周期记录还更有可能呢。"

客观地说，历史是无法还原的，因此这种无声而审慎的观察记录有可能是以上两种结论中的一个，也可能二者皆是，或二者皆非。但问题在于：一直以来，女人的行动、实践、节奏，甚至于女人的计算能力，都受到有意无意的压抑，甚至"它可能是某个女人对自己私密生活的记录"这样的可能性都未曾被考虑过。

事实上，当稀疏的发情期让位给频繁的月经期，每四周就有一周要大量出血，女性究竟受到了怎样的影响？这个问题始终没有受到应有的关注。早期女性如何应变？她们只是蹲在草堆上让经血流出吗？这种想法，近似于"男人是狩猎者"神话里，认为女性是消极、被动的守候者的观点——但女性不是，她们是部落的食物采集者，关系到部落的生死存亡，需要经常奔波。但女性在月经期间到处奔波，大量的经血定会造成其大腿内侧严重皲裂、不适（尤其在寒冷的天气里或者起风的时候），而在炎热的天气里又容易受到感染，如此造成的肤裂很难在下一次月经来临前痊愈。

若干证据都给出了答案。对野生母猿的观察显示，它们会捆扎草叶束来抹去发情期流出的污血。对现存的石器时代社会的观察则显示，女性会织做衣裳和宝宝的背带，并制作粗袋以便携带采集到的果实。原始女性一定已经设计出类似衬垫的月经带以吸收经血。即使在今天，毛利女性及爱斯基摩女性仍以细致柔软的苔藓来制作衬垫；印度尼西亚女性则以柔软的落叶纤维制作棉球；中非的阿津巴族女性使用同样的纤维作衬垫，并用一条系有软羊皮吊带的粗草绳来固定衬垫位置。因此，我们顺理成章地得出了以下结论：能将原始人类带往未来的女性，必定也能找到有效处理自己身体的方式。

但有一件事是确定的：无论是吸收经血的物品还是原始女性使用的其他工艺品，都没能留存下来；就算留存下来，也不会受到重视。从学术调查到胡乱臆测等各种层次的考量，都将目标指向了早期男性的生活。男性生活的每个层面都受到关注，但女性从发情期到月经生理进化的重要性，却从未在任何学术或通俗著作中获得注意。早期女性原始人"露西"的发现者——人类学家唐纳德·约翰逊（Donald Johnson）曾将这种进化的重要性贬低为"发情期说法"。约翰逊说："我不相信任何我无法评断的东西，而我从未见过发情期化石。"嗯，他当然见不到，他怎么见得到呢？

跟约翰逊一样，一代又一代的男性科学家既无视早期女性进化的事实，也无视早期女性进化的重要意义。他们反而坚持将原始女性的角色定位于"只是男人的性工具而已"。"这些石器时代女人，最适合结婚了，"威尔斯（H. G. Wells）这样写道："这些女人是老男人庇护的奴隶。"但这只是威尔斯对女人一厢情愿的幻想。对罗伯特·阿德莱而言，月经是作为对男人的奖励而被进化出来的。阿德莱兴奋地说："当阴性灵长类开始发情，她就好像是获得性的大奖，成为大家的开心果……为自己赢得了最多的男性青睐。"但发情期短暂且罕见——必须再有点什么才能把男人从山边引回家，因此，原始女性学习将灵长类发情期转换成月经期，这使得她能全年取悦男性，让男人满足；而这种进化反之又可以成为分享男人猎获物的报酬，可谓各取所需，"大家乐"。

女性早期性进化的"大家乐"理论也解释了现代女性身体的物理构造。当身为狩猎者的男人开始直立行走，他自然想要正面做爱。正如《裸猿》（*Naked Ape*）作者德斯蒙德·莫利斯（Desmond Morris）所致力解释的，女人凭借长出乳房来催化这种"正面做爱"的热望。领悟到"那两团丰满的臀部"如今已不再能作为吸引男人注意的手段，她"必须做点什么以使身体的前方区域更妩媚迷人"。对莫利斯这样的作者而言，女人乳房体积的增加与人婴出生时体积的增加之间显然不具有任何必然关联。

在这种以男性为中心的女性进化论述里，女性生理发展的每个层面都是为男人的利益而进行的，而不是为她们自己的利益。为了他，她发展出女性性器官，作为每一天结束时对劳碌了一天的肉食供应者理所当然的报酬。"因此，女人不断出新招，"阿德莱兴奋地说："男人可能累了，但女性的欲望能振作他的精神。"在进化成人的最终阶段，男性狩猎者成为性运动员及好色的猿类；而女人呢？一年三百六十五天"天天发情"的女人，则热衷于构思性爱创意，简直有若更新世的玩伴女郎。众多科学证据都显示女人是早期人类生活的中心,但"男人是狩猎者"的神话却历久不衰,这该如何解释呢?达尔文的人类起源概念并未包含男性狩猎者这种动物——在他的理论中,早期男人是在部落共同体内劳动的社会动物,没有部落共同体他就无法生活。但之后的达尔文主义者像托马斯·赫胥黎(Thomas Huxley)及赫伯特·斯宾塞(Herbert Spencer,被卡莱尔[Thomas Carlyle]称为"基督教传统里的头号笨蛋")却将求生存的进化战役重新诠释为发生在个体之间,而非基因之间。一九二五年,这种意念成为学者口中的事实,伦敦大学的卡维斯·瑞德教授(Professor Carveth Read)兴奋地建议:原始男人凭借着其狼般的野蛮应被重新命名为"狼猿"。这个建议获得了另一位恐怖小说作家、南非教授雷蒙德·达尔特(Raymond Dart)的热烈响应:

人类的先祖与猿类不同:前者是毅然决然的杀戮者;肉食动物则以暴力捕捉猎物,将它们打死,剖开其残体,肢解其四肢,以猎物的热血来满足嗜欲,并贪婪地咀嚼猎物的肉。❶

由此可见,"男人是狩猎者"的观念还会带来一些其他方面的满足,并带有力捧男性暴力与男性破坏力幻想的成分。"我们是该隐(Cain)的子孙,"阿德莱以单调而低沉的声调说道:"男人是肉食性动物,持武器杀戮是其天性。"包括康拉德·劳伦兹(Konrad Lorenz)及安东尼·斯托尔(Anthony Storr)在内的诸多男人都附和这一论调:"简单的事实就是:我们(谁是我们?)是曾行走在地球上的物种中最残忍无情的。"男人天生的侵略性在支配、驯服他周围的人的过程中获得自然宣泄。"女人、男孩及女孩,"威尔斯这样写道:"全活在对老男人的恐惧里。"对阿德莱而言,"即便是在无忧无虑的森林生活中,男人的主宰权仍是革命性的社会必然现象;而在狩猎者生活中,它就更成为留存下来的日常惯例。"因此男人的"狩猎者出身"能被用来合理化从商业策略到家庭暴力、强暴等各种男性侵略行为,而"早期男老板"的"统治权"对其接任者而言无疑是一个不可抛弃的护身符。

事实上，现代人类社会的几乎所有层面，所有关于男人"天生"统御、破坏本能的自吹自擂，都可在男狩猎者神话里找到根源及解释。一代又一代的学者将他们殷勤的声音汇入赞颂、感谢男人的洪流中："我们的智力、私欲、情感及基本社会生活，"美国教授华希伯恩（S. Washburn）及兰卡斯特（C. S. Lancaster）兴高采烈地说："凡此种种都是受惠于曾经的狩猎者。"不用说，男狩猎者并非是所向无敌的：约翰逊将游猎假说描述为阿德莱"旺盛想象力"的产物及"人类学家的一次失职"，如今该理论在人类学界业已被置于修订与嘲弄之间的荒原，而心理学家约翰·尼克尔森博士（Dr. John Nicholson）也并非唯一一位承认"曾经上当，终于悔改"的学者。

但"百足之虫，死而不僵"，尽管"男人是狩猎者"的理论在学界遭到了极大挑战，但学界以外的人仍深信不疑，对"男人独霸进化史"的事实很少加以质疑。大概女人不存在于进化史中，除了她们萌芽的性器官外，早期女性在进化史上完全缺席。"进化中的男性在身高、体重、肌肉力量及速度上均有增加，在智能、想象力及知识上亦有增加，"里恩寇特这样宣称："女性在进化的所有方面几乎全部缺席。"其他无数历史学者、人类学家、考古学家及生物学家也都以不同方式支持这种说法，仿佛是男人单独替其他人完成了一切进化，而早期女性则只是游手好闲，在家附近游荡，有胸无脑。

笔者这么说，不是要否定男性在进化史上的成就，把男性完全推出进化史，而是要指出，男女在进化史上扮演的角色旗鼓相当，不分轩轾，不可褒男贬女。而也只有使原始人类生活的合作性质受到重视，男人在物种生存上所扮演的角色才能被更正确、公正地加以评估。

游猎是整个团体的活动，而不是英雄式的个人行为

正如迈拉·沙克利（Myra Shackley）所说："成功的游猎，尤其是捕捉驯鹿、马、长毛象、野牛及野犀牛等群居的大型动物，需要团队合作。"到今天，游猎社会的所有成员，包括女人与小孩，无疑都加入了游猎/搜捕活动。长久以来，女人凭借自身力量，也可以捕猎较小型、行动较迟缓的动物。十八世纪加拿大哈德逊湾公司的一位商人，就发现过一个靠游猎和设陷阱捕捉动物的爱斯基摩女人，她在隆冬结冰的山顶上独自生存了七个月，而方圆千里内是一片荒芜。

游猎并不等于战斗

相反，群体存在的目的在于确保原始男性并不需要面对猎物并与之作战。如同沙克利所说，原始人类通力合作以避免直接面对猎物并与其作战，"他们驱赶动物到悬崖边上，使其摔死（欧洲旧石器时代的梭鲁特文化遗址［Solutrian］便曾发现过这种方法的使用）；或用火驱赶动物至沼泽地（此方法曾被用于西班牙的托拉尔巴［Torralba］及安布罗纳［Ambrona］）。法国多尔多涅（Dordogne）地区的克罗马侬人（Cro-Magnon）的山洞壁画也生动地刻绘出了一只被困在洞里木桩上动弹不得的长毛象。长毛象进入陷阱后，人不上前杀戮，而是让动物自己慢慢死去。事实上，多数游猎形式都不涉及直接侵略、个人战斗或殊死搏斗，而是捕食像龟这样动作缓慢的动物，受伤或生病的野兽以及即将生产的母兽，或捡食被其他凶悍肉食动物杀戮、弃置的动物死尸。

男女彼此依赖对方的技能，无论在游猎之前、之后或过程当中

人类学家约翰·康斯特布尔（John Constable）以西伯利亚一处叫做尤卡吉尔（Yukaghir）的石器时代洞穴为例：这里的男人组成先头部队去探勘陷阱，女人则尾随其后负责肢解猎物并运送猎物回家。既然动物尸体可以被当作食物或制作衣裳、居所、骨制工具及珠饰，而其中大部分物件又是由女性制造的，那么女性在肢解动物尸体的过程中是有利益可得的。沙克利这样说：

> 猎获的动物除作为食物之外，其皮、骨及肌腱对制造衣服、营帐、陷阱及众多日常生活用品亦相当有用。把兽皮晒干，以动物脂肪软化即成合适的皮。用石刀切皮，骨锥钻孔，再把筋穿过孔洞将皮一块块串起，

衣服便制成了……许多绘图者将尼安德特人（Neanderthal）的服饰刻画得十分原始，实在毫无理由……内盖夫沙漠（Negev Desert，以色列南部的沙漠区域）的穆斯特文化（Mousterian）遗址的鸵鸟蛋壳化石遗迹显示，尼安德特人使用它作为盛水器，如同现今的布希曼族一样……至于鸵鸟羽毛拿来做什么用呢？没有必要因为缺少有关个人装饰的考古证据，就推测没有人进行个人装饰。❶

还有，男性狩猎者不是无畏、独一的侵略者，也不是无数九死一生的战役中的英雄。男人唯一不可推卸的职责是做一个保护者：幼儿养育和保护团体必然是唯一通行于灵长类或原始人类社会的男女分工方式。因此，原始男性的作战或杀戮不是为了运动、刺激或娱乐，而是基于人的恐惧、生命受到威胁时本能的反击——为生存而战斗。

由于保护团体是男人工作中非常重要的一部分，我们有必要质疑：一般的男女情感劳动分工中，女性负责所有关怀及照料的工作，男人则在家庭范围外当毛茸茸的野蛮人，只为作战或做爱而存在，这样的区分真的符合事实吗？事实上，原始男性就如原始女性，唯有在学会如何关爱其他人时才成为人。在现今伊拉克沙尼达尔（Shanidar）洞穴发现的一具遗骸讲述了一个有趣的故事，以下是人类学家约翰·斯图尔特（John Stewart）的叙述：

此人……右手臂残废，手肘部分有截肢痕迹。他很老，大约四十岁，相当于今天的八十岁，患有关节炎，同时他的左眼瞎了，这从他左脸的骨骼伤痕组织可以看出。显然，这样一个残废人必然受到同伴多方面的照顾……其家人既有意愿也有能力支持一个身体残废的成员，这一事实无疑说明他们具备高度发展的社会意识。❷

不知"大跨步走向未来的男性狩猎者"哪儿去了？但他似乎开始像个真正的人了，不是吗？

这并不表示史前女性不受制于暴力。在一件发生在十五万年至二十万年前的残酷谋杀案中,女受害人在德国的埃林斯朵夫(Ehringsdorf)被发现。她是位早期的尼安德特人,被石斧敲击至死,死后头被割下来,头壳底部被打开以榨出脑汁。在她身旁躺着一具同时死亡的十岁小孩的遗骨。

性暴力在史前也不少见。在比利牛斯山区的伊斯图里兹(lsturitz)地区曾发现一把用骨头雕成的小刀,刀上画有一只被鱼叉刺中、口吐鲜血、在死亡的痛苦中挣扎的野牛。在刀的另一面,一个同样被鱼叉刺中的女性匍匐向前,而一个男人则好色地蹲踞在后,显然有意从后方进行性行为,尽管她下垂的乳房及肿胀的腹部显示她已经有孕在身。法国人类学家吕凯(G-H Luquet)认为这是原始人在进行前戏,他甚至将这种令人毛骨悚然的行为诠释为"爱的符咒"!

然而,有趣的是,原始社会的女性通常远不如现代的(尤其是西方的)观察家所以为的那样驯顺。原始社会的女性不但不是男人欲望及需求下死心塌地的奴隶,且经常比她们后代"进步"社会的女性拥有更多自由、尊严与地位。问题的关键在于部落的本质与环境之间的关系。在物质资源匮乏,生存也显得格外艰难的境地里,男女平等体现得特别明显。女性在这类社会中扮演着无可替代的重要角色,她们的知识与经验更是部落所珍视的资源。作为主要的食物供应者,女人掌握了生存的奥秘,知道自己拥有自由、权力及地位。

男人在游猎/采集社会不操控或剥削女人的劳动力,他们不收编或控制女人的生产,也不阻止女人自由行动。他们很少控制女人或其子女的身体,不崇拜童贞或贞节,且不要求女性的性忠诚。群体日常知识的积累不只为男性服务,女性的创造力同样不会受到压抑或否定。这些女性基本权利的实质内容,让这些原始女性的当代"文明"姊妹欣羡不已。同时,原始社会的人们能够较公正地看待原始女性的权利。还有更多现存的来自石器时代文化的证据明确显示,女性能担任顾问、女巫、领导者、说书人、医生、魔法师及立法者等各种角色。此外,女性从未丧失她们自身建基于独特、神秘的繁殖力之上无与伦比的权力,并伴随着无限的超自然力量。所有史前证据均肯定女性在部落中身为女性的特殊地位，不少宗教仪式是由女性主持，这从许多幅画中都可以看出。例如在阿尔及利亚的阿哲尔高原（Tassilin' Ajjer）发现的一幅岩画，显示了两位戴着项链、手链与镶珠头饰的女性，在一群山羊间跳祭典舞；而在另一幅十分著名的史前绘画中，领导男女跳部落仪式舞蹈的，是南非德拉肯斯堡山脉（Drakensberg Mountain）洞穴所称的"白女士"（White Lady）。

因此，从远古开始，初始女性的角色范围就比人们向来所以为的更为宽广，她们对人类进化的贡献远比一般的认知要重要。原始女性，随着其母亲、祖母、姊妹及伯母、阿姨，连同来自男性狩猎者的协助，终于完成了使"人"认为他自己是"现代人"的每一个步骤。显然，男人很清楚这一点。从欧洲意识初萌到世界另一端的原住民"梦时间"（Dreamtime）神话，多方面的意象可以看出，女性主宰了神圣的仪式，而且是最神秘的那部分部落生活的参与者。

女人因其神秘的月经周期及创造新生命的力量，成为部落最神圣的奥秘。如此非凡，如此有力，她一定比男人更优越——甚至比人类更优越。当原始人开始进行抽象思考，只有一个解释：女人是原始的象征，是一切存在本质中最伟大的存在——简直就是女神。

---

❶ Elizabeth Gould Davis, The First Sex (1971), PP. 34–35。男人的 Y 染色体只不过是"破碎而畸形的 X 性染色体"的说法，由来已久，参见 Francis Swiney, *Women and Natural Law* (1912)。到了现代，这个说法在 Valerie Solanas, *The SCUM Manifesto* (New York, 1968) 一书中得到了大大的提升。Gould Davis 的说法很有代表性："小而丑的 Y 染色体是基因突变……最早的男人是怪物，因基因突变而产生。"

❷ 女性才是部落主要食物供应者的说法，是由 George P. Murdock 及 Richard Lee 等人类学家主张。据 Lee 的说法，就算游猎失败，波札那的布希曼族男人也不会多花时间游猎，因为他们认为游猎是受人的控制力之外的魔力所控制，人再努力也无法扭转厄运。他们经常一休息就是一个月，在此期间以访友、宴乐及跳舞为主要活动，而由女人的采集独立支持部落。Lee 这篇文章收于 R. B. Lee and lrven De Vore eds., *Man* the Hunter (1968)。

❸ Sally Slocum, 'Woman the gatherer: Male bias in anthropology'。这篇划时代的论文见于 Rayna Reiter (ed.), *Towards an Anthropology of Women* (New York, 1975) 及 Mary Evans (ed.), *The Woman Question: Readings in the Subordination of Women* (1982)。

❹ Raymond Dart, 'The predatory transition from ape to man', Intenational Anthtropological and Linguistic Review V. i., n. 4 (1953)。同样的说法亦可见于 Charles Darwin, *On the Origin of Species by means of Natural Selection* (1859) 和 *The Descent of Man* (1871); Thomas Huxley, *Ethics and Evolution* (1893); Herbert Spencer, *Principles of Biology* (1864 – 1867); Carveth Read, *Origin of Man* (1925)。

❺ Myra Shackley, *Neanderthal Man* (1980), p. 206.

❻ lbid., p. 94.

2

女 神

> 女神是女性自我的化身，它开展于人类历史中，也开展于每一个女性个体的历史中。
>
> ——埃里希·纽曼，《母神》❶

歌之母，人之母，育我们于太初。她是众人及部落之母。她是雷之母，河之母，树之母，种子之母。她是我们唯一的母亲，且唯有她是万物之母。独一无二。

——哥伦比亚卡雅巴族（Kayaba）印第安人之歌

公元前二千三百年左右，苏美尔人（Sumerian，居住在古代美索不达米亚南部地区的民族）的大祭司作了一首赞美诗以赞美神。《伊南那颂歌》（*The Exaltation of Inanna*）是一首称颂万能之神的欢庆之歌，是一首充满澎湃力量与情感的歌，也是世界上第一首从那么古老的年代一直流传至今的诗歌。但它之所以名垂青史，尚有另一个原因——第一位神和第一位祭司-诗人都是女性。

话说太初，当人类从史前的黑暗跃出，神是一位女性。这是一位怎样的女性啊！居住在现在的伊拉克的苏美尔人以赞美诗来颂扬她无畏的爱欲，感谢她缠结的发丝，她"如蜜的膝"，她"天堂之船般"富饶的女阴——并感谢"自她子宫流出"丰富的生殖力，它如此丰富，以致每根莴苣都会被尊崇为"她的毛发"。但她不只是肉体欢愉的供应者而已。同样受到珍视、尊敬的是她狂暴的愤怒——对她第一位祭司-诗人恩希杜安娜（Enheduanna）而言，她是"火力无穷、破坏力惊人的龙"。恩希杜安娜自己则享有身为萨尔贡一世（SargonⅠ）①女儿的世俗权力，但她真正的权威在于她"神的主要代言人"的角色。因担任伊南那的代言人，恩希杜安娜代表的是神的声音，这种神的权威及人们对她的崇敬横扫全世界，且与时间同寿。她是最初的神，母神。

母神的力量及重要性是一个难解的秘密。今天我们知道不少女神的名字——伊西斯（Isis，埃及神话中专司农业及受孕的女神），朱诺（Juno，罗马神话中专司婚姻的女神），德墨忒尔（Demeter，希腊神话中专司农业、丰饶、婚姻的女神）——却忽略了五千年前每个学校女童所熟知的名字。无论她叫什么名字，外貌是什么样，世间仅有一个神，她的名字是女人。公元二世纪古罗马作家阿普列乌斯（Lucius Apuleius）巧妙地将其描写"女神"的全部摘要重新整合，仿佛她正化为幻影对他说话：

> 我是自然，是宇宙之母，万物的统治者，时间的女儿，所有神圣事物的元首，灵界的女王……虽然我有许多不同名字，有种种不同受崇拜的仪式，但我只有一个，我是唯一的神。❷

后世将女神崇拜论述贬斥为神话或迷信。但自从本世纪初亚瑟·伊凡斯爵士（Sir Arthur Evans）——失落的米诺斯文明（Minoan civilisation）的发现者②，将他发现的为数众多的女神像描述为"同一母神……在不同名称下，对她的崇拜一直波及到小亚细亚大部分地区及更远处"，现代学者已经接纳"伟大的女神，'无配偶的原初母亲'，是一切神话的完全操控者"为"一个被全世界普遍接受的事实"。

母神崇拜并非一种孤立或短暂的现象，评论家强调，母神的至高无上与盛行是人类生活开端不可或缺的要素。自从母神在南俄罗斯大草原地带出现以后，母神崇拜一路延伸到地中海、印度河谷、中国，甚至一直延伸到非洲与大洋洲。时间上的跨度则更为惊人：

公元前二万五千至前一万五千年：随着所谓"维纳斯女神像"的创造（在欧洲为石制和象牙制，在埃及则为尼罗河泥制），"母神与无与伦比的完整无瑕闯进了男人的世界"。

公元前一万二千至前九千年：在捷克的多尔尼维斯托尼斯（Dolní Věstonice）及伊拉克的沙尼达尔，可见到在尸身上涂抹赭土的葬礼仪式，应与女神崇拜有关。

公元前七千年：在杰里科（Jericho，西亚死海以北古城），第一座母神神庙出现。

公元前六千年：在土耳其的恰塔尔休于（Catal Hüyük）村落遗址，这个仅三十二英亩的地点却容纳了四十座神庙，供奉着化身为少女、母亲及干瘪的老太婆三种形象的女神。

公元前五千年：在土耳其的哈吉拉尔（Hacilar）发现的一座小塑像刻画了正在交欢的女神形象。

公元前四千年：在苏美尔人的厄瑞克（Erech，即现在的乌鲁克Uruk）女神神庙发现最早的书写文字，女神被称为"天后"。

公元前三千年：如今她出现在世界各处，在神像、神庙和文字记录中。

公元前二百年：凯尔特人（Celts）派女神的祭司们参加在安那托利

亚（Anatolia，小亚细亚的旧称）举行的西布莉（Cybele，古代小亚细亚人崇拜的自然女神）女神神圣庆典。

公元二百年：在安那托利亚西部的特拉尔（Tralles），一位名叫奥蕾莉亚·艾米丽安娜（Aurelia Aemiliana）的女子在女神神庙中立了一块碑，上面记载了她已如同她母亲以及所有女祖先一样，尽了性服务的义务（奉献给神的性交，向女神致敬）。

公元五百年：东罗马帝国皇帝强行压制女神崇拜并逐一关闭女神神庙。

由此可见，女人的神圣地位起码维持了二万五千年之久——有些研究者还会将时间推得更远，推到四万年甚至五万年前。在如此漫长的人类历史阶段，女人的角色始终十分特殊并且非常重要。

当生存的竞争逐渐缓解，人类更努力地追求意义，女人成为最初抽象思考的焦点及表现形式。法国考古学者安德烈·勒鲁瓦－古尔汗（André Leroi-Gourhan）解决了一个一直以来困扰着人类学家的原始石窟壁画谜题，他认为该石窟壁画上不断重复出现、令人困惑的"双眼"图形是女阴的象征。同样地，在安格兰河畔的安格雷曾发现一条雕工精致的动物/人像带状雕饰，其中的女性身形是由抽象的三角形女体表示的，性三角地带更是被加以强调。女性如何从一开始就取得了这种特殊地位？原因之一当然是她那与月亮相关的月经及其神秘的、不会危及生命却又无法治愈的阶段性出血。另一原因则是她与自然间紧密、独特的关系，因为当园艺取代了农业之后，女性作为主要食物供应者的重要地位更加巩固。但真正的关键，在于早期女性夸大的乳房与腹部形象如何引导我们看待生育这件奇妙的事。在生殖过程被了解之前，人们认为婴儿完全是由女人所生，而忽视了生育与性交之间的关联（直到今天，澳洲原住民仍相信孩子的精灵栖于水池及树上，一旦想投胎，他们便可随便进入某个女人的身体）。在这样的观点下，男人在代代传承中是不扮演任何角色的，只有女人能创造新生命，因此她们受到尊敬：所有自然的力量及支配自然的力量，都发源于她们的身体。❸

正因为如此，才兴起了"女人是神，不是人，天生具有世界上最神圣、最重要能力"的信仰；也正因为如此，才兴起了母神崇拜。出自女体的新生命与破土而出的新生农作物紧密联结在一起，且从一开始，二者的联结就存在于远比传统观念中所认知的更复杂、更有力的女神概念里。女神最古老的化身是母亲——但根据这个外表正直的原型衍生出了多种地方特有的变型，证明了"国之圣母"（西藏人如此称呼母神）的自主活力及对刻板形象的拒绝。因此，在印度，有大吉祥天女（Mahādeī，传说中的母亲形象）为了人类而从丰满的胸部挤奶的传说。但其他包括亚述及波斯在内的神话则不将母神生育的过程描述为产下男女人类，而是生下一颗一劳永逸的"巨蛋"。而在希腊，最神圣、神秘的神话莫过于埃留西斯（Eleusis）女神（或她在尘世的代表）每年"产下"一束玉米，这显然是将女人和大自然的丰饶多产联系在一起，一如"地母"的原型。

不过，在若干母神变型里，她的崇拜者却急于强调不论她多古老，阴性原则在她之前已存在。因此，该亚（Gaea，罗马神话中的大地之母）是从一条原始的阴道（全知全能的混沌）中跃出，而巴比伦人的伊斯塔尔（Ishtar）女神则是宇宙子宫，黄道带上的众星是她的衣裳。女神的母亲角色受到历史的削弱或任意删改，掩盖了其母性所具备的活泼机能。伊米尔（Ymir），古代挪威神话中的风神（即生命气息），是来自"全能母亲吉侬加拉伯（All-mother Ginnungarab）的女阴"。而诡异的是，母神不但肉体被否定，连向形而上世界的跃升也被否定，而跃升到形而上世界是母神神格的一个关键要素。不少女神都曾强调自己向形而上世界的跃升，如辩天才女（Vāc）在印度吠陀经的一首颂歌中曾这样自夸道："我居于海水，自彼处延伸及万物，并以我的冠冕触摸天穹；我像风般呼啸过万物。"埃及的努特（Nut）女神所做的声明（见于其神庙的刻字）则更为强烈："我就是现在的我，未来的我，过去的我。没有男人见过我的裸体，我生育了太阳。"

对善生养的母亲的过度强调，无异于否定了坏母亲危险、黑暗及具破坏性的一面。然而，早期文明却十分了解神圣的女性与死亡之间的紧密关联，强调将人带入世界的是女神，将人推出世界的也是女神。公元前一千年，爱尔兰三位一体的邪恶女神莫莉甘（Morrigan）便经常出没在战场上，收集被砍下的头，并展示给快死的人看。在其他文化里也可见到女神如牧羊犬般把死者赶在一起，并将其带往冥府：对希腊人而言，死人就等同于"德墨忒尔的人民"。

具有人形且最邪恶的坏母亲不仅时刻等待着人死去，还要促成其死亡。波斯安普莎（Ampusa）女神的崇拜者相信，她乘着血泡漫游世界，找寻对象下手。人们用祭品满足她对血的嗜欲——公元前五百年左右，在马耳他的哈尔塔兴安城（Hal Tarxian），神职者将深皿（象征阴道）里牺牲者的血向一位七尺女神的肚子上洒去——她因怀孕而胀大的肚子搁在梨形的大石块上，但这位母亲隐忍着她对血的渴求，正像印度敦里"黑色女神"时母（Kālī）在以下这段生动叙述里的形象：

> 黑色女神时母在那儿，她黑得发亮。她四肢伸出，手执双刀剑、肢解工具与人头。她的手沾满鲜血，发亮的眼睛布满血丝；而她血红的舌吐出来，掠过巨大突出的乳房，向下延伸到小而圆胖的胃。她的生门（yoni，意即子宫）大而隆起，蓬松、纠结的发沾满血块，尖锐的牙闪着微光。她的脖子上套了一圈头颅；耳环是死人的图像，而她的腰带是一串链状的毒蛇。❶

早已习惯温婉、慈爱母亲形象的我们，乍看此恐怖的母亲形象，还真有点不习惯。但女神"生"与"死"的两面在她的原始形象里是并行不悖的，且不能以单纯的母性视之，必须加上性的考量。在性活动中她创造生命；但在性中她需索男人的精髓，他的自我，甚至他的死。在这种情形下，女神及其活动的真正性质再次成了后世假道学的牺牲品，这些人只要一谈起女神及其活动，就忙不迭地从"繁衍"仪式、信仰或图腾来解释，仿佛女神都是无私地履行她的性义务，一心只盼后代昌盛。是到了更正历史记录的时候了。农作物及动物的昌盛向来只是女神个人性行为的一项副产品而已。她的性是她的，性欢愉是她的，且如同所有这些早期文献所强调的——当她进行性行为时，正如任何其他聪敏的女性，是为自己而进行的。

但这一行为并非独自进行的。在每一种文化中，女神都有许多爱人，这显示了后世把女神作为伟大母亲角色来理解的另一弱点。对父权体制的成员而言，"母亲"总包含"妻子"；母亲是嫁给父亲的那个女人，这无疑对好母亲的概念多加了一重限制。好母亲不到处厮混，她的男人甚至不是她自己选的，而是她父亲选的。因此而产生了后世道德守护者无法解决的女神难题——女神始终未婚但并不是处女。对爱斯基摩人来说，女神的称号是"不结婚的女人"，但她的性自由尚不止于此。作为生命的源泉与力量，她是永恒的、无尽的；相对地，男人来了又走，其唯一功能在于伺候神圣的"子宫"或"女阴"，而子宫或女阴是女神在多数文化里的名字。

然而，女神的爱人有时也会从她的性爱里尝到教训。若干有关她性欲的描写都强调其性的力量与恐怖：巴比伦的雕刻上，她张开令人生畏的外阴，蝎子在外阴上爬行；而在公元前二千年苏美尔人的《吉尔伽美什史诗》(Epic of Gilgamesh)里，女神伊斯塔尔由于性爱得不到满足，竟威胁要焚毁城门、烧掉房舍，并让死人复活，控制生者。不过，关于女神性爱更普遍的描述依然是对恋人的技巧及少女般欢乐温柔的身体的诗歌赞诵，就像这首作于四千余年前，但如今仍像清晨的爱恋一般新鲜的伊南那诗歌：

> 我弟弟带我到他家，
> 放我在一张香甜的床上，
> 我的心肝宝贝，躺在我心上，
> 我弟弟做了五十次，
> 一次又一次，舌吻。❺

在北方的传奇城市尼尼微（Nineveh），无名诗人让女神伊斯塔尔在她与亚述王亚述巴尼拔（Ashur-bani-pal）做爱时，像位母亲般低唱：

> 我的脸覆盖你的脸,
>
> 如一位母亲抚慰她的子女。
>
> 我将把你当做我胸前的一颗璀璨宝石,
>
> 夜间我将为你盖被,
>
> 日间我将为你穿衣,
>
> 别害怕,噢!我那已被我挑起情欲的小宝贝。❻

弟弟?小宝贝?这些女神的情人是谁?他们又何以会被冠上这样的称呼?如果想找到这些问题的答案,自然不能不理会历史证据所明确显示的女神不容置疑的权力。

大概因为母神是终极力量——统治者的力量、生与死的力量的最初执掌者,所以女人贵为天后,而王必须得死。无论在神话中或历史上,伟大的女神奔放的性欲及她对血的嗜欲都衍生出了古老但确有其事的"弑王"仪式。"王"实际上是对被选来讨好天后的男性的敬称,后世史学家及人类学家将这种不断重演的原始戏剧描述为"神圣婚姻",其中男性扮演的是女神的"神圣配偶"。然而这种提高男性地位的微弱意图却无法与这种仪式的残酷、无情相抗衡,因为男女的高低态势在这种仪式中是很明显的:女人掌握一切权力,男人"高攀"不成,还须付出死亡的代价。

神话中年轻的"王"的牺牲仪式以千百种不同的面貌出现。在这些故事里,不朽女神总是爱上凡人,不是为了让他当她孩子的父亲(尽管经常生下孩子),而是为了使用并欢庆她的女性特质。常见模式是一个年长的女人爱上一位俊美但不中用的小伙子——伊斯塔尔和塔姆兹(Tammuz),维纳斯和阿多尼斯(Adonis),西布莉和阿提斯(Attis),伊西斯和奥塞利斯(Osiris)……在德墨忒尔的故事里模式更显清晰:大胆的伊阿西翁(Iasion)与玉米女神并躺在玉米田的田沟里,之后立刻被雷电击毙。情人的地位总是比女神低,他必死而她不朽,他年轻而她长生不老且永恒存在,他无权无势而她却权倾一时,甚至在体型上他也比她小——所有这些质素加起来,情人的形象便经常是女神的弟弟或儿子了,且总归会死。吉尔伽美什不肯当"荣耀的伊斯塔尔"的爱人，因为他知道不会有好下场："你曾爱过哪个爱人到永远？你有哪个情人能永远满足你？……假使你我真成了恋人，难道我不会同样遭到被抛弃的下场？"

在历史文献中，时常可见到不同的弑王版本。尼尼微的阿那提斯（Anaitis）女神每年要求一位俊美少年做她的爱人/牺牲者：少年被涂上颜料、戴上金饰、穿上红衣，再佩戴女神的双刃斧，在众目睽睽下与女神的女祭司在紫帐下缱绻一天一夜，然后被放在一张芳香、珍贵的木床上，盖上金布，以火焚烧。"女神已将他收回身边。"女神的崇拜者吟诵道。在爱尔兰，月亮女神的女祭司会亲手杀掉女神的爱人，斩首时在他身下放置一个银制的"再生"盆以承接其血液。如今在哥本哈根博物馆内就有这样一件器皿，清晰地再现了牺牲仪式最高潮时女神的作为。一直到现代，依然有弑王事件发生。十九世纪时，非洲的班图（Bantu）王国只知有后，不知有王——统治者纳奴隶或平民为爱人，"用"过之后便斩首处决。根据黄金海岸英国殖民官的愤怒报告③，阿善提（Ashanti）王国的最后一位女皇经常将几十位"丈夫"一同处决，因为她喜欢不断扫除王室，再重新建立。即使在有王权的地方，非洲皇后也有权将王处死，且有权决定处决的时刻，《金枝》的作者弗雷泽爵士（Sir James Frazer）也做过相关的记载。不过，其他文化环境中却逐渐发展出替代性的献祭：首先，年轻男子的生殖力取代了他的生命被剥夺，如普遍施行于整个小亚细亚的阉割献祭仪式（南美的阿兹特克人则从未在人命或生殖力间二选一，而是采用二者兼行的方式直到其文明结束）；也有以小孩、动物、甚至每年春天沉于台伯河的维斯塔贞女（Vestal Virgins）④来取代男人的。

总之，一般男人似乎无须害怕女神或对女神的崇拜。在把女性当作至高之神的文化里，焦点在女人身上，社会的结构、节奏，甚至色彩也都来自女性。因此，诸如女人特殊的性爱魔力，从神秘的月经到制造新生命的天赋，普遍存在于整个"以赭土处理某些神圣葬礼"的女神崇拜期间。明亮强烈的红色在许多宗教里都与女性的经血有关，而赭土与血之间的联系更清晰地见于赭土的别名 hematite（hema 表示"血"之意）。

于是女神的崇拜者对待赭土，如同对待经血及产子等有力媒介，为死者祈求象征性的再生。女人的经血（她们"得自女神的天赋"）的表面及象征意义，在古希腊人以经血作为肥料，将种子抹上经血再播种的习俗中表露无遗。

女人的天然节奏与月经所受到的公开赞扬，与其后来所受到的诅咒及污名实在是大异其趣。但当神还是女人的时候，所有女人及所有与女性有关的事物都享有人类生活发轫以来的最高地位；而当女神式微，女人的地位也随之一降再降。这是否意味着历史上曾有一段女人统治男人的时期——即行使母权体制？

"女皇时代"——"女人握有统治男人的权力"这个持久神话背后的历史真相究竟是什么？为了找到这个问题的答案，历史学家极力搜寻女人握有全部统治权、男人因而不可避免地被贬低与压迫的社会——事实上，他们寻觅的正是父权体制的镜像。不足为奇的是，这是一种经由镜子追溯过去的过程，未能产生任何实际结果。另一个荒诞的幻想则是十九世纪学者深信母权体制曾一度普遍存在于世界文化之中，他们认为当人类社会自动物杂交中崛起，女人通过击败她们好色的另一半而成功地缔造了母权体制。在这种前提下创造出的社会秩序，从人到神的各个层次都由女人掌握霸权，野蛮而残暴的失势男人则潜伏在母权体制边缘，图谋发起激烈的报复。母权体制只是人类迈向文明的一个阶段。男人最后还是推翻了母权体制（对男性历史学家而言这是相当合理的见解），建立了父权体制，达到了文明最终、最卓越的阶段。❶

站在女性主义历史学家的立场，实难以接受这些。西蒙·波伏娃（Simone de Beauvoir）早在一九四九年即大力反击：

> 女人的黄金时代只是一个神话……地母，女神——她在他眼中根本不是人；她的权力在人的领域之外获得肯定，她因此被排除在人的领域之外。社会向来是男性社会；政治权力始终在男性手中。❷

近来的正统说法贬斥任何"曾存在一个原始母权社会"的想法，强调母权体制只是一个传说，只是用来合理化男人统治的工具。平心而论，我们实在不应该以父权体制为标准来推测母权体制，因为父权体制是从母权体制之后发展而来的，且有着史无前例的意识形态根源。我们也不应该在一个社会发展情形相当不一致的世界寻找普遍体系。回到我们已知的众多毋庸置疑的（女神及以女神为中心的社会体系）证据上："母权体制"应被理解成一种以女性为中心、实际上相当平等的社会组织形式，在这里，女性掌权以及平等地与男性参加社会活动不会被视为不正常或不自然。在此定义下，母权体制大约兴盛于第一个文明世界崛起至一神（如佛陀、耶稣或安拉）来临之间的四千年；在这四千年当中，母权体制特征充溢于各种社会，女性享受的种种自由在一神教来临后便永远地失去了。

这是一种怎样的自由？刻在公元前十四世纪埃及王拉美西斯二世（Rameses Ⅱ）巨型雕像底部上的戒律的头一句即斩钉截铁地给出了答案："谨遵母神之言，她是王母，世界的女性主宰者。"

女性执掌女皇般的权力

女皇是地上的女神，是女神的代表或后代，她的神圣权力和世俗权力都相当的大——希腊历史学家希罗多德（Herodotus）在描述历史上确有其人的塞姆拉迈特女皇（Queen Sammuramat）的统治时，时而将这位统治亚述四十二年、曾灌溉整个巴比伦并率军远征印度的女皇描述为"女神的女儿"，时而则索性直接称她为"女神"。由此可见，女神的权力是世袭而来的，自母亲一脉相承至女儿。男人只有当他与权力的来源结婚时才成为王；他没法靠自己的力量拥有王位。因此埃及第十八王朝法老图特摩斯一世（Pharaoh Thutmose I）必须在他妻子过世时将王位传给他十多岁的女儿哈特谢普苏特（Hatshepsut），即使他有两个儿子。"王室血统及统治权由母方传承"的习俗存在于许多社会：以墨西哥湾的纳奇兹族（Natchez）印第安人来说，部落首领只有在作为族中长老"白女人"（White Woman）的儿子时才拥有地位。当白女人过世，她的女儿即成为白女人，而由她的儿子来继承宝座，如此保持王的称号及继承始终在母系。这一传统在日本直到公元三世纪仍很明显,当时的女皇－女祭司卑弥呼(Himeko)之死所导致的内战,一直到其长女即位,方才平息。

在埃及,女皇的权力达到最顶峰。数千年来,她集统治者、女神、神之妻、女祭司及崇拜对象于一身。哈特谢普苏特像萨姆拉玛特那样骁勇善战,也宣称拥有统治权及君权,故而死后被崇拜尊敬逾八百年:"南北之后,太阳之子,金色的霍鲁斯(Horus,埃及神话里鹰头的太阳神),年光的给予者,黎明女神,世界的女主宰者,阴阳两界女王,心之召唤者,强有力的女人。"但女皇/女统治者现象绝不只出现在埃及王朝。女皇/女统治者在凯尔特不列颠人(Celtic Britons,约两千年前罗马人入侵时的英国南部土人)间就相当普遍,以至于被俘战士在公元五十年被带到罗马皇帝克劳迪亚斯(Claudius)面前邀功时,他们竟完全不理罗马皇帝,而改向他的皇后阿格丽皮娜(Agrippina)致敬。不过,这当中最有趣的,却是黛博拉(Deborah),公元前一千二百年左右的以色列领袖;从《圣经·旧约全书·士师记》第四及第五章中可以看出,她握有对部落中男性领袖的完全统御权,他们对她的依赖是那样绝对,以至于如果没有她,他们的将军巴拉克(Barak)根本没办法上战场作战。早期犹太人的历史中随处可见这样杰出的女性:

是位犹太公主吧?朱迪思(Judith),她拯救了犹太人民;她与敌军统帅调情,趁宴乐时将他灌醉,然后她和侍女(其姓名未见记载)割下他的头,装在粮食袋里,凯旋而归。她们把头高悬在城门上示众。当敌军进攻至犹太军营时发现统帅已死,群龙无首,又见山城上大军攻来,势不可挡,便纷纷丢盔弃甲,夺路而逃。继而朱迪思释放使女,所有妇女跳舞向她致敬。这就是犹太公主朱迪思的故事。❶

不是只有女皇和公主才拥有权力和特权。来自各处的证据充分显示"当农业取代游猎……而社会披上母权体制的外衣",所有女人"都享有重要的社经地位",并享有若干基本权利:

女人拥有并控制金钱及财产

在斯巴达，女人拥有全部土地的三分之二。阿拉伯女人拥有羊群，她们的丈夫只负责放牧而已。而莫诺米尼（Monomini）印第安人中，有些女性据传拥有一千二百或一千五百艘桦树皮船。在充满平等主义精神的汉谟拉比法典（公元前一千七百年左右成为巴比伦的法律）之下，女人的嫁妆不是给她先生而是给她自己——她保留自己的嫁妆、土地或财产，并在死后传给子女。在埃及，女性的经济十分独立自主，以至于如果丈夫向她借钱，她还可以向他抽利息！

婚约尊重女人作为个体的权利，并将她们视为丈夫的伙伴

与汉谟拉比法典类似的若干法律，都明确地反对女性后来在婚姻中的"奴隶"地位。在巴比伦，假若一位男子"羞辱"了他的妻子，她便能够以受凌辱为由与他合法分居。如果要离婚，女性保有其子女的监护权，而父亲必须支付子女的教养费。希腊历史学家狄奥多洛斯（Diodorus）曾记录了这样一则婚约：

我俯首在你作为妻子的权利之前。从今天起，我将依顺你，绝不反对你的主张。我在所有其他人面前承认你为我的妻子，虽我无权说你必是我的，且只有我是你的丈夫及配偶。独你拥有离异权……你能去任何你想去的地方。我给予你……（以下是新郎财产目录）

在距今逾五千年前，可能是世界上最古老的书——《普塔霍特普箴言录》（*Maxims of Ptah Hotep*）中，一位埃及妻子可以从她先生那儿得到的温柔呵护及优厚宽待洋溢在字里行间：

若你明智，待在家，爱你的妻，别同她争论。
喂饱她，赞美她，替她按摩。

满足她的所有欲望,并关怀她的心绪,

因为这是说服她同你生活的唯一方式。

倘你忤逆她,那是你的不幸。⑪

女人享有身体自由

女人在婚姻中所获得的尊敬反映出她们未婚时享有的自主权。在古典时期初期(约指公元前六世纪至前四世纪),希腊少女过着自由的户外生活,并接受运动及体操训练以增进健康与美感。在克里特岛,精选的少女受训成为斗牛士,参加宗教仪礼的斗牛;而爱奥尼亚(Ionia,小亚细亚西岸中部一带,古希腊的殖民地)女性则常备网和矛,以加入狩猎野猪的行列。公元前五世纪的雅典,少女裸身参加赛跑,或跳舞、裸泳。斯巴达年轻未婚女性享有这么多自由,以致经常激起希腊其他城邦的批评:

斯巴达的女儿们从不在家!

她们和年轻男人一同参加摔跤比赛,

脱光衣服,露出屁股,

真可耻啊!

这些年轻女性并不只是为了好玩而锻炼体能及运动技能,这在罗马女英雄克罗里亚(Cloelia)的故事中可以看出。克罗里亚在公元前六世纪伊特鲁利亚(Etruria,意大利西部的一个古国)国王波希纳(Porsenna)侵略罗马时被俘,她不甘屈服,偷了一匹马,游过台伯河,安全地返回罗马。纵使罗马人很快将她交回,克罗里亚仍逃过一劫;因为波希纳很欣赏她的勇气,不但释放她,还将所有其他人质一同释放,以示对她的崇敬。

女子兵团气势如虹

接下来不妨谈谈女子兵团。有充分的证据显示,古代世界到处有配备了武器的女性，像男人一样上前线战斗，尽管传统看法以为只有男人才上前线。女皇/女统治者领军上战场，并非只是充当有名无实的傀儡，而是担任知己知彼、运筹帷幄的军事领袖：塔米丽斯（Tamyris）——赛西亚（Scythia）女皇及马萨格泰（Massagetae）部落统治者⑤，便曾率领军队战胜入侵的居鲁士大帝（Cyrus the Great）一行，并将大帝处死，为她死于战场的儿子复仇。女统治者也支配海上军事活动，如埃及女王克丽奥佩特拉（Cleopatra）在亚克兴（Actium）⑥会战之所为，只可惜她出人意料地沉不住气，不但输掉战争，还赔上国家、情人安东尼（Antony）及她自己的性命。女战神在凯尔特不列颠尤其受到赞颂，凯尔特不列颠人的女神总是一副杀气腾腾的样子。公元前的编年史中有数不胜数的对女性战争领导人的描写，例如亲自领军上阵的梅德（Maedb）女皇，她在与芬德摩尔（Findmor）女皇的战争中，在北爱尔兰东北安特令郡（County Antrim）只身擒获了敌军五十名女战士。

凯尔特族女战士最为骁勇善战——罗马历史学家狄翁·卡修斯（Dion Cassius）便曾以"挥动一把令人望而生畏的大矛"来形容爱西尼人（Iceni）布狄卡女皇（Boudicca）在战场上的形貌。同样暴力好斗的习气也表现在女子兵团上：另一位曾目睹女兵战绩的罗马历史学家曾警告他的同胞，切勿轻易与高卢人作战。倘若与之发生冲突，他必须叫妻子来援助他，因为"高卢女战士身强力壮，气势如虹，举手投足间虎虎生风，舞刀弄剑无所不能"。女战士的故事在地中海及近东一带最为风行，而其中最脍炙人口者，莫过于亚马逊女战士的故事。由于缺乏任何"切实的"历史证据，这些故事向来被当成纯粹的神话或传奇，《牛津标准字典》用一句话就敷衍过去了："不过是旅人的道听途说罢了。"二十世纪的女性主义历史学家也对亚马逊女战士的故事感到不安，认为它对坚持"男性统治是历史必然"观点的学者而言实是一个太方便的工具了，因为亚马逊女人最后不是被打败就是被如忒修斯（Theseus）之类的英雄强奸/强娶。另一问题在于"Amazon"这个名字被错解、乱解为希腊文"a"（without，没有）和"mason"（breast，胸部）两字的并合。即认为亚马逊女人右乳大到没法拉弓，以至于必须把右乳切掉以方便拉弓，这就人体构造而言是讲不通的（没有哪个女人的右乳会是这样长的），因此如今已没多少人相信亚马逊女战士的故事了。但完全否定这个故事又未免有因噎废食之嫌。有关亚马逊女战士的文字叙述很多，说这些叙述都是凭空捏造，似乎说不过去；包括普林尼（Pliny）、斯特雷波（Strabo）、希罗多德、埃斯库罗斯（Aes-chylus）、狄奥多洛斯及普鲁塔克（Plutarch）在内的众多古希腊罗马作家皆对此问题做出过严肃关注与认同，要说这么多史家都在编谎，似乎是更不可能的事。亚马逊女战士的神话/传奇也从后世不少祭祀、牺牲及典礼仪式中获得了史料上的支持——参加这些仪式和典礼的人信誓旦旦地将它们归因于亚马逊传说，认为亚马逊女战士的故事切实存在于历史的传统中。

母权体制究竟是否存在过，是个疑义较大的问题；但女战士曾经存在过，则是确定无疑的，这方面的证据实在是不胜枚举。如广泛出现在地中海与小亚细亚一带女神的主要象征，便是一把双头战斧。除此之外，公元前五世纪希腊战士诗人特利西拉（Telessila）所留下的诗歌，对曾遭遇围城之祸的阿哥斯城（Argos，古代希腊城邦）女人的英勇表现表达了强烈的赞誉之情。阿哥斯女战士拿起武器，一鼓作气，勇往直前，在长期的鏖战后，终于逐退敌人；之后，她们为特利西拉修建了一座爱神神庙，特利西拉则谱了一首胜利曲向爱神致敬。正因为女战士的故事这么多，我们才可以说：母权体制的存在或许有疑义，但女战士的存在却是历史事实，不容怀疑。

女人拥有终极自由

女运动员和女战士所表现出的身体自主，诉说着一种意味深长的自由，而这样的自由是后世极不愿容忍或十分难以解释的。风俗习惯各处不同，但显然女人在文明初始之际所享受到的性自由或身体自由要比后世任何时候都多得多。举例来说，在许多社会中，女性不以裸体为羞耻，而这不只是指年轻女运动员或体育家的裸体——事实上，普通的成年女性也有裸体崇拜，可以经常在喜庆或庄严仪式上宽衣。公元前九世纪至前八世纪的希腊瓶瓮显示，女性送葬者（通常就是孀妇本人）会在雅典市民的葬礼行列中裸身行走。

在母权体制的社会,除了身体自由之外,毫无疑问的还有性自由。女人不仅能统治,也能求爱。公元前十三世纪埃及二十首爱欲情歌当中,有十六首是女人作的,其中一首露骨地写到:"我爬过窗,发现我弟弟在他的床——我心中满溢快乐。"另一首则更露骨:"噢,我俊美的小亲亲!我迫不及待想嫁给你,成为你所有财产的女主人!"这类说词在全世界都可听得到。当茱莉亚·奥古斯塔(Julia Augusta),罗马皇帝塞维鲁斯(Severus)的妻子,就英国女性所应当享有的性自由询问一位苏格兰女囚犯,女囚犯傲然答到:"我们比你们罗马女人要幸福得多,因为我们能公开向男人求爱,不像你们只能偷偷摸摸。"满足生理需求并非只适用于人类身上,这在艾丽思·鲍丁的书里解释得很清楚:

凯尔特族女性很会利用性,这从梅德女皇的故事可以看出。她替她的母牛也安排了性事,她则对借公牛给她的人缋以"大腿友谊"。她对在战争中帮助她的人也缋以"大腿友谊"。这种礼尚往来可以保持这么多年,可见她先生并不反对。⓫

女人不仅在追求自己的欢乐上享有自由,连在崇拜女神方面也享有自由。女人可以进行光明正大的仪式,也可进行黑暗、神秘的仪式。在进行崇拜女神仪式时可以将衣服脱掉:一幅在柯固尔(Cogul,位于加泰隆尼亚〔Catalonia〕雷里达〔Lerida〕附近)发现的洞穴壁画显示,九名酥胸丰满、仅着帽子和裙子的女性,围绕着一个阴茎无力下垂的矮小男人在跳繁衍仪式的舞蹈,而普林尼也描写过古代英国女性裸身并将身体涂成棕色以进行仪式或典礼。不仅裸身,还要狂舞,用麻药或迷幻药来加强效果更是家常便饭:女神要求毫无保留的放纵。

在某些社会,女神也要求一种性服务形式,这种性服务形式遭到后来史家的深深误解,以至于被贴上了完全错误的标签,在错误标签下又遭到扭曲。希罗多德在公元前五世纪曾如是描述此仪式:

最坏的巴比伦习俗，便是那种强迫该地区每位女性一生中一定要到爱神的神殿朝拜一次并与陌生人性交的习俗。男人享有挑选权，女人却连拒绝的权利都没有。女人非得经过这档子事，才能在女神眼中变得圣洁，然后才能回家。⑫

这种仪式即近东或中东一带所谓的"卖淫仪式"。对一心崇奉女神的女性而言，这一称谓简直是莫大的侮辱，因为这些女人在性爱过程中化为女神的肉身，赞扬其如此有力、如此庄严、如此珍贵的性天赋，正是出于这种赞美，她们才会到神庙来谢神；与陌生人性交是女神旨意最纯良的表现，不会带来耻辱。相反的，这些圣洁的女性总是被尊称为"圣者"、"洁净无染者"，或像在苏美尔人的乌鲁克城，被称作 nu-gig，意即"纯洁或无瑕的"。

将崇拜女神者当作妓女，完全是以今非古的偏见投射（性是罪，非婚的性则是卖淫），未能了解这些女人的崇高地位，而这种地位是有历史证据支持的。例如汉谟拉比法典便曾仔细将神庙女性分成五个等级，并保护她们继续崇拜女神的权利。它也为神圣女性与世俗妓女间做出清楚区分：不做出区分是不行的，因"卖淫仪式"这个词等于把神圣女性和世俗妓女混为一谈了。

她们当然不同；世俗妓女在乎的是金钱，我们可以最著名的埃及妓女——阿奇底斯（Ar-chidice）的一则轶事为例。她艳名远播，男人们都使尽浑身解数，希望求得她的青睐。一位因为付不出钱而遭到拒绝的爱慕者回到家后，在梦里一晌贪欢。阿奇底斯怒而告官，指称他既已与她交欢，那就该付给她钱。法庭承认她控诉有理，但在经过诸多讨论后终于裁定：由于客户只是梦到与她交欢，她也就只能"梦想"她已拿到报偿。

诗人、神职人员、女皇、母亲、爱人、运动员、军人及会上庭诉讼的妓女……当这些女性出现，并各自取得她们在人类史上的地位，她们呈现了令人印象深刻的景观。尚未有人告诉她们女人生来就必须面对身体羸弱、情绪不稳定或智力缺陷；因此群聚在米诺斯克里特文明记录上的女人，随便数来就有商人、贸易业者、船员、农夫、战车驾驶者、狩猎者及女神使者，完全不顾进步社会所将宣称的"女性无能力担任这些角色"的说法。从聪慧的阿斯帕西娅（Aspasia，公元前五世纪在雅典陪伴伯利克里〔Pericles，雅典政治家〕的伶人/学者/政治家），到她的同代人阿特米希亚（Artemisia，首位女性海军将领，她在马拉松战役中的优异表现令雅典人惊叹不已；可惜她终究闯不过情关——熬不过失恋之苦而跳崖自杀），女人在各个方面皆表现得非常优秀。

这些是虽死犹生的真实女人——清楚自己所拥有的力量的女人。这种力量在一连串社会风俗与法律权利方面获得普遍承认：身体自由和性自由、拥有权力、受教育权、完整的公民权、金钱及财产的拥有权、离婚权、子女监护权及经济自主权。

女性在法律规范及社会风俗中所获得的优厚待遇可追溯到她们特殊的女性地位；而这又直接得自她们与女神的联系（她们是女神的化身）。虽然各地有各地的女神版本，但女神却是普遍的、无所不在的。对她的崇拜者而言，在几千年之后，她依然一如往昔：

我是伊西斯，所有人的统治者。我为每一个人制定法律，一言九鼎，铁令如山……我被称作女神——我划分天地，令星途明朗，规范日月道路……我牵合男女……我所制定的法律无人能改。❸

这是男人必须面对的挑战吗？在这场母神崇拜的原始戏剧里，男人在哪里？他是供消遣的伴侣、被牺牲的王、不值钱的懒骨头。女人是一切，而他什么也不是。这太过分了，在浩瀚广大的人类意识领域中，男人必须具备一些意义才行。要达到这个目的，只有将旧有的信仰体系整个翻转。男人的自尊苏醒，他要夺取女人的权力，发动两性战争，借破坏从前使女人成为女神、战士、恋人及女皇的一切，来伸张他的男性特质。

---

❶ Erich Neumann, *The Great Mother: An Analysis of the Archetype* (New York and

London, 1955).

❷ *The Golden Ass*, translated by Robert Graves (Penguin, 1950), pp. 228 – 229. 阿普列乌斯坚称，女神尽管有不同名称，受崇拜仪式也不同，但她总归是同一个神。

❸ 不少学者都主张男人在史前时代生育的奥秘中不扮演任何角色的说法，如 Sir James Frazer, *The Golden Bough* (1922); *Margaret Mead, Male and Female: A Study of the Sexes in a Changing World* (1949)。

❹ Allen Edwardes, *The Jewel in the Lotus: a Historical Survey of the Sexual Culture of the East* (1965), pp. 58 – 59.

❺ Paul Friedrich, *The Meaning of Aphrodite* (Chicago and London, 1978), p. 31.

❻ Robert Graves (ed.), *The New Larousse Encyclopaedia of Mythology* (London, 1959), p. 60.

❼ 论母权体制的第一部严肃作品是由瑞士学者巴霍芬（J. J. Bachofen）所写的《母权》(*Das Mutterrecht* [*The Mother-Right*], 1861)：英文版本为 Myth, Religion and Mother-Right (Princeton, 1967)。"父权革命"崛起前，有一个世界性的母权体制曾经存在的理论，这种理论为恩格斯所接受（见 *The Origin of the Family*, 1884）。对这一主题做出早期贡献的，还包括 Matilda Joslyn Gage 的 *Women, Church and State* (1893) 和 Robert Briffault 的 *The Mothers* (1927) 等。晚期作品则有 Evelyn Reed 的 *Woman's Evolution* (NewYork, 1975)。

❽ *The Second Sex* (English edition, 1953), P. 96；但波伏娃在其他文献和场合中的说法似乎与她在此书中的言论多有出入（如 *The Second Sex*, p. 101 'And then the great mother was dethroned' 及本书十一、十二章中所引若干说法）。不过，波伏娃在此书中的说法仍可视为现代女性主义者的立场。

❾ Melanie Kaye, 'Some notes on Jewish lesbian identity', in Evelyn Torton Beck ed., *Nice Jewish Girls*, (Mass., 1982), pp. 28 – 44.

❿ Helen Diner, *Mothers and Amazons: The First Feminine History of Culture* (London, 1932), p. 170.

⓫ Elise Boulding, *The Underside of History: A View of Women Through Time* (Colorado, 1976), p. 318.

⓬ M. Esther Harding, *Woman's Mysteries, Ancient W Modern, A Psychological Interpretation of the Feminine Principle as Portrayed in Myth, Story and Dreams* (New York, 1955) p. 135.

⓭ John Langdon-Davies, *A Short History of Women* (London, 1928), p. 141.

① 译注：公元前七二一至前七〇五年之亚述王，于公元前七二一年征服苏美尔人。

② 译注：米诺斯文明以希腊克里特岛为中心，是繁荣于公元前三千至前一四五〇年之间的青铜器时代文化。

③ 译注：阿善提王国为黄金海岸被殖民前的王国之一，黄金海岸即现今迦纳。

④ 译注：维斯塔贞女为古罗马女灶神维斯塔的祭司，均为贵族出身的处女。

⑤ 译注：赛西亚是古时位于北海和黑海边的小国，马萨格泰部落则位于现今伊朗。

⑥ 译注：亚克兴位于希腊安布拉西亚湾口。

3

阳物的兴起

> 神圣的湿婆,神圣的阳具,
> 神圣的男根,神圣的阳具,
> 阳物神,你神圣的阳具
> 是这样大,无论梵天
> 或毗湿奴均无能识其大。①
>
> ——印度教祷文

> 他射出一支箭,箭穿进她的腹部,
> 他劈开她的内脏,他撕裂她的心,
> 他毁掉她的性命,
> 他砍倒她的身体,站在上面得意洋洋。
>
> ——马杜克王(King Marduk)推翻母神

> 男人嫉妒、畏惧女人的生育力,因此十分想取代女人在生育中的角色。
>
> ——诺曼·梅勒(Norman Mailer)

"起初,"女性主义者玛丽莲·弗伦奇(Marilyn French)这样写道:"掌握一切权力的是母神。"该母神如其"子女"所见,今时今日仍与我们同在——她丰满的胸、凸起的臀与腹、引人注目的女阴及树干般的大腿仍存活在女神像上(仅在欧洲就发现了近万座)。相对于这种强大、自然的力量,男人显得极为渺小可怜。每首赞美女神的诗歌与每个神话都以尖酸刻薄的语气来强调男人的渺小——一幅埃及第二十一王朝(公元前一一〇二至前九五二年)的莎草纸图形文字显示了她裸身俯临全世界的情景:抚弄着熠熠发亮的胸、腹及外阴部,而男神盖布(Geb)躺在地,徒劳地向她举起阳具——虽竭尽全力地举起,但终究不足以应付当时的场面。这样的性羞辱还算是轻微的呢。在加拿大温尼帕格斯族(Winnepagos)之中,有位爱慕女神的勇士,对女神朝思暮想,没想到女神非但不领情,还设计令他落难,把他变成同性恋者,强迫他穿上女装,顺从其他男人各方面的性需求。在众多不同文化里,可找到无数类似的体现出女神具备残酷无情力量的例子。正诚如罗伯特·格拉夫(Robert Graves)所言:"在母神的统治下,女性是支配、主导的一方,男人则是她的奴隶。"

当所有意义、所有魔力、所有生命都在女人这一边,男人是完全无用的、完全不重要的。"婴儿、血、呐喊、舞蹈,所有这一切都关系到女性,"一位澳洲原住民这样宣称:"男人除了播种外一无所长。"男人越意识到这一点,就越感到嫉妒,"男人不满创造新生命的力量完全为女人所独占,因而在内心发展出对子宫的嫉妒。"男人憎恨女人独霸所有大自然的律动,因而急切想要创造他们自己的节奏。不过,最初这类以男人为中心的仪式仅仅是对女体生物机能的模仿,这是被许多至今仍存在的石器时代文化所证实的:"起初我们一无所有……我们从女性那儿获得这些东西。"

全球众多类似的模仿中最典型的,应属残忍的"替献祭祭司穿上牺牲者人皮"的阿兹特克人仪式:这位祭司会"像芽从谷壳中抽长而出那样从血淋淋的人皮中跃出",成为新生命及可借其魔幻力量赋予生命的人。比这更可怕的是澳洲阿兰达(Aranda)部族每位成年男子必须接受的成年仪式：

……仪式主持人抓住男孩的阴茎，插一根细骨到他尿道中，然后用一块燧石当作小刀在阴茎上乱砍。在一次次的砍劈下，阴茎裂开像根煮熟的香肠。❷

这种被白人殖民者命名为"类切割"的残酷仪式，刺伤了白种人的文明心灵——这种仪式究竟目的何在？如果他们了解阿兰达人，就不会有这个疑问了。阿兰达人语言中"劈裂的阴茎"一词便源于"阴道"一词，而所有熬过试炼的男孩都会被赐予"女阴的持有者"的敬称。且日后要定期重开伤口，以显示少男如今已能够"排经"。

按人类学家玛格丽特·米德（Margaret Mead）的说法，"仿佛男人只能靠接收女人的自然生理功能，才能成为男人。"对荣格而言，所有男性成年礼的秘密在于"重新穿越母亲"，拥抱恐惧、痛苦与血，以便重生为男人或英雄。尽管如此，"穿越母亲"并不暗示任何与女性的亲密认同；相反的，这种仪式的关键在于把接收生育作为男性秘密，获得"男人努力摆脱女人得自母权体制的权势"的第一件武器。男人的这一斗争并不只是模仿与超越而已，而是要夺取女人表现在每一层面的创造新生命的力量；宙斯从自己的前额生出雅典娜，便是一种（在许多其他神话里也能找到对应的）原始创造神话典型的逆转。它简直就像一场革命：弱者反抗强者的革命，被压迫者反抗压迫的革命，价值结构与思考习惯的革命。从此，人类思想开始沿着为男性支配权铺路的方向发展。随着人类开始了解事物的因果关系，凡事不再以象征性和超自然的方式解释，男人在生育中的角色日益明朗。如今女人的节奏被视为人的节奏，而非神的节奏，"男人决定生育"的见解完成了男人已经准备妥当的愤怒革命。历史学家杰·马克戴尔（Jean Markdale）如此解释：

一旦男人开始肯定他在生育中所扮演的绝对必要的角色，旧有的精神体系便在刹那间瓦解，这在人的历史上是一非常重要的革命，而令人惊奇的是它并未受到足够的重视……男人认为他已被骗多时……光是平等还不够。如今他要把他的力量发挥到极致，他要统治女人……❸

而有什么统治工具可以超越阳具呢？当男人开始为自己刻画出若干意义，与女性永恒、内在的权力相抗衡，有什么比男人最好的朋友——他的阴茎，更能有效达成他的目的？阴茎是男人的"尴尬物"，要它勃起它不勃起，不要它勃起它却偏偏勃起，它本不具备挑战女人稳固的生殖权力的资格，但男人聪明地将它从现实层面提升至象征层面，将阴茎转化成"阳物"，并把它珍视为金石一般坚固的物体，以此利用阴茎作为反抗女人的工具。

于是，突然间，权力转移到男人这一边。从前他是不被重视的男人，除了自己之外，没有人稀罕其所谓的男子气概，如今他却完全掌握了母神生命力量的秘诀及根源。权力不是她的，而是他的。他的器官是神圣的生殖器官；一切生命的泉源是阳具，而非子宫。阳具不仅拥有权力，而且能产生权力，是权力的来源及归向；于是一种新的信仰形式诞生了。

这种生物起源的发现大约是在铁器时代初期（约三千五百年前）开始横扫全世界，但这并不意味着之前的早期社会尚未认知阴茎及其象征意义上的等同物：阳具。人们在记录上现存最早期的遗址中发现有阳具象征，而自"新石器时代革命"（约在公元前九千至前八千年间的近东地区）起，它便以醒目的尺寸大量出现。例如，在英国诺福克（Norfolk）格莱姆斯燧石矿一处废弃的新石器时代采石场内部发现的一座祭坛，其上有一只杯子、七只鹿角及一个用白垩雕成的大型阳具，这些都是献给高耸在祭坛前的女神的祭品。而无论这些阳具有多大（若干石制或黏土制阳具规模相当大，表达了急切的渴盼），这些象征只是被造来作为女神崇拜的一部分，其本身并不具备神圣性。

矛盾的是，首先建立阳具崇拜的是女神自己。在伊西斯女神的神话里（对她的崇拜从近东地区经由亚洲蔓延到欧洲），女神下令在她位于底比斯（Thebes，埃及古都）的神殿前竖立一尊奥塞利斯的木制阳具。之后的女神崇拜便包含了将阳具象征献给女神这项内容；奥塞利斯像出现在埃及女人神圣的游行队伍中，每座像都附有一个会动的、硕大无比的阳具。类似的设计也出现在希腊女人的女神崇拜中，祭祀者还可用线来操控像上阳具的动作。在这种心醉神迷的状态下，神被抬到神殿，城中最受敬重的妇女在那里等待着用花环和吻来为阳具加冕，作为女神接受阳具崇拜仪式的象征。

然而，一旦从跑龙套的跃升为男主角，阳具便渴望好好出番风头。阳具在希腊四处蹿起，像龙的牙齿，每个街道的角落都能看到阳具柱。公元前三世纪左右，希腊东南部得洛斯岛（Delos，为阿波罗神出生地）更是出现了一列巨大阴茎，由突起的睾丸支撑着，像巨炮那样伸向天空。越过亚得里亚海到意大利，家家户户皆以菲勒斯神（Phallus）为家庭守护神，而庞贝等许多城市也完全沉浸在对阳物神——普里阿普斯（Priapus）的崇拜之中——这个事实被后来的圣者认为与庞贝城在公元七九年遭维苏威火山毁灭有关。在英格兰的多塞特（Dorset），古不列颠人将他们的创造荣耀倾于巨大如山的塞尔纳阿巴斯大神（Cerne Abbas Giant）——高四十尺的阿巴斯大神挥舞着巨大如槌、勃起时高至胸前的阳具呼啸过历史，反复强调着他强而有力的阳具所代表的神谕。

不过，阳具崇拜最严重的国家非印度莫属。其神话诠释者坚持认为，是在那里发现了"世界上最大的阳具"——湿婆神的"神圣之鞭"，其挺翘之势可谓睥睨群雄，与天齐高。这让印度教三大神中的另外两大神——梵天与昆湿奴——震惊得匍匐跪拜，并命令所有男女也要照做。这一命令千千万万年来获得遵守的情况，可从困惑的西方学者对一个长久留存的印度习俗的描述中窥见大概。从事贸易往来的人、传教士及殖民侵略者指出，湿婆的祭司每天都会赤裸裸地从庙里走出，行过街道、摇着小铃，要所有女人出来亲吻他神圣的性器。这个阳具的尺寸一定会把维多利亚时代的英国人吓坏。随着阳具上升至受崇敬的地位，其重要性、体积及神圣性均有增加。自此新纪元起，男性的优越归属于阳具，并透过这个器官来体现，同时作为男性权力永存的提醒者。通过这种扩张——且是无止尽的扩张，阳具不仅变成权力的来源，同时也是一切文化秩序及意义的来源。对男人而言，握紧、刺激阳具即是一切允诺的保证；罗马人喜在 testament（与神的誓约）末尾签署 testes（睾丸）一字，阿拉伯人则会宣告："噢，阳物神，为我的誓言作证。"除此之外，男人们还必须忍受族长在集会时检查他们的生殖器，以示尊敬。

在女性身上，神圣阳具的权力开始以多种方式同时发生作用。在湿婆的神殿里，因拥有"莲花般的美丽"而被选中的女奴会被奉献给"神的阴茎"，并在其胸部及鼠蹊部烙下神的印记。全世界无论历史文献或考古证据均显示女性会以膜拜、触摸、亲吻、甚至骑上神圣的木制或石制阳具的方式来治疗不孕——阳物神不但能治疗不孕，也可能是女性童贞的最初领受者。在法国南部的偏远村落，"圣者"福庭（Foutin）因阳具硕大而被崇拜至十七世纪，令天主教会大为尴尬。当地妇女喜欢从木制阳具上削下碎屑，制成药剂，以促进生育力，这种做法令阳具常有"短小"之虞；幸有祭司不断为其添补，圣者"精子旺盛"的美名才能维系。最诡异的或许当数公元九〇九至九五〇年海韦尔达贤君（Hywel Dda [Howel the Good]）在位时在威尔斯付诸实行的一项凯尔特人仪式。在那里，如果一个女人想要控诉一个男人犯有强奸罪，她必须一手放在圣者的一件遗物上为证词起誓，另一手抓住嫌犯"堕落的那话儿"——或许是为了激发他的良知？这种行为无疑在提醒我们男性性器官既可为善亦可为恶，而公元前一千三百年埃及墨涅普塔王（King Meneptha）于卡纳克（Karnak）所竖立的一座阳具像最能说明这项事实；其铭文记载了国王在一场胜战后割下敌军所有人的阳具，携回阳具共一万三千二百四十只。

诚如这则故事发生的日期所显示的，阳物的兴起并不意味着女神将立即被推翻。相反，研究女神崇拜的神话、故事及仪式在一段重要的时间里如何被调整、改造，以适应男性在迈向完全的中心地位时日益加快的节奏，是很吸引人的。从女神到神、从女王到王、从母到父的权力移转，是分几个阶段进行的，这在世界神话中非常明显地体现出来。在第一阶段，母神单独创造世界抑或她自己就是世界；她有许多爱人和小孩，但她是至高无上的。在第二阶段，她被描写或刻画成有一个伴侣，这人可能是她的儿子、弟弟或原始妓男，起初地位比她低很多，但后来权力增长而成为她的配偶。在第三阶段，神/王/配偶与女神平起平坐，共掌天下，女神下台指日可待；最后男神单独称王，而身为母亲及女性的女神则被打败、削权，困在每况愈下的处境里无法自拔。而这种状况日后不但不会扭转，还会变本加厉。

当然，这种分期不是绝对的；神话绝不是静止的，历史进程也很少有严密的逻辑可言。发展阶段彼此间总有交错、重叠，即使当男人已自立为王并将男神与女神都置于其支配之下，他们仍不敢置旧俗于不顾，而宁可尊重旧俗，礼敬女神。"伊斯塔尔女神爱我——因此我成为王。"亚述的萨尔贡王于公元前八世纪这样宣称。

有大量宗教及政治仪式记录证明，王的权力无论有多大，都并不完全；爱尔兰凯尔特族的王在接受人民拥戴为王之前，必须与爱尔兰的精神象征——天后——进行婚配。巴比伦王也是一样，他们的权力必须年年更新，且唯有在公众面前与母神的女祭司行神圣婚礼后，才算确认下一年的权柄。

因此女神仍有些权力。而也有证据显示，有一些王偏要任性一下，不肯和女神行婚礼。然而，女神之势已到强弩之末，种种彻底的社会变化加上新兴起的阳具势力，终将女神及母权推翻。简而言之，这些变化来自人口增长，来自对食物的需求。尼格尔·卡尔德这样解释将女性从生命中心推到生命边缘的发展的性质：

> 在河边园子里种植大麦与小麦的最早证据，来自一万八千年前的上埃及……当女人提着一袋种子来播种，笑声必惊动了水鸟。或许女人该赶快去捕水鸟才对——然而女人却迫不及待地把种子洒入泥缝里……女人不怎么懂植物遗传学，但谷子在太阳把大地完全晒干前都已经长大成熟，而当她们提着石制镰刀返回时，她们必定感觉到某种女神般的骄傲……❶

卡尔德认为，这种女性对大自然"女神般"的控制，延续了一万至一万五千年。但从大约八千年前开始，人口的激增导致食物制造方式的改变。渐渐地，较繁重、较密集的农业取代了女人的园艺。过去女人将大自然视为盟友，以亲和的方式与大自然合作，如今男人必须驯服、支配大自然，以使大自然臣服于人的决定。农耕所用的方法无疑对大自然有害，而男女角色及关系也同样产生了负面的变化，就像公元一百年左右的一部印度教经典《超自然力量原理》(The Institutes of Mana) 所解释的："在律法中，女人被视为田地，而男人被视为谷子。"女人曾经是生命的唯一来源，可如今女人既没有种子也没有卵，她是被动的田地，仅在被耕耘时才有生殖力；而男人却具有新发现的阳具中心力量，集耕种、种子、谷槽及产卵器的多重作用于一身。

随着计划性的耕耘及土地的开垦取代了随意的播种，男人的角色越发重要。奇怪的是，对那些无法在土地生产中获取足够食物以维生的团体，这种情况同时存在。对那些部族而言，农作物的短缺或不足会造成强迫性的迁移，这又必然会带来战事，因为肥沃土地上的定居者一定会联合起来反抗侵略者。而无论迁移还是争斗，男人都占有优势，因为男人的体力和机动性都比为子女所累的女人要优越；同时，为阳物崇拜的黑暗面所束缚的男人一定会通过侵略及军事行动来占据主动。一旦这些冲突的势力不可避免地催生出支配与被支配团体、赢家与输家、统治阶级与被统治阶级，女人便无处可逃了。困在犁头与剑的暴力之间的女人非输不可，不可能有其他的结果。

在耶稣基督诞生前的数千年中，所有神话都一无例外地提及了母神的瓦解。如巴比伦人《创世记神话》的故事中，神/王马杜克对母神提阿马特（Ti'amat）发动战争，将她碎尸万段。因为只有在她死后，他才能建造世界——不用说，当然是用她的尸块来建造。这一母题出现在众多不同文化中，可由中非洲蒂维族（Tiwi）的神话证明：

普维（Puvi）建造世界。除以清水造海外，她还造了陆地与岛屿……普里蒂（Puriti）说："别杀我们的母亲。"但伊里蒂（Iriti）依旧走上前杀了她。他往她头上刺去，她的尿玷污了海水，灵魂飞升上天……

在其他的故事中，女神被打败，但仍活着。凯尔特族民间故事叙述了三智者（女神三化身）伊姆（Emu）、班巴（Banbha）及弗德拉（Fódla）如何与战神（Mil）之子在战场相遇，但在多场残酷的冲突后，女神臣服、拜倒在侵略者的力量下。不论以哪种方式呈现，在所有神话里都反映了根本权利从女性到男性的转移。希腊神话中，德尔斐（Delphi，希腊城邦，以神谕驰名）从女神的势力范围变成阿波罗的势力范围；非洲的基库尤族（Kikuyu，肯亚最大民族），至今仍在叙述他们的祖先如何通过集体行动击败女人：他们在同一天强暴所有女人，因此九个月后他们就能轻松地征服孕妇；在阿兹特克人神话中，地母索奇奎特萨尔（Xochiquetzel）生下一子——维齐洛波奇特利（Huitzilopochtli），他杀了地母的女儿月神并取代月神成为天的统治者，为排除异己，他还杀掉地母的所有其他子女。

上述故事的母题——日神击败月神（月神总是女性）——在许多神话里都可看到。譬如在日本神话中，太阳女神（Ama terasu，或称天照大神），神道教众神中之至高神，遭素笺鸣神（Susa nu wo，日本神话中的风神）攻击，后者破坏前者的稻田并用粪便及腐肉污染她的圣地。虽然她奋起反抗，他却"偷了她的光"，于是她只剩下一半权力，只能在夜晚发光。

这个故事看似平凡无奇，实际却掩藏着若干深刻而无可逆转的男女关系的转变，甚至是思想方式的转变：

> 太阳神，时间与空间之神，基本上是阳性的——阳物光芒照射在地母身上，渗透大地，使种子发芽。无论中西，太阳神代表的是男子气概、个体的自我意识、智力及知识光芒，而月神则代表潮汐、子宫、海水、黑暗及梦般的潜意识……男性太阳神击败女性月神……暗示着女性取向的、循环的繁衍崇拜仪式已经崩塌，而由线性史观（由无可重复的事件构成）的男性概念取得霸权……❶

女性被推翻不只是一个神话主题。随着男人试图以种种不同方式夺取女性权势，女人在实际生活中的权力也面临威胁。王权本来是通过母系传递的，而现在随便一个胆大妄为的人就可以对王后逼婚或依靠强取豪夺来霸占王权——赛西亚统治者塔米丽斯曾在公元前六世纪拒绝波斯居鲁士大帝类似的"求婚"要求。其他人可没这么幸运。埃及贝蕾妮斯二世（Berenice II）在公元前八〇年拒绝嫁给她的外甥托勒密·亚历山大（Ptolemy Alexander），而他立即就杀了她。忠贞的亚历山大家族看不过去，杀掉了托勒密，为"以暴止暴"做出示范。但通常王能成功保住他们夺取来的权力。男人为夺取女性君权，可谓无所不用其极，甚至会采取"乱伦"做法：王不愿在妻死时让出王位，因此干脆将合法继承人——自己的女儿，娶进门；或者，他会把他的一个儿子"嫁"给新女王。这有双重好处：一是保持王朝在男性控制下，二是可以逐步将儿子纳入继承体系，直到儿子的权力取代女儿的权力。

在这种情形下，女统治者很快变成男人权力游戏中的人质，其重要性完全由男人要拥有或控制她多久决定。以罗马皇帝狄奥多西大帝（Theodosius the Great）的女儿嘉拉·普拉西蒂亚（Galla placidia）为例，她在罗马围城时遭西哥德人②阿拉里克（Alaric）虏获，阿拉里克死后，她被阿拉里克的弟弟阿托尔夫（Atulf）接收。阿托尔夫被谋杀后，她被交还给罗马人，并被强迫嫁给罗马人的英明统帅君士坦提斯（Constantius），他将她命名为奥古斯塔，自己则为"奥古斯都"，与妻子共同成为统治者。当君士坦提斯去世，嘉拉的兄弟将她放逐到君士坦丁堡并夺取王位，一直等到她的儿子在公元四二五年成为皇帝，她才获得了平静的生活。

无数历史证据显示了女王在王位继承的权力游戏中从继承人沦为人质，然后被处决、消灭的过程。最典型的一则故事是东哥德人③女王阿玛桑塔（Almasuntha）的故事：阿玛桑塔在她父亲西奥多里克国王（King Theodoric）于公元五二六年去世时被立为摄政王，代表她的儿子当政。她儿子死后，她被先王的外甥赶走。篡位者权力巩固之后，她就被处死了。

被男人折磨的并非只有贵族女性而已。从文字记载上可以看出，女人此时开始受到一连串处心积虑的打击，包括女性的性情、女性对子女的权利，甚至连女性的人权都遭到了打击。日、月的二元对立如今延伸成为普遍的二元对立体系；总之，女人是男人的反面。男女对立原则既已确定，男人遂逐渐被定义成可操控一切人类技能，而女人则相对被定义为不成熟、未定形的。公元前四世纪左右，亚里士多德对两性差异的论述恰如其分地指出了当时男女的普遍观念：

  男人是主动而积极的，充满活力，活跃在政界、商界及文化界。男人创造并制作了社会及世界。相对的，女人是被动而消极的，她待在家里——这本是其天职。她是等待由男人来塑造的物质。当然，主动积极者的地位总是比较高的，且比较神圣。男人因此在生殖上扮演主要角色，女人则只是男人精子的被动接受者⋯⋯男性的精液将经血烹煮，塑造成一尊新人⋯⋯❼

  色诺芬（Xenophon）、加图（Cato）及普鲁塔克等军事领袖、政治家及历史学家，对女人也很不恭敬，他们三言两语就把女人贬得一文不值：

  上帝创造女人是为了让她们做家务，男人则做所有其他事情。上帝把女人放在家里是因为她对寒、热及战争的耐力较差。女人最好乖乖待在家少出门，男人则不能成天待在家，而该多多出去参加活动。❽

  你得把女人管束好才行⋯⋯若稍有差池，她们便会闹翻天。如果让她们和男人平起平坐，她们还会乖乖听话吗？绝不会。一旦她们和男人平起平坐，她们就会爬到你头上来⋯⋯❾

  我绝不会把对女性的情感称之为"爱"，就如同我不会说苍蝇与牛奶谈恋爱、蜜蜂与蜂蜜谈恋爱或饲养者与他们养在暗处的牛羊鸡鸭谈恋爱一样⋯⋯❿

  普鲁塔克在此提醒我们，对希腊人而言，"真爱只有一种，就是男对男的爱"。古希腊的男同性恋事实上使得阳物的霸权制度化，否定女性在生育外的任何社会或情感角色。但对正在崛起的男性而言，连女性的生育角色也无法忍受，女性在他的孩子身上所占的分量越少越好：就像公元前五世纪希腊悲剧作家伊斯克勒斯的《和善女神》（*Eumenides*，俗译《复仇女神》）中著名的高潮戏"阿波罗的审判"，太阳神这样理直气壮地宣称：

"母亲"者，襁褓儿之保姆。父亲方为真正的亲人。

数千年来，远古原始万物的信仰在这种简单、残忍的父权思想宣言里被翻转过来。女人不再是创造男性的人物，而是男人创造了女人。随着日击败月，王打倒后，阳具取代子宫已经成为生命与权力的来源及象征。在这种新态势下，女性不再享有权力，无论中西，女性都被贬至奴隶地位。她们变成财产，对"财产即是窃盗"（property is theft）这句话心有戚戚焉。新的社会及精神体系盗取了她们的自由、自主权及操控权，甚至连支配自己身体的最基本权利也被剥夺。如今她们属于男人——或者说属于某一个男人。在某一历史关键点上，女人成为"性独占"暴政的奴隶——男人既已了解只要一个男人就能令女人受孕的事实，他们当然要确立自己对女人的独占权，以免乱了血缘，妨碍财产的传递。

然而当男人有其他需要，上述独占一个女人及其性劳役的原则便可搁置一旁。爱斯基摩人的"借妻"风俗便是一例。对爱斯基摩丈夫来说，借妻是"绝不蚀本的投资，因为这份情将来一定讨得回来"，当他需要一个"整理家务，替他洗袜子、煮晚饭"的女人时，他一样要向人借。这还不是全部——被借之妻的义务是很多的，否则爱斯基摩小孩怎会用"那个操我妈的人"来称呼任何与他父亲做生意的人？

作为男人的财产，这些早期社会的女人除了服从男人外别无选择；当女人既不再是部落主要的食物供应者，也不再是生命的神圣来源与未来希望，便再没有什么能阻止男人在控制权的争夺中利用权势对付女人。希腊作家波西狄普斯（Posidippus）在公元二世纪注意到，古代中国人中，"即便是穷人也想养儿子，但即便是富人也不想养女儿"。在世界的另一端,一位火地群岛(Tierra del Fuego,南美洲最南端岛群,与南美大陆间隔麦哲伦海峡)的酋长在"小猎犬号"航行中告诉达尔文,在饥荒中,为求生存,他们会把年纪大的女人宰来吃,但绝不屠狗。从文献记载、史诗、编年史以及人类学与考古学证据中,可以看到无数活生生的性虐待实例,经常到惨不忍睹的程度:女人被卖入火坑遭鸨母凌辱虐待,妻子为丈夫殉情,以及对女性各种方式的任意凌虐。

如果还嫌以上概述过于简略,则不妨参考以下一则来自中世纪英格兰盎格鲁撒克逊移民区的恐怖故事。两副前基督教时代的女性骸骨被发现并躺在同一个墓坑中,较老的一副近三十岁,被赤裸地活埋;遗骨的姿势显示出她在死前曾经历一番痛苦挣扎。较年轻的一副是一个大约十六岁的女孩,显然死前被强暴过,这是根据她身上的伤口判断出来的——她左膝盖后有个大洞,应是施暴者为使她抬腿而插入了一把匕首;被强暴后她仍坚持活了大约六个月,而她脚被捆绑并赤身裸体被活埋的事实显示出她的死因是她被强暴之事已经众所周知(很可能是由于怀孕)。考古学家得出了这样的结论:

我们只能猜测年纪较大的女人所受的折磨和惩罚……至于年轻女孩的遭遇则太悲惨了,我们实在不忍多想。❶

不再神圣,女人成为消耗品、牺牲品。一项阿兹特克人献祭仪式便明明白白地流露出对女人曾拥有过的权力的嘲讽:每年十二月,一位装扮成土地/谷物古老女神伊拉姆蒂库特利(Ilamtecuhtli)的女性会被砍头,而她的头会被献给一位做同样打扮的祭司,然后这位祭司领导其他做同样打扮的祭司跳一种庆祝仪式的舞蹈。类似的阿兹特克人仪式还有几种。每年六月,一位装扮成嫩玉米女神齐乌洛尼恩(Xiulonen)的女性会做同样牺牲;而在八月,一位装扮成众神之母泰托因娜恩(Tetoinnan)的女性则会被砍头、剥皮,她的皮会被仪式中扮演女神角色的祭司穿上。"打死母亲"的主旨在这种恐怖仪式的一项细节上表现得尤为明显——女牺牲者的一条大腿被剥皮,皮做成面具,让装扮成死去"母亲"的儿子的祭司戴上。这类习俗遍布全世界——在封建时期的中国,每年都要选出一位年轻女性来当"河神的新娘",这位女性在经过一年的优待和调养后,被扔到黄河中淹死。从仪式牺牲到强迫妻子殉节,女人的被毁灭像瘟疫一般遍及印度、中国、欧洲、中东——事实上,蔓延至阳物掌握无上权力的任何地方。

随着社会的发展,经由暴力达成的男性控制逐渐被法律规范取代。罗马的男家长对其家庭所有成员掌握确实的生死权,一家之长是法律标尺下唯一的完人。在希腊,当雅典的梭伦(Solon,公元前七世纪至前六世纪雅典政治家及诗人)在公元前五九四年成为立法者,他的第一项措施便是禁止女人在夜间离家,这项立法的结果是导致女人连白天都不敢离家。而古埃及女人不只是父亲或丈夫的财产,同时也是他们合法的一部分,注定要蒙受男性亲属加诸她们身上的一切痛苦。按希腊历史学者狄奥多洛斯在其《世界史》(*World History*, 60 – 30BC)一书中所述,女人甚至出现在建造金字塔的奴隶行列中:

……脚戴脚镣,她们日以继夜地劳动,不得片刻休息。她们衣不蔽体,拼命工作,做牛做马,直到体力不支而倒地。⑫

不过,并非所有女性都生如受害人,死如奴隶;将所有女性都描述为消极、挫败的被压迫者是与历史真相不符的。即使在亚里士多德热心地向学生讲述女人的先天劣势的时候,一位名叫阿格诺黛丝(Agnodice)的女性仍在公元前四世纪成功地冲破了专为男性服务的学术领域。医学院毕业后,她假扮成男人执业妇产科,由于太成功,其他医生嫉妒她,指控她挑逗病人。在法庭上,她被迫公开了自己的性别以保住性命,结果新的指控又起——因为她的职业在法律上只允许男人从事。幸亏最后有惊无险,阿格诺黛丝也成为了世界上第一位女性妇产科医生。

由此可见,即使在最恶劣的环境下,女性也从未完全屈服。身为女性,女人已经承受了诸多践踏与压迫,而新兴的阳物崇拜者对女人的压迫越大,女人的反抗也越有力且持久。事实上,女性要颠覆男性所建立的体系是不需要花太多脑筋的：依照遍布全世界的月经禁忌体系，处在经期的女人须与社会隔离以免影响男人、污染食物或弄脏镜子（亚里士多德相信正处在经期的女人的气息会弄脏镜子），事实上，这种体系提供给女性丰富而完美的发展另类权力网络的机会，这样的网络因为看不见、摸不着而更显有力。女人发挥姊妹情，对正处在经期的女人提供协助（带来食物与讯息）的情形不是男人能理解的；但它在女人的生活里必然发挥着某种作用。

女人经常以直接甚至暴力手段来反抗男人的操控。如公元前二一五年，罗马立法者为抑制通货膨胀，通过了一条法律，禁止女性拥有超过半盎司的黄金、禁止女性穿鲜艳服饰或乘双头马车——这一禁令引起了激烈反抗。此令一出，愤怒的女人们潮水般涌入首都，踩遍城中大街小巷，无论治安官的斥责还是丈夫的威胁都无法让她们平静返家。尽管有恶名昭著的反女性主义者加图的强烈反对，这条法律还是被撤回了。可见，女人一旦发挥互助团结精神，她们迸发出的力量是很惊人的。

在统治与被统治的游戏中，女性并非总是失败者：十九世纪探险家的记录中记载了不少关于女人克服阳具威胁而持续统治男人的非洲原始部族。如巴隆达（Balonda）部族，探险家戴维·利文斯通（David Livingstone，1813-1873）④注意到该族男性对太太已经毕恭毕敬到了事无巨细都必须向太太请示的程度。尽管如今这些部族多数都已消失，但也有一些部族存续至今，如南太平洋尤阿特河（Yuat River）芒都古玛部族（Munduguma），那里的女人像男人一样强悍，且她们十分憎恶生小孩。这种对传统妻子角色世世代代的反抗反映在同地区马努斯族（Manus）的一句谚语上："交媾真令人反感，你唯一能接受的丈夫是让你几乎感受不到他在示爱的男人。"

由此可见，女性未必必须照男人的意思去当贤妻良母。事实上，除了不当贤妻良母外，女人还找到了许多颠覆男性权力、肯定自身自主权与操控权的方法。可见新的男性统治政治体系并非滴水不漏，女性只要肯用心，一定能找到许多漏洞。此外，男人固然自视为宇宙之王，但在实际生活里，男人终究得娶养女人。这些因素加起来，便提供了几个女人能与男人一争长短的领域。

女人可争取统治集团成员的身份

这种权力的最早为女性所有，后由男性占据，但女性仍可再度夺回权力。例证之一便是茱莉亚王朝——一个在公元三世纪期间统治罗马，由两姊妹和两个女儿组成的强大女性王朝的显赫生涯。姐姐茱莉亚·朵姆娜（Julia Domna）在与塞维鲁斯大帝成婚时跨入罗马权力统治。公元二一七年她去世后，其妹茱莉亚·梅莎（Julia Maesa）继位，以巧妙的手腕安排两个女儿（亦名茱莉亚）的婚事，使她们成为接下来两位皇帝的母亲，这三位女性强有力的统治一直持续到二三五年。这场游戏中的另一个女主角则为拜占庭女皇普尔赫莉娅（Pulcheria, 399-453）。普尔赫莉娅被立为摄政王（以替代她弱智的哥哥）时只有十五岁，后来更击退来自嫂嫂的霸权的挑战。哥哥死后，她在丈夫——强硬的马尔西安（Marcian）将军的支持下顺利继承帝位；马尔西安将军仅是她名义上的丈夫，普尔赫莉娅坚持一辈子守节，因此在死后被追谥为"圣"。

女人能以政治技巧取胜

普尔赫莉娅的故事显示，女性很早就学会了操纵权力机制，懂得如何见机行事，在男人操控的框架中求取一席之地。美丽的西奥多拉（Theodora）就是一个例子。她曾是养熊人、马戏班演员和伶人，后在公元五二五年嫁给拜占庭王国继承人查士丁尼王子（Prince Justinian），于是"麻雀变凤凰"。她很懂得收敛锋芒，向参议院提建议时，总为"女人家多嘴"频频致歉。然而在鸭子划水一样的动作下，她成功地推动了赋予女性财产权、继承权及离婚权的立法，自掏腰包为被卖入火坑的少女赎身，并将皮条客及妓院经营者驱逐出境。

也有女性不同于姿态婉约、襟怀宽大的西奥多拉，而对赤裸裸的权力政治显现出极大的兴趣。罗马皇后德鲁西拉·利维娅（Drusilla Livia, 55BC-29AD）及瓦莱里娅·梅萨丽娜（Valeria Messalina, 22-48AD）便是这类女性，她们沉迷于无止境的权力斗争，为达目的不择手段——包括使用毒药。毒药也是传奇美女季诺碧娅（Zenobia）经常采用的武器。这位塞西亚战士女皇大败罗马军队，继之又征服埃及和小亚细亚，而在最后被罗马人击败时，靠着引诱一位罗马议员而幸免一死。她后来嫁给了他，过着普通的退休生活，于公元二七四年过世。

公元五九七年去世的法兰克王后弗雷德贡德（Fredegund）无疑是王朝权力游戏的一位女杰。她原是宫廷侍女，后成为国王的情妇，国王在她的唆使下休掉一妻，处死另一妻。弗雷德贡德的手段甚至波及到了死去王后的妹妹——布伦希尔特（Brunhild），她不但陷布伦希尔特的丈夫于死地，更让两国交战四十年。后来，受到弗雷德贡德手段迫害的还包括她所有的继子女、她的丈夫（王），以及她的宿敌布伦希尔特王后，她让布伦希尔特受公众羞辱，并在军队面前受酷刑三日，一直到布伦希尔特死去之后，她才心满意足地死在自己的床上。

个人成就总是可能

许多留名青史的才女的著作无疑在提醒我们，身为人类的大多数，女性始终占有过半数的人类智慧与创造总量。从公元前六世纪率先使用抒情诗来探索女性经验领域的诗人萨福（Sappho），到公元一百年左右卓然成史家的中国博学者班昭，诗人、天文学家、数学家、教育家……女性施展才华的范围之广着实惊人。每个领域，都有无数女性致力于发展知识及造福社会：罗马人法比奥拉（Fabiola）建了一所医院，她身兼医生及护士，成为第一位女性外科医师，于公元三九九年过世⑮。在其他领域也一样——女性不仅成为受尊敬的权威，更是引导潮流的开山祖师：亚历山大港的炼金术士克丽奥佩特拉（Cleopatra）是化学家及学者，也是古典名著《冶金》（*Chrysopeia*，这本书到中古时代仍在欧洲通行）的作者；而和克丽奥佩特拉一样在公元第三世纪有影响力的中国艺术家卫夫人，至今仍被尊崇为中国最伟大的书法家及整个书法传统的建立者。

并非各地所有女性都能在历史上烙下她们的印记，但这不意味她们必然淹没在过往的巨大沉默里。各地民间故事均不乏民间女英雄的记载，她们或驯夫，或智取好色男，或含辛茹苦抚养子女长大，成为众人称赞的好母亲、好祖母。有时这些故事有特殊的个人风味，如在中国唐朝初年的一则民间故事中，小女英雄很想上学，但不被允许，因此她只好打扮成男孩去上学，"快乐得像只飞出笼的鸟"。较早的一则故事（约公元前二百年）则较为尖锐，该故事叙述了一位妻子为了寻夫而踏遍万里路，历尽一切艰辛却没找到丈夫，因为她的丈夫早已经不在人世。

由于男女间有爱，男人固然要夸大自己的阳具；但对妻子而言，丈夫不会只是一尊阳具。在结为夫妇的神秘缘分中，彼此间会产生历久弥新的联系，就像以下这篇由一位心痛的罗马丈夫为其亡妻所写的满溢着感情的墓志铭，两千年后读来仍有如泣如诉之感：

我俩有幸快乐相守四十一载……你的温言软语、美善懿德，思之念念……你对娘家尽孝，对婆家尽爱，面面俱到……当我出征，你为我变卖首饰……之后，我身陷敌阵，你关怀不减……当一群恶棍集结在米洛河（Milo）旁，意图闯入吾家行凶时，你成功逐退他们，保卫吾家……❶

将这种情感与多数罗马作家厌恶女人的姿态相对照，几乎很难使人相信，二者所处理的是同一主题——女人。可见，理论——男人基于想象而对女人所做出的整体性论断，与实际——个别女人的实际作为之间，是存在极大差异的。

然而，不可否认的是，随着阳具崇拜自公元前一千五百年左右横扫世界，女人所受的威胁与日俱增。男人对女性的憎恶与日俱增，他们对"意义"和"男人在生殖中的角色被认可"的追求，已经对先前女性的大权构成无可言喻的影响。母神失去其神圣地位及权力；而在这种激烈的下滑中，女王、女祭司及一般女性在其生命自出生到死亡的每个阶段，都受到"母权"丧失的影响。阳具如今已从母神崇拜仪式中脱离出来，成为具有崇高意义的圣物，继之取代子宫成为所有创造力的中心，而最终成为能够强力地统御女性、小孩、地母及其他男性的象征及工具。当所有生命来自女性，创造力是整体的；而当其组成元素分离，男性成为令人振奋的神灵，女性则沦为物质。美索不达米亚男性凭借着神赋予的男性特质摧毁女神、贬女人为奴，终于克服了他们对成为女神奴隶的恐惧。

这一切变故对女人的影响，可从希腊数学家及哲学家希帕蒂娅（Hypatia）的故事中窥见一斑。出生于大约公元三七〇年的她自幼受到良好的推理、提问及思考训练，后成为亚历山大港首屈一指的知识分子，在大学里教授哲学、几何学、天文学及代数。她在天文学及代数上都有杰出表现，并发明了天体观测仪、平面天体图、滤水器和测量液体比重的比重计。备受学生爱戴的她被视为神，且被直接呼为"哲学家"或"奶妈"。但她的科学理性主义哲学、她的女性身份与她握有的权威，都和新兴的基督教教条相抵触。亚历山大港主教西里尔（Cyril）因此在公元四一五年发动了一场袭击，唆使手下带领一群狂热分子将希帕蒂娅从马车中拖出，剥光她的衣服，用燧石划她的肉，终将她凌虐至死。

希帕蒂娅的惨遭毒手所显示的并不仅仅是一位无辜中年科学家的死。对西里尔及其党羽而言，所有有思想的女人都该被铲除。阳物崇拜的兴起已经大大改变了人们的思想与行为，但这还不够。统治还不彻底，系统仍不完备，仍有太多漏洞——统治不能建立在一个男人无法控制的器官上。如果有一种内在的、永远不变的男性特质就好了，它比所有女人伟大，也要比所有男人伟大，其力无穷且无可怀疑——于是男人以自己的形象为蓝本，创造了一个至高神，父神。

所有男人都承认女人是宗教的创建者。

——斯特拉波（Strabo）

在男人对男性优越的坚持背后，存在着一种对女性的古老嫉妒。

——埃里克·埃里克森（Erik Erikson）

---

❶ 见于公元前二千年巴比伦《创世记神话》（*Epic of Creation*）。

❷ Peter Farb, *Man's Rise to Civilization as Shown by the Indians of North America*, from Primeval Times to the Coming of the Industrial State (London, 1968), p. 72. "类切割"也被弗洛伊德讨论过。

❸ Jean Markdale, *Women of the Celts* (Paris, New York and London, 1982), p. 14.

❹ Nigel Calder, *Timescale* (London, 1984), p. 160.

❺ Elizabeth Fisher, *Women's Creation: Sexual Evolution and the Shaping of Society* (New York, 1979), p. 122.

❻ Amaury de Riencourt, *Women and Power in History* (London, 1983), p. 35 and p. viii.

❼ Elizabeth Fisher, *Woman's Creation: Sexual Evolution and the Shaping of Society* (New York, 1979), pp. 206-207.

❽ Elise Boulding, *The Underside of History: A View of Women through Time* (Colorado, 1976), p. 20.

❾ Julia O'Faolain and Laura Martines, *Not in God's Image: Women in History* (1973), p. 57.

❿ Plutarch, *Dialogue on Love*.

⓫ Sonia Chadwick Hawkes and Dr Calvin Wells, 'Kingsworthy: *A victim of rape*', *Antiquity and The Times*, 1975.

⓬ Lynn Thorndike, *A Short History of Civilization* (1927), p. 148.

⓭ 必须指出，法比奥拉是第一位在史册上留名的女外科医师，在她之前还有许多无名的女外科医师。孟斐斯（Memphis）北部一座医学院上的刻字显示，早在公元前三千年的埃及就有女性执外科业。

⓮ Marcel Durry (ed.), *Funèbre d'une Matrone Romaine. Eloge dit de Turia* (Collection des Universités de France, 1950), p. 8ff.

① 译注：湿婆（Shiva）、梵天（Brahma）及毗湿奴（Vishnu）为印度教三大神。

② 译注：西哥德人（Visigoths）为日耳曼民族之一支，于五世纪初侵入意大利，再越过比利牛斯山建立王国，后于七一一年被阿拉伯人所灭。

③ 译注：东哥德人（Ostrogoths）为日耳曼民族之一支，于四九三年建国于意大利，五五五年灭亡。

④ 译注：利文斯通为英国传教士兼探险家，一生诸多时光在非洲旅游、探险与传教。曾根据在南非旅游的经历写成《传教士之旅》（*Missionary Travels*）一书。

第二篇　女人的衰微

这么多世纪以来，男人贬女性为奴，是否出于一种报复心态？

——爱德华·卡彭特（Edward Carpenter）

第二部 文人的友情

4

父　神

> 一个认为自己是上帝的男人诞生了,这是大家都知道的事。
>
> ——土耳其谚语

> 男人是什么样子,上帝就是什么样子——这解释了上帝为何经常如此荒谬。
>
> ——《长日短裤》❶

> 感谢你,噢,吾主上帝,宇宙之王,感谢你没把我造成女人。
>
> ——希伯来男人每日祝祷

"太初有道，"圣约翰这样宣称："道即是神。"事实上，这话是个谎言。起初，神并非道，但随着历史在不同国度及不同时代开展，创造也随之成为必要。

大概神性假说和来自纯自然基础的权力都不可避免地带有重大限制。人的阴茎，即使被膨胀至魔法/宗教层面，离神格仍有距离。在一定程度上，新兴的男权主义者势如破竹，女人奠基于创造与自然上的传统力量已被系统地削弱。神圣的王已从天后那儿剽窃了她建立在卫生巾"用过即丢"原则上的管理男人的手法，并把它全盘应用于女性。但暴力如果能到此为止，女人仍保留着其祖先遗传的赋予新生命的力量，她们就不可能被剥夺所有与神的联系。

此外，随着农业开发及部落凝聚成城镇，人类社会变得日益成熟，亟须结构、系统及管理。一旦生存获得保证，盈余成为财产，男人便萌生了成为统治者的光荣感。女人要在一个日益复杂的社会取得财产拥有权及继承权，就需要某种比男人随意使用的"那话儿"更灵巧的东西。而随着社会组织扩大，颠覆或反抗的机会也跟着增加，每个部落、城镇、宫廷或寺庙均有聪明伶俐的女人急于显示，无论男人如何要求拥有权力，女人都不会轻易接受。这些女人可不好欺负，男人为获得权力，必须寻求操控之秘不可；而随着他开始关注阴茎之外的领域，他发现了一个更强大的支配者——上帝。

当然，男人的神性不是什么新鲜的东西。伊西斯有她的奥塞利斯，而德墨忒尔也曾被迫臣服在阴间统治者的权威之前。然而，随着阳物崇拜横扫世界，男人的神性在失去的处女膜上找到了新的价值：宙斯，众神之王，便靠他强暴的年轻女人的数目来彰显他的霸权。新的权力之神与宙斯一样贪婪，差别在于如今每个神都坚持只有自己是神——他是至高神，唯一的神，只有他能扮演神这个角色。

从犹太教形成到伊斯兰教诞生的短短大约一千年间（约从公元前五世纪到公元前四世纪），世界上所有主要宗教逐一产生，每种宗教都立刻着手进行"建立其自身信徒群"及"消灭所有异己"的双重任务。其他注定被消灭的男神上哪去了？女神付出了怎样的代价？走在曾是伊甸园的花园，自然之母遇到父神而遭致毁灭；在争夺人类灵魂拥有权之战中，她失去了自己的灵魂；而父神在天使的赞颂中，带来了"女性全面、历史性的挫败"。

并非所有这些新宗教都是神格体系的。当犹太教在公元前六百年左右成功地将渺小的部落小神耶和华推举至一个相当不同的存在层面时，提出了"家长式统治"（Paternalistic）的原型。同样地，伊斯兰教在约公元六百年（伊斯兰教先知穆罕默德诞生之初）提出的基本信条是"除安拉外，再没有神"。而横跨这两个阶段间，位于其重要的中心点上的，是从犹太教改革而来的基督教教派，其时犹太人的耶和华上帝诞生一子——耶稣基督，他从天父那里得到生命。

虽然印度的佛教和中国的儒学皆非神格体系，没有"神"的诉求，其影响力却同样深广。佛陀和孔夫子均未曾自称为神，且他们的教义一般被理解为价值体系而非专门的宗教，但其信仰根基无疑是父权的，且创建者始终被其追随者尊崇如神；这两种意识形态体系对妇女生活的冲击，与犹太教、基督教及伊斯兰教的意识形态对妇女生活的冲击大体是差不多的。因此，对女性而言，无论男性霸权的讯息如何被包装，其影响大抵是相同的。所有这些体系——犹太教、儒学、佛教、基督教及伊斯兰教——都是以"神圣"、"神的启示在男性间传递的结果"的面貌出现，男性因此被奉为权威。

无论男性或女性史学家，都很难抗拒"一神教的兴起为反女性阴谋"的诱惑，因为一神教的发展给女性带来了许多坏处。但尽管"女性后天的脆弱无助感是来自于一个精心策划的阴谋"的概念很吸引人，它却忽略了"这些早期宗教的诸多成分对男女两性都有强烈的吸引力，且经常对女性具有特别吸引力"的事实。系统化的宗教可能是女性的历史性挫败的一个根本原因——夏娃并未堕落，她是被推出去的——但它在一开始并非以打倒女性为目的。从"各族人皆致力于了解更深层的生命意义"的宽广脉络观之，不难看出这五种父权体系何以从一开始就如此吸引人。

首先，在旧神及女神崇拜的多元混乱及重叠之后，每一体系都提供了明晰、确定、综合的世界观，以传达清新、深刻的信仰。譬如，一位公元前五世纪的雅典产妇若祈求平安生产，她必须在西布莉女神、雅典娜女神，或甚至司掌贞操、狩猎的阿耳忒弥斯女神（Artemis）之间做选择，所有这些神都和妇女生育有密切关联；她的丈夫若想为儿子之诞生拜神，则必须在战神阿瑞斯（Ares）、诗歌之神阿波罗或众神之统治者宙斯之间做选择，但这样难免会顺了姑情失嫂意。一旦所有这些相对立的神被凝聚成全知全能、总理一切的父，或成为"觉悟"、"道"的坚实框架，则之前无法克服的难题都可解决。

新来者充满了信心，"我是你们的上主，"耶和华这样对犹太人说："在我面前你们不可有其他的神。"基督教和伊斯兰教的神以同样的自信传达过同样的讯息，这讯息看来简单，但意义其实很复杂：一神教成功地统一了世界，提供其信徒系统化的形而上学的框架，无论地位多低，每个人都能在这框架中找到自己的适当位置。在这种前所未有的信心中，女人得到了充沛的力量。基督教徒奴隶费莉西塔（Felicitas）就是一个例子。她在公元前二〇三年与女仆帕尔杜（Perpetua）一块被罗马人处死，受刑前一晚在狱中产下一个孩子，当她因生产的剧痛而哭喊，狱卒却嘲笑她道："现在就叫苦了——那被扔给野兽时你怎么办？"然而，第二天一早在竞技场面对狮子时，费莉西塔斯却很平静，甚至面带笑容，从容就义。

由此可见，这些早期信徒能由苦难找到人类困境本身之苦痛的答案，以及表面无意义的人生内涵。因此，随信仰而来的是一种加强的自我感，因为信徒不再是母神或母神的男性取代者——小气、好辩的男神的可怜的奴隶。如今个体已经有其重要性，神关心她（他）及她（他）的位置："我是你的上帝，"耶和华宣称："走到我面前你便完美。"信者得永生。修道院女殉教者希蕾娜（Hirena）在欧洲剧作家——撒克逊作家赫罗兹维莎（Hrotsvitha）的一出戏里，便曾以坚定、夸耀的口吻表达对"信者得永生"的信心，并嘲弄主角：

悲惨的男人啊！羞愧、羞愧的西辛尼乌斯（Sisinnius），你连个小女孩都打不过，还好意思在那儿呻吟……你将下地狱；而我，即将接受殉道的棕榈及贞洁的冠冕,将进入永恒之王的天上寝宫。

　　复仇心理,加上肉欲升华带来的满足感,对被降格的女人必然有深刻的抚慰作用。在一个赏罚系统中也一样,女人越委屈、受苦,最终的回报也就越大。

　　有趣的是,早期一神教中较成熟的女性很快领悟到,她的上帝提供的其实是一张过期的支票,但却从没有任何人回来抱怨。因此她们以极大的热情投入拜神行为,只为将最后的崇高信仰阶段带入她们的生命,确保她们通往永恒之路。最善用此技巧者当推俄国奥尔加女王(Queen Olga),她在其夫伊戈尔一世(Igor I)遭刺杀后成为摄政王,为报复其夫被刺,她建立恐怖统治,将叛徒一一处死,毫不宽待。实行铁血暴政二十年后,她皈依基督教,信仰虔诚,终于成为俄国东正教会的第一位圣者。

　　早期教会女性对新的父权体制教条的灵活采用,也解释了她们何以能从一神教获得信心。新的父权体制教条,与被它们所取代的女神崇拜仅有一步之遥,而有充足证据显示,几百年来,父神的女性崇拜者在进行新仪式之余依旧继续她们传统的女性祭祀。犹太教的创始先知以西结(Ezekiel)在公元前五世纪看到犹太女人"为苦难之神坦姆兹之死哭泣"时感到相当惊讶,但犹太女人偏偏对苦难之神虔诚得很,每年三月底都要纪念一番,且不只女性,连男人、小孩都参与纪念,这让先知耶利米(Jeremiah)愤怒极了:

　　你没看到他们在犹太城与耶路撒冷街道上做什么吗?小孩收集木头,父亲生火,女人捏面团做蛋糕给天后(伟大女神),这让我愤怒极了。

　　所有父权体制,事实上,只是成功移植(或应说是盗取)了它们意欲剪除的女神的种种形式、象征及圣物而已。许多近来的神学研究均致力于发掘以前每个女学生都知道的事:伟大女神以其三面化身(处女、母亲及智慧女性)存在于基督教三位一体之后,其处女的那一面就是后来的圣母玛利亚。到了这个时代,仍有如五朔节(五月一日)或报喜节(三月二十五日,天使加百利将基督降生消息告知圣母玛利亚的纪念日)等纪念女神的节日,以前者来说,每当庆祝春分时,会有一群象征地母繁殖能力及生产能力的戴花冠的女孩围绕着五朔节花柱跳舞,而这花柱是要让人想起森林苦难之神(坦姆兹、阿提斯〔古希腊神祇,是众神之母西布莉的配偶〕、阿多尼斯〔Adonis,希腊神话中的美少年〕、维毕乌斯〔Virbius〕)的阳具。这种连续性在尚未对父神表示特别崇拜的伦理体系里也可看到:"祖先"的中国字较早时便有"阳物"的涵义,而据最古老、神圣的铜器及遗骨上所显示,这个字还用以指"地"。中国的祖先崇拜因此也表现出父权霸权(只有儿子才能履行释放其父灵魂至天界的祭祀仪式)从女神/地母崇拜中脱胎而出的特点。

不过,所有宗教中,伊斯兰教最能清楚地揭示出这种进行中的夺取手段。从伊斯兰教旗帜上的弯月到伊斯兰教最神圣圣地的秘迹,女神无所不在。正如理查德·波顿爵士(Sir Richard Burton)在旅行中所观察到的:

> 阿乌萨(Al-Uzza),阿拉伯伟大女神三面化身中的一面,被供奉在麦加的卡巴(Ka'aba)天房,在那儿受到老女祭司的侍奉。她是特别的神,又是女性的保护者。卡巴天房在今天依旧存在,且是伊斯兰教最神圣的地方。❶

即使女神的女祭司为男祭司所取代,她的权力仍然能够继续维持。这些男祭司被唤作"贝尼沙巴"(Beni Shaybah),意指"老女人的儿子",老女人是母神较为人熟悉的别名之一。举一个更明显的例子,男祭司看守的东西是块非常古老、但对安拉而言十分神圣的黑石,人们将一块叫"卡巴之衫"的黑布覆盖其上。但"衫"下的黑石表面还有一块人称"阿弗洛狄特印记"的痕迹,象征着女性阴道的卵形裂罅:某见证者称它是"女神未被束缚的性爱的象征,且明白显示麦加的黑石最早属于母神"。当她的女性崇拜者知道"女主人"仍在她的石头中,而她的石头仍在她的圣堂里，如今她叫什么、由谁伺候便一点也不重要。因此，在对新父神的拥抱中，女性无须放弃与她第一位母亲的所有联系，而这无疑使得新兴的父权体制更易巩固其权力。

在每一个男性中心体系的初期奋斗中，都存在着其获得初步成功的一个原因：在求认同、求生存的战斗中，男人实在很懂得利用资源——佛陀和穆罕默德的第一位信仰者是他们的妻子，这是一点也不意外的，而这也使得女性易于出头，在每个方面都扮演着重要角色。以赫蒂彻（Khadijah）这位女性为例，她是优秀女商人及麦加最大部族古莱什族（Quraish）的成员，四十岁时认识穆罕默德，她不但没有嫌弃这个没受过多少教育又患有癫痫症的二十五岁牧人，还给他工作，并最终嫁给了他，鼓励他传道。

犹太教的早期历史中也多有在颠沛困苦状况下仍不改其志的女性。著名人物如马加比家族（Maccabees）①的母亲——她在公元前一七〇年的大屠杀中支持她的七个儿子，鼓励他们要坚强，尽管他们还是遭到了虐待，最终被烧死。人们都认为，如果不这样做，犹太人的上帝就会被消灭："马加比殉道者的血……救了犹太教。"在早期基督教中也一样，女性不止得到一个角色，也得到一样对抗男性统治的工具；选择做基督新娘的同时，等于是对年轻小伙子们表示轻蔑。数以千计的年轻女性用她们的身体、热血及骨骼协助建造了上帝的礼拜堂，这时狂怒的父亲、丈夫或未婚夫宁可看到她们被火、剑或野兽的利牙折磨致死，也不愿让她们活着——他们蔑视女人的责任及命运。

与女殉教者无畏的牺牲同样重要的，是将时间、金钱、热情、房屋及子女完全奉献给艰辛的创立者的女性的作为。即使是圣保罗，也曾被迫承认他得到过腓力比（Philippi，马其顿的古都）的紫色染料批发商莉蒂亚（Lydia）的帮助②。罗马及其他地方最初的基督教会房屋是孀妇所捐赠的，而《使徒行传》里所有的基督教徒团体，据记载都是在女人的屋檐下聚会："在科罗伊家的礼拜堂，在莉蒂亚家，在马克的妈妈玛丽家，在宁芙家，在普莉丝卡家……"最重要的是，诚如某首席神学家所说，就早期教会一般职务（教导、祈祷及预言、饭前祷告以及统筹奖赏与教规）而言，"没有一样是女性不能做的。"

事实上，早期基督教曾通过其先知们宣布，它将把女性从传统的屈从角色中解放出来，并给予女性完全与男性平等的位置。"在基督中，"圣保罗这样说道："既无束缚亦无自由，既非男性的亦非女性的……"佛教在起初亦曾给予其女信徒平等的承诺；三重实相"苦、无常、寂灭"对男女同样适用。此外，佛陀教示，生命或相只是由无常的成分短暂组合而成；因此性并不重要。跟基督教一样，佛教也有其早期的女英雄作为情感、纯净及崇高信仰的理想化典范。

苏拔（Subhā）被一个恶棍骗入森林，眼见就要被强暴时，她化佛陀的思想为行动。苏拔借着对他开示教义来应变，但恶棍只看到她美丽的眼睛而忽略了她崇高的话语。为了显示自己的美和性与内在生命无关，苏拔挖出一只美目献给他。他即刻被感化……❺

不过，所有早期父权体制中，对女性态度最令人惊讶的或许还是伊斯兰教。在前伊斯兰教社会，女性过着自由、平等的生活，而女性被诸如蒙面、隔离及阴蒂割除（所谓"女性去势"）等，则是伊斯兰教诞生以后的事。例如，在前伊斯兰教社会，女性有选择丈夫的权利——不止一个丈夫，因旧有的"母权"依旧盛行于阿拉伯城邦所有部落及城镇，女性主义历史学家沙达威（Nawal El Saadawi）如是说：

伊斯兰教诞生前，女性能一妻多夫，与不止一个男人成婚。当她怀孕时，她会请她所有的丈夫……集合在她身边，她会指出她希望做她孩子父亲的男人，而这人不能拒绝……❻

当一位贝都因（Bedouin）女人想与丈夫离婚，她只消把帐篷一转，意谓她的门不再为他敞开就行了。后代的穆斯林女人必然视这类说法为残忍的笑话或纯粹的幻想，但这都是千真万确的——这从伊斯兰教建立者、先知穆罕默德的婚姻故事中即可看出。当自信的哈赫蒂彻需要穆罕默德,她便派个女人带信给穆罕默德要求他向她求婚——而他照做了。

比伴侣选择权更惊人的,是早期伊斯兰女性拿起武器与男人并肩上战场的那份勇气。备受尊崇的女英雄及军事领袖玛杭(Salaym Bint Malhan)将剑及匕首等武器绑缚在她怀孕的肚子上,与穆罕默德和他的追随者共赴战场。另一位女英雄则在一场对拜占庭人的激烈战役中立下汗马功劳,高大的她化妆成一位黑衣武士,冲锋陷阵,勇气过人,使本来人心浮躁的伊斯兰军队士气大振。胜利后,这位勇猛的"武士"才勉为其难地露面——原来是阿拉伯公主金蒂亚(Khawlah Bint al Azwar al Kindiyyah)。

即使战争失败了,也不能粉碎金蒂亚的精神。在萨胡拉(Sabhura,近大马士革)战役中被捕后,她以热情的言辞鼓舞其他女囚犯:"你们接受这些人当你们的主人吗?你们愿意你们的子女成为他们的奴隶吗?你们那传遍阿拉伯部落和各个城市的勇气和机巧都跑到哪儿去了?"据说一个叫做胡美莉亚(Afra' Bint Ghifar al-Humayriah)的女人刻薄地回答:"跟你说的一样,我们的确骁勇善战。但在这种情况下,至少也要有一把剑吧。我们冷不防地被抓到这儿,像等待被宰杀的羔羊。"金蒂亚闻言,立刻命令每个女人以帐篷支柱为武器,迅速将她们整合成了一支武装步兵队,并领导她们克敌制胜,获得自由。"倘若被打败即意味着被奴役,"该故事的叙述者得出了这样的结论,"那么何来其他选择?"

另一位舌与剑一般锋利的伊斯兰女战士,是著名的艾莎('A'ishah)。作为先知十二位妻子中最年轻的一位,九岁嫁给年迈的穆罕默德、十八岁便守寡的艾莎以过人智慧和对男尊女卑的反抗而闻名。她一点也不怕顶撞穆罕默德,还能与他辩论神学,穆罕默德常常心悦诚服地告诉学生们:"要跟这个女人多学学。"甚至连安拉的教示艾莎也敢反抗。穆罕默德受到《古兰经》上一段新经文的鼓励,确信安拉准许其先知尽量娶妻,而想再讨位妻子。他征询艾莎的意见时,艾莎愤然回应道:"安拉总是马上能知道你心里在想什么!"

穆罕默德还做了什么?艾莎又是如何回应的?在穆罕默德死时还只是个十八岁女孩的艾莎,超越了这种反抗,终于成为伊斯兰教的领导人物，她活跃的政治权力对穆斯林的传统及发展所产生的影响相当深远；但她所掷下的挑战始终未获得回应，她只能在后来的岁月里逐渐增长其即时性与迫切性。

新兴的父权体制在其成长、兴盛及繁荣之时，无论解决了什么需求，都并非女性的深层需要。当然，吸引力是有的——必须有，为让女性懵懵懂懂地吞下意识形态的饵，总要先让女性心甘情愿地上钩才行，新神的狂热信徒必须有让女性改变宗教信仰的本事。只是，女性在改变宗教信仰之余，怎样才能知道她们所面对的究竟是什么呢？对于迅疾地打击她们的自主性、摧毁她们的个体性并腐蚀她们生存根基的体系，女性竟表示拥护甚至成为其强有力的助推者，大概没有比这更具讽刺性的笑话了。

女人的衰微

在历史上，从生育的秘密曝光那一刻起，女人便注定要从女神般的高位走向衰微。但男人在将自我提升为神之余，并不只将女人打落成一般人，而是将女人贬成低等生物。犹太教、佛教、儒家、基督教及伊斯兰教这五大主要信仰体系，各以其独有的方式强调女人的劣势，要求女人服从种种被设计出来促进男性霸权的价值及规范。

何以至此？佛陀、耶稣、穆罕默德及其他先知们其实都曾开示女性的爱——穆罕默德曾说女人是神给男人最美好的礼物，这话说得相当感人；而且从理论上讲，女性并不应特别被排除在新信仰的精神果实之外。佛陀便曾写下"女人同男人一样能破除挡住人心的'五大烦恼'（指贪、嗔、痴、慢、疑），达至证悟"的教条；而基督教和伊斯兰教则是借由对婴儿的重视来强调个体灵魂的价值，对婴儿犹能如此，何况母亲？穆罕默德教导他的追随者——尊敬杰出的女性们，即使在他死后，女性依旧会获得敬重：祖拜达（Zubaidah），《一千零一夜》里的美丽王后，在现实生活里就是一位受人尊敬的女性。她不肯在儿子被杀后采取报复手段，从而挽救了她的国家免于内战；再加上她在土木工程方面的开创性功绩（她在从伊拉克到麦加的九百英里朝圣路上开辟了一条连续水道），这一切使她成为民族英雄。

也许有些男性家长确实想要摆脱对女人不公的责难，但女人因身为女人而受到的残害其关键在于体系本身的性质。由于一神教并不只是一种宗教——它是一种权力关系，任何"一神"思想必须具备固有的首位及霸权观念；一神是所有其他神之上的神，而他的信众必定比不信者更优越。多神教则并非如此。在多神教里，每一位神都具有成为领袖的资本。宙斯虽贵为众神之王，但他是可以被挑战或被他愤怒的妻子及心怀嫉妒的儿子修理的。古代世界充斥着各种神话与信仰，其中各种神、女神及小神受到遍及美索不达米亚、印度、埃及、罗马及希腊各地统治者的宽容对待——亚历山大大帝主张没有任何系统、任何神对真理拥有独占权，这样的声明无疑相当具有智慧，也足以作为典范。

父权体制改变了这一切。随着对一神的真诚信仰而来的，是强加信仰于他人的不可推辞的任务；随着对真理独占权的主张而来的，是正统的概念、顽固的习惯和迫害仪式。不信新神者将遭到无情的毁灭，就像犹太人圣约上所写的："不信仰以色列上主的人该被处死，不论他是什么身份，不论他是男是女。""犹太人迫害不信一神的人，基督教徒亦世世代代迫害异教徒；伊斯兰教徒则对犹太人及基督教徒宣战，穆罕默德大手一挥，对游牧民族大加屠杀。"撒拉森人（Saracens，十字军时代的阿拉伯人、伊斯兰教徒）因此和以色列人共同成为基督教要打击的对象，在上帝之名下遭受屠杀。

此外，作为一种权力关系，一神教必然创造出一种层级结构——一神在其他神之上的层级结构，强者在弱者之上的层级结构，信者在不信者之上的层级结构。再者，就男人与神之间的新关系来看，既然上帝是以他自己的形象来创造男人，便在每个人类男性家长心中种下了"自以为是父神"的观念。男人因此必须尽下列义务：《便西拉智训》（*Ecclesiasticus*，《圣经·旧约·外典》中的一卷，属犹太智慧文学）的父权教条规范，"男人必须像仆人、儿子那样挣面包、劳动、受管训、受压迫——从年少起便弯腰屈背"。

然而，男人是由于外在因素而受到体系迫害，而不该全部归因于身为男人；不过，体系也提供给男人机会，让他们在父权体制的强弱次序中改善或扭转其劣势地位。大量的宗教敌人改变了信仰，因此使得父神宗教成功地遍及全世界。年轻男人没遭遇什么挫折就变成了年长男人，儿子变父亲，仆人变资深仆人，甚至奴隶也能获得自由。女人却没有这些机会。在父权一神教下，女人的低等生物身份是终身的，无法改变。

就因为女人不是男人，她变得什么也不是，以下的三段论法代表男性逻辑的胜利。倘若上帝是男人而女人又不是男人，那女人便和上帝沾不上边。圣奥古斯丁也有类似说法："女人不是上帝的形象，只有男人才是上帝的形象。"男人在层级结构中站在上帝之下，女人则更低一层，在男人之下；因此可以说：男人在女人之上，父亲在母亲之上，丈夫在妻子之上，兄弟在姊妹之上，孙子在祖母之上。就所有这些关系而言，上帝将男人自奴隶状态解放出来，并带他共赴不朽，而女人则被抛在天国之外。男人好歹能成为一家之长，而女人却始终只能停留在她永恒的劣势里。穆罕默德清晰地解释这种女性的永恒劣势及对不服气的属下惯常的父权惩罚：

男人统治女人，因为安拉要男人胜过女人，因此好女人是顺从的，乖乖守卫安拉所守卫的东西。对不乖的女人则该加以训诫，把她们绑在床上鞭打。

在父神之下，只有男人能得到完全的自由和操控权，女人则被降格至双重从属地位，既从属于上帝也从属于男人，就像圣保罗对哥林多人（Corinthians）的训示："男人是上帝的形象及荣光，而女人是男人的荣光……男人并非为女人而生，可是女人是为男人而生。"

由此可见，男性霸权不只暗示女性劣势，还要求女性处于劣势。这要求是如何被带到女性身上的？第一步是必须彻底抹杀从前女性优越性的所有痕迹，即对女神崇拜、女神的崇拜者及女性的统治权或指挥权做大规模的攻击。《圣经·旧约·历代志下》（II Chronicles）里的一段叙述提供给我们一个女性被削权的例子：

亚撒王（Asa）摘掉母亲玛迦（Maachah）的后冠，因为她在坟墓里造了尊塑像：亚撒砍倒她的塑像，在上面盖查验章，并在汲沦谷（Kidron）焚毁了它……这些日子让亚撒觉得快活极了。⑱

这只是对女神及其神殿、经典、仪式和追随者的众多攻击之一而已。在《圣经·旧约》和《新约》里可以见到很多类似的叙述，因为基督教和犹太教都从一开始就宣称"亚洲及其他地方所崇拜"的女神必须被铲除，"她所有的荣光都必须被摧毁"（《新约·使徒行传》[Acts] 第十九章二十七节）。

女人当然要反抗。公元第七世纪，穆罕默德差点因为坚持他的真主应取代"女主人"、"天后"、"生命与死亡之母"而赔上性命。当时，一群愤怒的女神崇拜者冲进他家里将他包围，他适时得到天启之助（天启显示旧女神三位一体——阿乌萨、阿乌玛那特 [Al-Manat]、阿乌萨特 [Al-Uzzat] 以其三面化身，仍存在于新男神安拉身旁）而得解救。但不多久穆罕默德又重组兵力，取消该天启，重新发动攻击。

无数的女人纷纷拿起武器抵抗此暴政，其中最杰出者为阿拉伯领袖印德（Hind al Hunnud），这位智勇双全的女性领导她的部落——财多力强的古来氏族反抗军，抵抗伊斯兰教徒的武力入侵。她一生事业的最高潮是公元六二四年惨烈的白德耳（Badr）战役，在该战役中，她直接与穆罕默德本人作战，除父亲外，她的叔叔和哥哥全部战死。一次她领导游击队抵抗敌军，最后寡不敌众，被迫投降，改宗伊兰斯教。在最意气风发的时候，印德不只是位军事领袖，也是"胜利女神"的女祭司，她鼓舞女人吟唱圣歌祈求战功与胜利。这位聪明绝顶的女性在服从安拉的意志后便悄然退隐，再无消息。

套用穆斯林历史学者萨巴赫（Fatnah A. Sabbah）的话说，在与母神及母神崇拜者的交手中，穆罕默德获得了"女性质素的历史性肃清"。不过，即使如此也不足以确保父神胜利的永久性。一般男女都必须承认女性的次等性，明白不管怎样她的适当位置就该在男性之下。于是，一神教的男性家长们着手于进行一场激烈且不可抑制的神话战役,以使女性屈服于自己的此等地位。这一神话可由圣安布罗斯（St. Ambrose,公元四世纪米兰主教）的话得到证实:"亚当受夏娃引诱而犯罪,而非夏娃受亚当引诱而犯罪。女人既然犯了错,她接受男人为主人、侍奉男人也是应该的。"女人为了夏娃的过错而须偿付永无止境的义务,这个神话在伊斯兰教中有详细的描述。穆斯林圣者加萨利（Ghazali）宣称:"当夏娃吃下禁果,尽管上主仁慈,也要用十八件事来处罚她。"包括月经、生育、与家人分离、嫁给陌生人过大门不出二门不迈的生活……加上"一千个优点中,女人只占一个,而男人无论多么罪恶深重,天生便具有其他九百九十九个优点"的事实。

作为在漫长的性战争中打压、抹黑女人最重要文件的亚当夏娃神话,具有许多重要意义。例如,有了它,男人便被推为万物之首;在所有父神宗教——犹太教、基督教及伊斯兰教中,上帝都是先创造男人,女人则在男人之后出生,是用男人身上一根无用的肋骨捏成的,即从男人身上分离而出。而这只是患有子宫嫉妒病症的男人企图篡夺女性生育权所进行的无数努力之一:一番偷梁换柱之后,上帝颠倒生物学,自居于自然顶端,既傲视进化论（进化论中男女是一起进化的）,又睥睨生命本身（男人生命由女人所赐）。如今上帝取得了一切新生命的权力——所有一神教都说是上帝独自创造了生命,将生命吹入胚胎;而女人,套用一句伊斯兰格言的用词,只不过是用来寄存胚胎的"皮囊"。

女人所受的贬低和压抑尚不止于此。把女人的地位压制在男人之下还远远不够,还得把女人不如男人形容成是天生的、不可避免的。以犹太人来说,丈夫有权因为"不能容忍妻子天性庸劣",而在"她的恶劣灵魂侵袭他"时想办法惩治她。他将她拖到神殿,把她交给祭司,祭司脱去她的帽子以象征她的耻辱,强迫她喝掺有寺庙地上污物及虫瘿的"苦水",并诅咒她,以致"她的肚子发胀,大腿腐烂"。"无辜"的丈夫则可接受来自上帝明白率直的赞美:"所以这男人是清白的,而这女人将背负犯罪记号。"至于安拉的使者,则在安拉的一次启示里亲身接受了有关女性奸恶的确认:"我站在地狱门口,"他宣布道,"多数进地狱的人是女人。"

由此可见，在父神的统治下，男性已经变成了裁决者、榜样及人类至高无上的典范，女性则仅仅是一种有缺陷的工具，由上帝设计出来执行任务的工具。然而，尽管传教言论的威力惊人，有些男人恐怕还是难以视他们所爱的女人为"承载妒火烈焰"的"大锅"（圣奥古斯丁用语）。但对女人而言，事情就没这么简单了。由于如今所有书面文字上都出现过对女人沉默、顺从及完全服从丈夫的要求，女人感受到了极大的压力，想将"女人应像奴隶般敬事丈夫"的犹太法令完全置之脑后是不可能的。印度教《业劫经》（Kama Kalpa）里就有这样一个激进的命令：

女人在这世界上的神就是她丈夫。她能做的最好事情便是想方设法地取悦他……无论她的丈夫是残疾、年迈、有暴力倾向、身患霍乱、淫逸、盲、聋或哑……女人在她生命的每一阶段都必须服从于他。⑩

不只是在精神上服从，连在身体上也必须服从，不信请看日本八世纪《枕草子·妻诫》中的一段：

最重要的事是女人对她丈夫要表现出尊敬……她该运用想象力使他获得更多快乐，不拒绝他任何要求。假如他爱好小男孩，让她跪下模仿他们，她就应该让他从后面进入她。她别忘了男人可并不了解女人肛门的脆弱性质，因此会用和平常一样大的力气进入。因此她最好做番准备，用润滑油……⑪

之后，日本妻子还得尽到自己的义务："你一定得赞美他的那话儿很大、很棒，比任何其他人的都大；比你父亲的大（过去他光着身子去洗澡时你总会看见点什么）。你还得说：'来塞满我，噢，我的宝贝！'及其他类似赞美。"

这种盲目、愚蠢的服从，在男性家长眼中，成为女人救赎生命的唯一方式。《古兰经》便清楚地指出唯一的贤淑女性是母亲："当一位女人因丈夫而受孕，她被称为天堂中的烈士，她在产床上的辛劳及她对子女的养育能保护她免受地狱之火。"曾因神秘的生命力而获得神圣地位的女人,如今却被贬为殷勤的子宫;曾是万物之母,如今却只不过是容器;而曾拥有上千个情人的伟大女神,却被强迫将身体的孔洞献给寡廉鲜耻的阳具。

奇怪的是,女人的生育责任尽管得到了强调,但女性的性欲却未得到强调。女人在生殖过程中的完整角色被否定,她们在性行为中的欢乐也被否定。事实上,她们的父亲及管理者认为她们对性知道得越少越好;因此在旧有的母亲中心思维方式再次被颠覆的时候,最高价值也从成熟的女性特质及多产的荣耀转移到少女的天真无知上。如今未成年新娘、处女、少女变成最佳典型,处女膜这片偶然由进化而来、藏在每一个女人身体深处的薄膜,如今竟成为她的重要财产。随着每位男性家长突然了解到他对于纯洁、新鲜、具有美丽包装的婚姻礼物性质的阴道的神圣权利,童贞就变得格外重要了。

因为这种童贞崇拜如此强而有力,"永久保留童贞"的理想也随之很快成形。圣哲罗姆(St. Jerome)这位早期基督教之父便积极劝服父亲们将刚出生的女儿送到女修道院,而另一位早期基督教之父圣马丁(St. Martin of Tours)则不断将"纯洁未被蚀啃的处女地"比喻成"遭猪与牛摧残的婚姻领域"。由此可见,基督教会在一开始就对女人的性采取歧视态度:"拥抱女人,"十二世纪的圣奥多(Odo of Cluny)则这样说,"如同拥抱一袋粪。"女体为"一袋粪"的暗喻是早期基督教徒的一项固执观念。"若女人的肚子被剖开,"修道士卡昂(Roger de Caen)宣称:"你会看到她的白皮肤覆盖的是怎样的污秽。倘若一件深红色华服掩盖一堆污粪,会有人蠢到因为衣服而爱上粪便吗?"

然而耶稣是生自女人的。这种尴尬,在经过冗长的教义审议会上关于神的精液是如何穿透圣母的处女膜或耶稣如何能不使圣母的处女膜破裂而从圣母的子宫中脱胎而出的热烈争论之后才找到化解办法。实际情形已无迹可寻,但有一点很清楚:我们的主,上帝之子,人类的救赎者,不可能生自一袋粪,基督教的创始者们必须保护玛利亚的纯洁以保护耶稣的纯洁。圣母玛利亚遂被宣判不但在耶稣诞生前是个处女,之后亦然。她未被产子的血污及痛苦污染,他则被神秘地抽离了任何与其母亲污秽、恶心的内部的联系。这不仅是基督教的偏执,除耶稣外,佛陀、柏拉图、羽蛇神(Quetzalcoatl,墨西哥托尔特克族古代神祇兼传奇领袖)、蒙提祖马(Montezuma,一五〇二至一五二〇年阿兹特克族皇帝)及成吉思汗都宣称自己是由处女所生,这个事实可以证明男性领导者"不只要去占据并拥有纯洁无瑕的阴道,还想从纯洁无瑕的阴道脱胎而出"的强迫驱力。

女性特质既已被贬到最不成熟的一面,男人遂着手进行对女人的管制与操控。说到底,就是收回成熟女性此前所享的自由,然后将她们禁锢在一种永远封闭的青春期依赖状态中,以执行男性家长的一切规范。伟大的"至圣先师"孔夫子于公元前四七八年去世后,迅速在中国及远东地区传播的儒家学说,就是一个例子。封建时代,中国人每年到了春天都要举行节日庆典,其时男女携饮料吃食从各个村落到一个林地相会,进行一种在莎士比亚时代的英国名字为 making green backs 的古老游戏。这种直截了当的性私通,只在秋天有女孩怀孕、并想要丈夫时才会转化为婚姻,而女性在整个过程中的自由选择权可从公元前八百年左右郑国的一首诗歌中流露出来:

野有蔓草,
零露漙兮。
有美一人,
清扬婉兮。
邂逅相遇,
适我愿兮。
野有蔓草,
零露瀼瀼。
有美一人,
婉如清扬。
邂逅相遇,
与子偕臧。⑪

中国历史也记载了无数女强人，如七世纪唐朝女皇武则天，十三岁做了王朝嫔妃，后统治中国逾半世纪，在公元六九六年加尊号为"则天大圣皇帝"。农工商中也有不少女性，表现不凡。然而"至圣"孔夫子起草其"五伦"（夫妻、父子、兄弟、朋友及君臣关系）时，女人却只进得了第一伦。

父权体制的成就，如此处所示，是创造了"女性被天命排除在一切有价值的事物外"的体系。所有一神教都是建立在"男女是两个互补的对立者，形成硬币的两面"的意念上。在这里存在着男女不平等的真正根源——男女彼此对立，男性将自身一连串的性别特征妄称为力量与美德；那么女性就必然是相对较差的生物：男强女弱，男勇敢女畏怯，男聪明女愚蠢。这种二元对立在古代波斯的国教祆教的始祖琐罗亚斯德（Zoroaster）的教诲里体现得非常明显：

变成幻影双双出现的两个原始精灵是善与恶，在思想中双双出现的两个原始精灵则是言语与行动。在这两者之间，智者知道如何选择，愚者则否。⑫

二元对立对女性的影响，还可见于以下这句阿拉伯谚语："男人是天堂，女人是地狱。"女人从此永远沦为外围集团——人类史上最大、最持久的外围集团。代表昏庸的神、以虚伪自满的姿态出现的慈父，以他们残缺的天性，几乎不可能公平处理女人被剥夺的权利：

女性被剥夺婚姻中的选择权

从前母神曾可以自由选择许多爱人，如今，在整个印度和中国以及受犹太教、基督教和伊斯兰教影响的地方，女性则成为被动的参与者，被她的丈夫选择，被她的男性监护人投入婚姻。

女人被剥夺婚姻中的安全感

离婚成为男人单方面的特权，男人想离婚就离婚，这在轻视女性的伊斯兰信条中可以看出。另一项剥夺女性在婚姻中安全感的制度为一夫多妻制。

女人被迫枯守婚姻

通往家庭外世界的管道被关闭，女人被局限在永久不变的家庭范围，东方文化中有女子居深闺不出的规范，女子大门不出二门不迈的现象相当严重。在西方，女性被隔绝在公共活动之外：七世纪时爱尔兰人通过一条禁止女性参与军事活动的法律，将执行了至少三千年的凯尔特人女战士传统推翻。

女人受父权法律迫害

所有所谓"神的律法"其实表达的都是男人的意志。在新律法世界性的奇袭战里，男性成为了一切的拥有者和占有者，女性失去了财产权和继承权，甚至连操控自己身体的权利都失去了，也无法从养育子女中获得任何报酬。九世纪的中国就有这样的例子，一个女人获赠其父遗产的十分之七，条件是她必须抚养其余十分之三遗产的受益人——他的小儿子。朝廷却颠倒了这份遗嘱，让女儿仅得十分之三，还加上了抚养取代她成为主要受益人的男孩的义务。

女人不仅被剥夺人权，也被剥夺人性

女人被贬成次等人，完全被定义成劣等之物，永远沦为与男人标准、整体、理想、伟大的完美形象相反的对照物。伊斯兰教中的女性，套用萨巴赫的话，是"残缺人"；萨巴赫又说："每当我听到沉闷的介绍词：'自七世纪以来，伊斯兰教业已赋予女性一种优越地位……'时便感到恶心。伊斯兰教根本就是贬低女性的。"而在日本，尽管妻子是以狂喜的呻吟接受丈夫对她肛门的强暴，她新生的女儿，按《枕草子》的说法，却被搁在地上三天三夜无人照顾，"因为女人是地而男人是天"："法律赋予男人做最后判断及做所有决定的权利，而非女人……在男人手中，女人

只是工具，她必须完全顺服，直到她死。"

女性面对男性的占有欲与破坏欲的凌厉攻击，该如何应对？在公元前五世纪至前四世纪这关键性的一千年间崛起于东方的新父神，与从前的男神相当不同。如今神不再在风雷中，亦不再在山岚氤氲的云端——他进入从教士到法官到王的所有男性权威角色中，进入每位女性的父亲、兄弟及叔、舅中；他在她的丈夫之中，因此他在她的餐桌上及她的床上。最后且最重要的是，他在她的脑袋中。

终于，在历史的法院里，男性家长的神们有许多对女性犯下的罪孽需要加以辩护。他们破坏、摧毁了女神崇拜，只留下对他们有利的事物，将从前的地母贬为未成年新娘并糟蹋处女。女人的性被否定，她的身体被贬为上帝意志的性工具，属于丈夫所有。在历史上最初、最大的一次破坏行动中，女性沦为下等人。更糟糕的是她们被洗脑，相信自己天生低人一等。

并非每个女人都服从新的父权体系无情的意识形态攻击；并非每一体系都像支持该体系的人所以为的那样严丝合缝、滴水不漏。男性家长的神们只能慢慢收紧其掌握，而权威的规范与人的实际作为间的距离确实给予有知识、有才华的女性不小的运作空间，但女人的反抗通常都太局部、零星，也太短暂。在对霸权的追求中，男人聪明地将战场转移至一个至今女性仍觉受操控的领域——女体，女性的胸、臀、大腿和阴户都受到猛烈的袭击，太多女性失去了复苏的希望。

女人的天堂在丈夫的脚下。

——孟加拉谚语

---

❶ Giles and Melville Harcourt, *Short Prayers for the Long Day*.
❷ Karen Armstrong, *The Gospel According to Woman* (1986) p.256.
❸ 引自《圣经·旧约·耶利米书》第七章十七至十八节。
❹ R. F. Burton, *Personal Narrative of a Pilgrimage to Al-Madinah and Meccah*（2

vols, 1885 – 1886), II, p. 161.

❺ Julia Leslie, 'Essence and existence: Women and religion in ancient Indian texts, in Holden (q. v.), pp. 89 – 112.

❻ Nawal El Saadawi, 'Women in Islam', in Azizah Al-Hibri, *Women and Islam* (1982), pp. 193 – 206.

❼ Fatnah A. Sabbah (pseud.), *Woman in the Muslim Unconscious* (London and New York—1984), pp104 – 106.

❽《圣经·旧约·历代志下》第五章第十四至三十一节。

❾ Allen Edwardes, The Jewel in the Lotus: *A Historical Survey of the Sexual Culture of the East* (London, 1965), p. 32.

❿ Gabriel Mandel, *The Poem of the Pillow: The Japanese Methods* (Fribourg, 1984), pp. 17 – 18.

⓫ C. P. Fitzgerald, *China: A Short Cultural History* (Londoon, 1961), pp. 48 – 49. (译注：这首诗歌系《诗经·郑风》<野有蔓草>。)

⓬ Amaury de Riencourt, *Women and Power in History* (London, 1983), p. 82。另可参见 Sara Maitland, *A Map of the New Country: Women, and Christianity* (1983), 在该书中 Maitland 指出, 基督教将造物区分为"好"（精神）与"坏"（肉体）的二元对立, 这类二元对立不只是性别偏见的真正肇因, 而且是种族偏见、阶级偏见与环境破坏的根本原因。

① 译注：马加比家族为犹太重要家族，在叙利亚统治巴勒斯坦期间，带头抗拒希腊文化对以色列人及其宗教之影响。

② 译注：作者之所以这么说，是因为圣保罗后来曾指出女性必居劣势。

5

母亲的罪

> 有三样东西是不知足的——沙漠、坟墓和女人的阴户。
>
> ——阿拉伯谚语

> 女人的身体是污秽的,且非律法所能规范。
>
> ——佛陀

> 女人身上背负了冤枉……男人由于对阉割有根深蒂固的恐惧,便对子宫存着恐惧……这种恐惧形成了女性之恶的传说的根基,而这又将几世纪以来的屠杀合理化了……
>
> ——安德烈·铎金(Andrea Dworkin)

男人一旦自封为上帝，便将女人贬至次等人的地位。"女人从来不是自己的主人，"马丁·路德（Martin Luther，1483—1546，德国宗教改革领袖）指出："上帝造她是要她属于一个男人，生养小孩。"在一神论的男性的宏伟设计中，女人只是生养小孩的机器，此外无他。"让她们生养小孩直到她们因此而死，"路德如此建议道："这就是她们的功能。"但即使女性被同化为生养机器，父权舆论制造者还是不放过她们。相反的，女人不但被贬成次等人，还被贬成"最无知、最难驾驭的兽"——而这生自父神沉睡理智的怪物，日夜让父神心神不宁。父神既然已经感到困扰不安，就自然要对女人的兽性发动复仇性质的攻击——这场自犹太教发轫便开始，一直持续到刚开始不久的近代世界的战役，已被证实是女性史上最具决定性的史实之一。

女性史并非由直线进行的外在事件的历史构成。来了又去的战争、朝代和帝国所跨越的时间及对女性生活的影响，均比不上月经禁忌或杀害女婴所带来的巨大影响，这类事件塑造了女性的生活经验，它们对女性生活的影响是持续不断的。父权一神教产生后最明显的结果之一是对女体的攻击，且并无合理的起因或结论——但长期以来，却成为对每位女性的历史起主要决定作用的因素。它暗示、甚至加速了女性地位的衰退，最终达到了恐怖迫害的程度。唯有遭受最残酷的肉身痛苦，才能创造绝地反攻与再生的契机。

为何女体成为性战争中一个如此重要的战场？这一问题的答案必须在男性对霸权的追求中寻找。借着将女性打入冷宫、贬为次等，男人使女人成为人类历史上最初、最大的外围团体，但要女人完全不介入男人的事物则是不可能的。没有其他从属阶级或弱势社会团体可以像女人这样与压迫者相处得如此亲密；男性必须让女性进入他们的家庭、厨房、卧室。而男人对这些亲密地点的控制只能经由引诱女人让她们自愿降格来维持。由于女人并不拙劣，男人必须用大量宗教、社会、生物学文献以及较近代的精神分析意识形态来攻击女人，以解释并强调女性不如男性。而要让女性相信她们是劣等的，还有什么是比女体更好的题材呢？通过破坏女人的信心与意识的基地，配合倾销对于性的罪恶感及身体的厌恶感，男人终于能够维持女人的不安全感及对男性的倚赖。男人性攻击的性质和目的很明确，每位参与性攻击的男性家长，都以残暴手段要求女性屈从。要印证这一点，可以引用南海蒙杜鲁库族（Mundurucu）的一句名言："我们用香蕉驯服我们的女人。"

男性发明这么多规范、这么多计谋来对付女性，固然说明了男性高度的焦虑，也暗示了女性反抗的力量。因为女性是头"倔强的兽"，而再没有什么比女性拒绝完全服从更能显示女性"残忍的非理性"了。女性拒绝完全服从，显示出女性向来就非常不听男人的话；而男人奋力发动社会道德与法律条款对女性进行操控，更显示出男性的焦虑。而女体的每个部分又都会引起男人的恐慌、不安、愤怒或深深的忧虑。

女体从头到脚的每个部分都暗藏着危险，丰饶地挑起色欲。因此，犹太法典自公元六百年起就准许男人休掉在公共场所披头散发的妻子，而圣保罗甚至教导基督教徒对不戴帽进教堂的女性施以剃发的处分。女人的脸是令男人失足的陷阱——在公元三世纪的一段奇特经文里，早期基督教之父德尔图良（Tertullian）指出，"处女的红颜"必须为天使的堕落负责："如此危险的一张脸应被遮掩。"在脸庞内部，女人隐藏着她最锐利、最狡猾的一件武器——她的舌头。几乎所有语言里都有"静默者方为美妇"这类的谚语，在小亚细亚的希腊人许多年来都流传着"饶舌的女人找不到丈夫"这样的说法。蒙古部落千百年以来，有不少词汇是只准男人使用而不准女人出口的。甚至在伊斯兰教地区，女人最大的罪恶便是"饶舌"（Shaddaka）。

闪族人对饶舌女人的执迷最早出现在犹太教诞生时犹太人的摩西律法里："女人必须保持缄默。"无独有偶，它也出现在圣保罗对所有女性的一道律令中："少说话，多服从。"且这种律令不单单出现在近东与中东地区。在日本神道的教义里，女人在世界初晓时抢先说话，因而生下怪兽；她的第一个男人，认为这是神指示"谈话应一贯由男人包办"，从此之后，发言便由男人全权负责了。

在近代初期的欧洲，对反抗沉默律令的女性的惩罚，是让她们套上一种名为"口钳"（scold's bridle）的刑具。举例来说，在英格兰北部，从七世纪到十七世纪,"骂街泼妇"须受到以下惩罚:被绑到大街上,戴一种钳口(branks)刑具,这种刑具像个铁帽子似的罩在受刑人的头和脸上,其上有铁钳插入受刑人口中迫血流出。还有一种刑具叫"潜水凳",饶舌女人坐上这种绑在长杆末端的木凳,不断被放进水中——吃泥沙事小,最要紧的是多半会送命。

男人认为,女人的头脑或许还有点智慧,但女体就只是"魔鬼的游乐场"了。"女人无论何时进入巴斯城(Bath)",穆罕默德这样宣称:"魔鬼都跟着她。"由此可见,男人之所以想操控女体,就是想借此宣示:女人根本没法控制自己。女性根本没有任何控制力,她们只是任意游移的空洞躯壳,靠在两腿间震动的肌肉行进。以下这段对阿拉伯女人的无情抨击可以作为一个例子:

女人是魔鬼,生来就是;
无人能信任她们,此乃众所皆知……
她们惯于媚上欺下,使巧作伪,
只要兴致一来便玩弄诡计。
而当然,只要一发情,
便只想找个勃起的阳具。❶

阿拉伯文学里充斥着这类对女人"永不餍足的阴户"的偏执恐惧——女性阴道在阿拉伯文字中写作 al-farj,即"罅隙、裂缝、裂口"(相当于英文的 slit、crevice、crack,一道看起来很小、但一进去就会被吞食掉的开口)。"我看见了她的阴户!"一个惊恐万状的男人在十五世纪色情文学杰作《芬芳花园》(*Perfumed Garden*)中这样悲叹道:"它开放得像母马的私处在迎接种马的进入。"但这还不是阿拉伯男人最深的恐惧,按作者的说法:"某些阴户带有狂野的色欲与渴望,它们会扑向接近的器官。女人的性器官在渴望性交时,就像狮子的头。噢,阴户!多少男人死于她的门前?"

这类对贪婪阴道的深沉恐惧在阿拉伯国家十分普遍,且并未因为伊斯兰教实行一夫多妻制而得到减轻——"贪婪女人"的概念,与"女人只须满足四分之一个丈夫"的事实间固有的冲突,伊斯兰教男人似乎并不理会。而其他社会也发展出自身的阴道畏惧情结(阴道是"魔鬼的通道"),在这一过程中也产生了不少颇具独创性的阉割幻想,如十五世纪德国道明修会(Dominicans)教士兼猎巫者(witch finder)雅各布·斯普伦格(Jacob Sprenger)就曾设想出这样一幕"男孩丢失阳具"的情节:

曾听人说,那群女巫会以这样的方式搜集大批男性性器官——少说也有二十来个吧,并将它们放在鸟巢里或密封储藏在盒里,它们在里边会像活器官一样走动并吃下玉米、燕麦……这种广为流传的说法不知是真是假。❷

有趣的是,这种贪婪女人借其"不知足的阴户"威胁男性霸权的主题不只见于高度整合的希腊正教体系,在美国新墨西哥州纳瓦伙族(Navajo)中也流传着这样一则故事:

当第一个男人讥刺他的太太只对性感兴趣,他的责备引来了一番争吵,他太太赌誓说女人可以不要男人。为证明这一说法,男人搬到河对岸并毁掉了载他过去的筏子。几年过去后,女人身体越来越差;她们需要男人来帮她们制造食物,且她们由于性欲得不到不满足而变得狂躁。由于自慰,她们生出怪兽……男人也手淫,但并未因此生出怪兽。最后女人实在不快乐到了极点,她们请求男人带她们回去,男人依请求做了。于是所有人都同意:今后男人应是领导者,因为他们是强者。❸

强者?这么多年来的神话创造事实上只证明了一点,即男人在心里始终对女性的强势感到恐惧,但又无法明说。男人所发动的宣传战在某时某地甚至升高为仇恨战,其强大的力量使得全世界都能看出女性欲望的强大,在这方面男性是脆弱的,而女人则始终力量不衰。就性而言,女人如花般绽放的时候,男人则凋谢了。男人使尽全力进入阴道,因而精疲力竭；相对地，女人是男人气力、精华、最佳本质的接受者。阴道因此是不断更新的活力的泉源与中心，阴茎则有局限、不够强有力并容易犯错。付出一切的男人被女人削去男子气概，无法随意重振雄风。难怪男人对女人这种夺去他权力的动物容易感到憎恨和畏惧。

男人在贪婪的女阴中损失的还不止这些。穿透"魔鬼之地"，"在女人的两腿间喂养女人"，损伤的不只有身体，更有灵魂。此时逐渐成形、而后进入宗教正统的，是"女体乃毒害男人的污染之源"这种歇斯底里的偏见。对女体展开疯狂攻击的历史根源是什么？这个难题的答案将我们带至中心议题：血的议题。

"经期女人"的女体不仅不像人，而且比动物还糟。在人的所有成分中，血是最富有权力也最充满危险的——这一事实见于从犹太人到苏族到印度教徒"禁食人血"的饮食规范。经血是神秘的血，危险、肮脏而令人畏惧：

> 经期女人是魔鬼的杰作。经期女人不可观圣火、不可坐入水中、不可注视太阳，也不可与男人说话。❶

月经禁忌，如上述由祆教圣者琐罗亚斯德所规范的禁忌，显示出早期女性在其成人生活中四分之一的时间里，每四周中有一周定期被蒙上污名及被隔离，无力亦无资格参与社会生活。这种隔离系统在原始社会如巴布亚新几内亚的卡费族（Kafe）最显而易见，女孩月经来潮时会被关入暗室一星期，没有食物供应，且被威胁说若她不遵守仪式规范就会给自己和他人带来危险：她的身体和血会让男人呕吐，使他的血转黑，污染他的肉，扰乱他心思甚至折腾他至死。这类信仰和禁忌存在于所有的原始社会，形式上经常清楚地显示牵涉在内的统治或被统治斗争的本质：美国达科他地区早期原住民深信，经期女人的灵力（wakan，神性或力量）能削弱所有阳性权力者（无论是战争权力或和平权力）的力量。

这类禁忌的高度强制力显示出了与女性经血有关联的恐惧是多么强大：打破禁忌的女性有可能惨遭横死。在父权组织较为严格的社会，月经禁忌虽较不明显,但同样严格,中东的犹太教、基督教及伊斯兰教规范尤其严厉。犹太教的《利未记》(*Leviticus*),《旧约》第三卷,为犹太教祭司阶层润饰圣经经文而成)把处在经期前后共十二天的女人定位为"脏女人"(niddah)。一五六五年的神圣法典《布就筵席》(*Shulchan Aruch*)再次陈述了对"脏女人"的严厉惩罚,在这本书里"脏女人"是被禁止进行以下活动的:

与丈夫同床就寝
与家人一起进餐
与他人共处一室
点燃安息日蜡烛
进入犹太教会堂
碰她丈夫,或给他任何东西。⑤

更残酷的是,"脏女人"必须穿上特殊服装以作为她被隔离、被歧视的标记,这预示了犹太人未来的命运。结果,女人成为非人,她的人权完全被剥夺了。正如凯姆·贝尔曼(Chaim Bermant)所解释的:

"她被视为完全腐烂,一个生疮流脓、发出恶臭味道的存在……你禁不住想询问她的健康状况,因她的气息污浊,眼神恶毒,周遭空气都受到了污染。"

基督教和伊斯兰教都向犹太教大量取法,并在自己律法中将巴勒斯坦原始部落禁忌建制转化为宗教真理。三大宗教都严格禁止男人在女人"生病期间"接近女人,且最早期的风俗沿着《古兰经》条文发展:"若他们问你女人月经的问题,你就说,女人的月经很脏,因此,除非等她们干净了,否则别走近她们。"值得注意的是,穆罕默德个人曾致力于寻求改变这种对经期女人的抨击——他会在妻子月经期间当着门徒的面赞美她、从她手中接过跪拜用的圆草垫,并和她用同一个杯子喝水,同时说:"你的月经不在你手中,也不在你杯中。"但这种教导门徒"女人在月经期间就和平常一样,既不肮脏也不危险"的真诚努力,就历史发展上来看,是失败的。

要了解男性家长对操控女体的执迷,血的议题是个重要的方面。因为女人不只在月经期间流血,她们在初潮、初夜、生产时也流血,可以说,女人在身为女人的每个生命阶段都流血,而这血带着生与死的双重含义。危险越大,禁忌越强。这在女性生命中已造就了一套复杂、野蛮的神话、信仰及风俗系统,在这当中,社会禁忌的牵制完全凌驾于对身为议题中心的女性的关注之上。

从一神教诞生到二十世纪,对处女初次性经验的讨论,始终只集中在阴道乃是"魔鬼之地"上,而不曾真正关注阴道的拥有者。此器官在初次被刺穿时被视为是最危险的;所以最重要的工作是去保护男性,他在使女人的处女膜破裂时是将他最脆弱的部分刺进《利未记》中所谓的"她的血泉"。许多个世纪以来,人们认为如此危险的境况应该加以避免:

从古埃及到现代印度、波斯……每位处女在结婚前都要端坐在太阳神金色的阳具上,让太阳神破她的身。婚姻之血因此而神圣,否则会被认为是污秽的;如果哪位女子不被这样奉献给神,便无正直青年愿和她结婚。

在东方许多地区,破身被视为是挑夫的工作;高位的特权阶级男性则会"抢先用铁棒刺穿新娘,或命令黑奴辣手摧花,以免弄脏自己"。在其他国家,尤其北欧国家,新郎的任务是由一位年纪较大的人来代劳,这个人由于体力强、地位高,被认为有能力保护新郎免受新娘侵害,这位代理男性可能是新郎的父亲、叔叔、大哥或封建领主。若新郎是军队组织的一员,开苞的任务就自然落到其长官头上,据说在这种时候,袍泽之情是凌驾于夫妻感情之上的——据说,土耳其军队就有所谓的"闹洞房"仪式,处女新娘在一夜中要与新郎的百位同袍做爱。难怪不少小亚细亚阿拉伯国家都有 seyyib 这个词,意指初夜时不堪凌辱、愤而逃离新郎的女人。多数新娘由于不堪丈夫这种初夜权，拂袖而去之后就再也没回来。

这类事件在历史上很少留下女性观点的叙述，这并不奇怪。多数女性在初夜时还是懵懵懂懂的孩子，又不认识新郎，因此初夜时必定吓坏了，事后恐怕无力回顾，即使回顾，也很难把它完整写下来。一二七一年，十四岁的日本贵族二条夫人被父亲献给后深草天皇（Emperor Gofukasaka），她所写的日记可让我们一窥女性们的感受——二条一觉醒来发现年迈的后深草在她卧房中，"他残忍地对待我，"她在日记中写道，"我再没有什么可失去的了，我不想活了。"

婚姻内的性暴力，向来是女人的寻常经验。尽管因母职而受称赞，女人在成为母亲的过程中却饱受蹂躏；她们被性局限、囚禁，在性方面遭到男人设计来操控、处置女性身体的一连串残酷手法的摧残。

强迫婚姻

历史上所有社会的法律及社会风俗都赋予父亲"把女儿嫁给他所选的人，并采取必要手段以确保他的意愿得到执行"的权力。当年轻的伊丽莎白·帕斯顿（Elizabeth Paston）拒绝了一位年老体衰但富有的追求者的求婚，她父亲便把她关进暗室里，不给她食物也不让人与她接触，以使她回心转意。她每三四天就要被打一次，"有时一天被打两次，打到皮开肉绽为止。"伊丽莎白挺住了，继之缔造了两段幸福婚姻，并因此成为中世纪英格兰最富有的女人①。其他人可没这样幸运，在同一时期的爱尔兰，可怜的女孩伊莎贝拉·海伦（Isabella Heron）在遭父亲毒打后被扔进水里，三个彪形大汉将她拖到半英里外的教堂之后，她父亲又在教堂中殴打她并胁迫她。父亲并非唯一的侵犯者，在海伦遭遇殴打的那个教堂，在凯萨琳·麦凯西（Catherine McKesky）的订婚礼上，其母用一根藤条用力抽打她，以至于藤条都都被抽断了——"随后她父亲把她打倒在地"。

娃娃新娘

然而，印度父亲从不敢随便打女儿，因为印度法律须保障每位女性安全地成婚。但这并不表示印度少女是幸运的，因为在整个欧洲，少女能合法进行性行为的年龄是十二岁，无论就婚姻、性交还是性行为的一切结果而言似乎都太年轻了。大英帝国统治下的印度少女一般在青春期开始后九个月就做了妈妈（印度少女经常八九岁就月经初潮），而她总是在月经初潮之前结婚；深谋远虑的丈夫会在他的娃娃新娘月经初潮前引导她进行定期的性行为，以便取得她的"首批果实"。

在这种情况下，丈夫时常会失望。娃娃新娘往往不长命——每年有数百万少女死于妇科疾病或难产。直到一九二一年，印度英国政府人口普查局仍指出有三百二十万名娃娃新娘在前一年死亡，这在英国军医的记录里写得很清楚："A：九岁，刚结婚，左大腿骨骨折，骨盘碎不成形，皮开肉绽。B：十岁，无法站立，血流不止，多处伤口。C：九岁，伤重到几乎无法复原的地步，她先生另有两个妻子，英语说得非常好。I：七岁，与先生同住，三天后伤重而死。M：约十岁，四肢匍匐爬来医院。婚后从未站直过。"但印度圣者仍然坚称女人早死总比赖活好。"早结婚、早死是印度女人的标记，"谚语这样直言不讳，"已婚女子的生命是两个雨季。"

新娘贩卖

命运特别偏好在婚姻中有着惨痛遭遇的小妻子。近代欧洲初期的"新娘贩卖"为强迫婚姻的沿革提供了一个奇特的注脚，所谓新娘贩卖就是年轻富有的女继承人被拍卖，男人竞标，由出价最高者中标。尽管在当代法律下女人能拥有土地，并有权对土地进行合法的继承、出售或让渡，但实际上她的生命仍是辗转于男人——除了她的父亲或先生，还有父亲或先生的封建领主——的监护之下。女继承人只是男人世袭财产的一部分：一一八五年，英王亨利二世命令将所有女继承人编入财产目录，

可谓将女性尊严彻底踩在了脚下:

　　托马斯的遗孀,一个叫爱丽丝的女人,走在进献给君王的礼物的行列中。她年方二十,有一个两岁的儿子做继承人。她的土地值五英镑六先令八便士,还有两副被、一百只羊、两匹驮兽、五只母猪、一只公猪和四只母牛在内的积蓄。❶

　　爱丽丝当然是"已开的苞",牵着个拖油瓶的她不可能成为逐金者的主要目标。但若是位纯洁、未开封的处女,她的价值可就不同了——三个月大的婴儿只能卖一百英镑,但一位含苞待放的少女能卖三百三十三英镑。被当成货品出售的女人的命运,可从以下这个例子看出来:一二二五年,约翰王将年轻的玛格丽特小姐——德文郡伯爵(Earl of Devon, Devon 为英格兰西南部的郡名)继承人的遗孀,当作奖品送给他的外籍佣兵指挥官法尔科斯·德·布鲁特(Falkes de Breauté)。这位英国淑女与法国凶手的结合震惊了当时臭名昭著的年代纪编者帕里斯,他将这次结合形容为"崇高配卑下,虔诚配邪狎,美女配丑男"。玛格丽特忍耐此婚姻九年,直到她丈夫失去君宠,她才通过打官司获得了婚姻无效的宣判。听闻这一消息,法尔科斯·德·布鲁特立刻到罗马申请对前妻财产的拥有权。或许是天意吧,他在天主教教宗尚未就他的案子做出判决前即客死于罗马。

生殖器操控

　　法尔科斯·德·布鲁特对他的妻子使用了一种名为"贞操带"的野蛮装置,这种卑劣的设计是在十一世纪十字军东征时自耶路撒冷传入欧洲的。一如其他控制生殖器的装置,贞操带是一件很恐怖、骇人的东西,它包含了一条深深嵌进女人肉里的铁制(或银制)束腹,及一根横于女人两腿间的金属棒,金属棒也是深深嵌进肉里,并开有两道边缘有尖锐齿状物的细缝以供佩戴者排泄之用。戴上这样的东西,女人将无法清洗生殖器,排尿、排经及腹部运动也会受到影响。由于贞操带对妇女的影响如此之大，它的存在实不可等闲视之。中古时代意大利帕多瓦（Padua）市长因为发明了一种控制女体下部的铁制贞操带而立即声誉鹊起，可见一般人对贞操带仍抱着猎奇的态度。一直到十六世纪，据布兰托姆（Abbé de Brantôme）记载，法国市集中仍有贩卖贞操带的商业行为，而后来在德国出土的文物显示，不少女人到死还戴着它。

贞操带进入西方的时间很晚；在东方它老早便存在了，奴隶主从很早就开始把贞操带置于女奴下体以防止女奴和别人私通。女奴的生活本来就已经很惨了，如今在贞操带的蹂躏下更是苦不堪言，就像以下这则叙述："就苏丹的妻妾群而言，女人被主人开苞后，就被套上一条厚厚的、长十二寸的竹制带子，这条带子伸入阴道三分之一处，在腰和大腿处固定，还有一条稻草编织物覆盖正面以遮住阴户。"父权宗教建立后，女奴的生殖器不但会受到控制，而且生殖器受控方式也不止一种——如下述的"阴蒂割除"，就是男人试图用大规模的破坏来处理女人性欲"问题"的一个方式。

阴蒂割除

阴蒂割除又名"女性割礼"，但事实上其残酷程度绝非男性割除包皮可比：女性割礼牵涉的是女性整个外阴部的切除，对女性伤害极大。女性割礼随伊斯兰教的兴起而迅速传遍中东，并遍及整个非洲，至在非洲今仍可看到这项仪式。如此残忍、野蛮的仪式竟能延续至今日，只能以无知来解释。

阴蒂割除的实际情形如下：在一个女性的私人典礼上，吟唱着"安拉是伟大的，而穆罕默德是他的先知，愿安拉排除一切罪恶"的女性仪式主持人，以削尖的石头、铁刀或玻璃片在五至八岁的女童两腿间动手术。首先切除阴蒂，接着切除小阴唇，继之切除大阴唇，然后剩下的肤瓣被拉在一起，用针刺穿而缝上阴道口，只留下一小孔以方便排尿及排经。接下来由母亲及其他女宾接替工作，将泥土及灰等止血物以手指送入伤口。之后女孩的腿将被紧紧绑在一起四十天，以确保伤口愈合，不再裂开。在整个仪式中，小孩被女性亲戚按在地上，神志完全清醒。

这项手术通常由老妪们在一个昏暗的帐篷中执行，其结果不难推测：出血，感染，膀胱、肛门、尿道腐烂，阴户溃烂及大小便失禁。唯有当阴户的伤势严重到妨碍走路的程度，医生才会介入。在这之后，女孩会经血闭止——某法国军医曾从一个十六岁的吉布提族（Djibouti）女孩体内取出3.4公升的黑色败坏经血；不孕，并在性交及生产时感到万分疼痛。

在性交或生产时疼痛异常是无法避免的，因为缝合阴道口的目的就是要让女人难以接纳阳具。某学者曾这样描述索马里的结婚大典：新郎在用皮鞭抽完新娘后，用刀"撬开"她，然后"在接下来三天与妻子展开长而绵密的性交"：

> 这"工作"是要在阴道上"造个开口"，以防止伤疤再次愈合……新婚夜第二天早上，新郎会把带血的匕首放在肩上，到处招摇以博得赞美，妻子却躺在床上，为保持伤口张开动也不敢动。❽

倘若性交导致怀孕，女人可能必须进一步动手术以打开更大的伤口，因为最初的伤口仅仅能够容纳阴茎。理论上她可以自然生产，即使会出现阴破裂也不动手术。如果她为了生小孩而必须动手术，生产后刀口也会立刻再被缝合。在出生率和婴儿死亡率极高的索马里，妇女的一生最多可被"开开缝缝"十二次以上。

杀手锏

阴蒂割除是一项严重罪行，但它毕竟只是一个地方性的仪式。不局限于一时一地的则是对女人使用极端的性暴力：谋杀。在父权体制下，身为女人有如服终身徒刑，但许多女人连服终身徒刑的机会都没有，而是一生下来就被判了死刑。谋杀女婴是世界性的传染病，从古至今的历史文献都有记载，在印度、中国或阿拉伯国家，甚至在摩洛哥和上海间任何地方身为女性，都是极端危险的。在革命前的中国，数千年来的分娩准备有一项就是在产床旁放置一个遗骸盒，以便女婴一出生就将她闷死。在印度各处，人们以各种不同方式在不同地方杀死女孩：她们被勒死、毒死、丢到海里、弃于丛林、喂鲨鱼以祭神，或在愿她们来世为男孩的祝祷声里被淹死于牛奶之中。一八〇八年，一位英国政治委员会发现，整个印度库奇村盲（Cutch）只有几户人家有女儿。

父亲要杀女婴，因为养女儿怎么算都划不来：女儿结婚他要花大钱，女儿嫁不出去他脸上又挂不住。但单单是高额的嫁妆并不足以解释女婴屠杀的普遍流行。如果生女儿对母亲而言是"不中用"的，那母亲的罪便由女儿来承担。谋杀女婴这项活动持久、有计划地进行着，为的是要减少这世上女性的数目；被杀的女婴这么多，可见背后有很大的驱动力，人口负担和嫁妆成本高可能只是借口。这不是现在才有的说法，而是很早以前就存在的，如《古兰经》中的一段：

当太阳落下……
被活埋的女婴被询问
她是因何罪被处死……
每位亡灵都忙不迭地倾诉。❶

除了想阻挡女人来到世间，男性家长还想将女人赶出人世。然而几乎在这世上的每个国家，男人都是其女性同胞的统治者、保护者及唯一管理人，女性既无法上诉，又没有出路。历史对数百万死在男人拳头、长靴、皮带及棍棒下的女人只有一丁点记载，而社会地位未必能再提供任何保护；俄国多尔古禄基公主（Princess Dolguruky）虽贵为贵族，但她依旧被丈夫伊凡四世（Ivon IV，又名"恐怖伊凡"）下令淹死，只因她无法满足他。

伊凡是从一个近邻——奥斯曼帝国的苏丹那儿，习得了这种废妻术。苏丹的传统是将"不要"的宫女缝入大布袋，从后宫丢进博斯普鲁斯海峡。女人是可被任意处置的。西方人虽以其基督教精神及"比'野蛮的土耳其人'优越"自夸，但他们在整个近代初期的道德标准其实相当低。此外，女性要是没尽到生儿育女的责任，她的生命就毫无价值；但男人无论犯了什么罪,他的命生来就比女人值钱。年代纪编者杰弗里(Geoffrey of Tours)所叙述的世纪初一个法国女人与她的恋人——勒芒(Le Mans)的神父的故事,就很清楚地说明了这种情形:

(神父)经常和一个出身良好的未婚女人混在一起,他剪去她的头发,把她打扮成男人,然后带她到另一个城市,希望借助处在陌生人中来避开通奸嫌疑。她的家人不久后知道此事,便决心要扳回家人颜面……他们把这个女人活埋,但由于想得到黄金,他们又决定勒索神父……埃萨利斯主教(Aetharius Bishop)听闻此案后十分同情神父,将他从死亡中救出,并付了二十个金币为他赎身。⑩

神父命不可断,但这女人却送了命。然而犯罪不是这里的真正议题,她必须送命是因为一旦她犯了通奸罪,她就不再能履行她命定的妻/母角色;而一旦失掉妻/母功能,她就和苏丹后宫的随便哪个宫女一样低贱了。万一让她活下来,她不就成了女人能在父权社会框架外过独立生活的明证了吗?这是万万不可的。再者,妻/母角色是问题的关键——未担负妻/母角色的女人不但危害社会安宁,更危害她自己;何止危害,她根本是个废物。在这样的认知下,人们很容易认同这一结论:她还是死了的好。

类似的事情似能解释名为"sati"或"suttee"的印度妻子殉节风俗。据早期法典中记载的印度教习俗显示,先生一死太太就必须跟着死,这在印度教法典上写得清清楚楚:"有德的女人在丈夫死后除了将自己投入同样的火之外无其他事可做。"唯一差异在于死去的丈夫不太可能感受到火葬时烈焰的灼烧,但活着的妻子却不得不忍受惊吓、震撼直到被活活烧死,正如以下发生在十八世纪的孟加拉的妻子殉节的目击报告:

她绕先生尸体六次……她躺在尸体旁,一只手臂放在他头下,另一只手臂在他颈上,这时大量干可可叶及其他物质已经堆在他们身上,然后再倒上水牛奶油,或融化的罐装奶油。接下来是在他们身体上面紧紧压两片竹材，然后放火，火立刻熊熊燃烧……火一被点燃，周围群众就呐喊起来……由于声音很大，女人就算呻吟或大声哭喊也不可能有人听见，而由于竹片紧紧压着她，她根本动弹不得。我们很不赞成他们用这些竹片，认为这是在利用暴力以防止女人在火烧时起身，但他们宣称这样做只是为了防止叶堆倒塌。我们不忍再看下去，只有离开。我们对这种谋杀反感透了，对刚才所见也充满了恐惧。⑪

这种相当真诚、且无疑是绝望中唯一一丝光明的义愤感，可以说是欧洲人对东方社会习俗的典型反应。然而值得注意的是，目击者记录下的被害人，是安静、沉默地就死，这种十分有助于体现典礼神圣感的态度，是由结合当日的恫吓、欺凌与终身思想操纵的一连串手法造就而成的——被害人从襁褓起就被教导，一位殉节的寡妇能为自己及丈夫挣得三万五千年的天堂荣光，而拒绝者则会坠入地狱的最底层，只能以最丑恶、猥琐的形貌重返人世。此外，印度的童婚习俗意味着许多寡妇都无力为自己打算；许多记载显示被烧的未成年寡妇只有八至十岁，甚至更小。

不过，欧洲人对此习俗的道德义愤，可以说与欧洲人自己糟践女性的记录格格不入——这则完成于一七九八年的目击报告，距欧洲的"焚巫"事件不过一二十年。女巫，一如殉节的女人，是不被需要的、异常的，她们通常是寡妇，或对父权秩序规则构成威胁的孤立者。翻开历史文献，我们就能明白，女性无时无地不受到男人性暴力的侵害，男人坚持说女人的身体应只为男人存在，为男人的欢乐及子孙存在。女人要是不这样活，她们就会成为体制下的多余物，或成为麻风病患者、贱民、罪犯——无论为何者，男人都知道该如何处理她们。

"那么不妨让我们好好检视女人们的罪……"或许贱女人的极端例子——娼妓，就是那男人的绝佳猎物。因男人的色欲而生，且因附和男人的色欲而受惩罚，妓女用自己的身体表达在危险与欢乐间永恒摆荡的性，而她的营生则是男性的欲望与对女性的轻蔑两相交锋的战场。先是男性欲望成功，而后是对女性的轻蔑胜利，以一种自古以来不变的运用/

滥用模式循环往复地进行着。不过，我们从断简残篇的历史记录中可以发现，妓女的处境是在从父神兴起到近代国家诞生的那一千年间逐渐恶化的；奇怪的是，在妓女遭此命运的同时，妻、母及"有德的"女性的处境也在恶化，变得更受限制，更屈服于压迫，更没有力量。

中世纪千年之间，对妓女的处罚普遍加重，对其他罪行的惩处却减轻了。西哥德人在公元四五〇年左右所制定的目前所知最早的性法律，明确指出妓女应受公开鞭打，并在鼻上割一道痕以作为耻辱标记。十二世纪的英国，妓女被英王亨利二世的法令定义为怪物，除了上述惩罚外，她还被禁止谈恋爱，违者将必须接受坐牢三周、坐一回潜水凳及被驱赶出城的处罚。两百年后，在英王爱德华三世的统治下，妓女必须戴上有特殊标记的徽章或帽子，"加上犯罪的丑恶记号，让人们一眼就看出她们的肮脏"。最后，随着清教在整个欧洲取得势力，对妓女的惩罚达到前所未见的虐待、野蛮高峰，行刑者使出浑身解数，如以下记录所示：

玛丽·屈尔施内利恩，年轻妓女……玛丽的耳朵被割掉，继之被吊死。

纽伦堡的安娜·佩耶尔斯坦因，由于她与一对父子性交……还与二十一个成年男子和年轻人性交（她先生假装不知道），在此被斩首。

乌苏拉·格里明，女地主……妓女、鸨母兼皮条客……头和两手被夹在木枷间示众，被绑在树干上鞭打，双颊被打上烙印，之后被丢出城。

玛格达伦·费雪林……未婚仆佣……和一对父子性交后产下一子……被斩首，在这种情形下已算法外开恩。⓭

此处所说的法外开恩，是根据纽伦堡一五七三至一六一七年的死刑执行者施密特（Franz Schmidt）的私人日记，指的是以较温和的斩首处死来取代恐怖的绞刑。这"恩"当然是要用钱买的，但斩首和绞刑没什么不同，反正都是一死。这位除了姓名和"犯行"外无一为人所知的可怜年轻女人，代表了世界上所有因置身于妻/母角色外而被排斥甚至被处死的女性。

男人也是此严苛法律下的受害者。既然与脏女人的性有所关联，他们自己的性也无可避免地受到污染。按他们自己的规则来参加游戏意味着否定自己任何"为欢乐而性"的可能性；尽管身为独占男人情爱的妻子、母亲、女儿、情人，女性却经常对男人怀着憎恨、恐惧与屈从的情绪。不遵守规则的男人也会受到惩罚，如男同性恋者就是一例，而男同性恋者所受到的严厉惩罚，无异于将他们与同样反抗父权规范的女人连在一起。在欧洲，当人们对女巫的恐惧达到最高峰时，被视为女巫的女人会被烧死，被控同性恋的男人也会被送上火刑台，"让他被邪恶的烈焰烧个痛快"。不过，这只是男同性恋者才会受到的惩罚，异性恋男子是不用担心此罪的；不像女人，女人几乎无一例外地被憎恶、诋毁、攻击。

而在对女人所施的惩罚里，不难见到性与虐待的成分。恶名昭彰的杰弗里法官（Judge Jeffreys），十七世纪英国的国之栋梁，曾在宣判一位妓女被处以鞭刑时这样说道："来人哪，好好伺候这位小姐一顿。重重地打她——打到她流血为止。现在是圣诞节，女人光着身子可要冻着了，你得替她好好暖暖身子才行。"

性、罪、痛苦——妓女故事中这些显赫的主题也可在她们已婚姊妹的生活中找到，因妓女与妻子并非父权教条所称的"魔鬼与天使"这种相反的族类，而是同一铜板的两面，身为女性的两个群体都受制于男人对她们身体的定义和带有限制条件的运用。尽管在心灵和身体上受到无情打击，仍然只有一部分女人选择了"以屈从换取尊敬"的讨喜模式，其他人则决意不这样做。那么，女人是如何找到力量与知识以向上攀升，又是如何找到力量成就自己的定义并超越男人的定义的？

---

❶ Fatna A. Sabbah pseud., *Woman in the Muslim Unconscious* (London and New York, 1984), p.36.

❷ Jacob Sprenger, *Malleus Maleficarum* (The Hammer of Witches) (1484); Karen Armstrong, *The Gospel According to Woman* (London, 1986), p.100.

❸ Gladys Reichard, *Navajo Religion: A Study of Symbolism* (New York, 1950), p.31.

④ Allen Edwardes, *The Jewel in the Lotus*: *A Historical Survey of the Sexual Culture of the East* (London, 1965), p. 23.

⑤ Ibid., p. 24.

⑥ Joseph and Frances Gies, *Life in a Medieval Castle* (New York, 1974), p. 77.

⑦ Scilla McLean, *Female Circumcision*, *Excision and Infibulation*: *The Facts and Proposals for Change* (Minority Rights Group Report No. 47, December 1980)。请注意，阴蒂割除仪式至今仍在实行，逾百分之九十的苏丹女性至今仍在承受阴蒂割除的痛苦，尽管法律在四十年前即已禁止此项行为。西方也有阴蒂割除一类的现象，在所有欧洲国家的首都至今都还能找到精通阴蒂割除手术的医生。一九八六年，英国国会拒绝通过一项"禁止阴蒂割除仪式在英国实行"的议案，理由是父母在这方面的权利不应受到限制。

⑧ Jacques Lantier, *La Cité Magique* (Paris, 1972), cited by Scilla McLean, *Female Circumcision*, *Excision and Infibulation*: *The Facts and Proposals for Change* (Minority Rights Group Report No. 47, December 1980), p. 5.

⑨ Koran, LXXXI1, 8–9, 14.

⑩ Geoffrey of Tours, *Historia Francorum Libri Decem*, Book 6, Chapter 36. 这名女性所以遭痛恨，部分原因可能是因为她穿了男性服装——多个世纪以来，女人穿着男装在西欧都会遭到教会及俗众厌恶。

⑪ Cambridge History, VI, p. 134.

⑫ Master Franz Schmidt, *A Hangman's Diary*, (ed.) A. Keller, trans. C. Calvert and A. W. Gruner (1928), *passim*.

① 译注：帕斯顿家族是中世纪英格兰著名家族，其家族成员在一四二二至一五二九年间的私人与商务通信形成了所谓的"帕斯顿书简"，是了解中世纪末英格兰人民历史、风俗习惯、道德规范及通商状况的重要来源。

6

一些学识

> 上帝啊,若女人曾写下故事如学者写下他们激昂的演说,那她们所写下的男人恶行一定要比亚当所有后代写下的都多。
>
> ——乔叟,《巴斯城之妇》(*The Wife of Bath's Tale*)

> 女人除非打算成为修女,否则不应学习读和写,因为许多害处都是来自这类知识。
>
> ——纳瓦拉的菲利普(Philippe of Navarre)

> 捡拾你所能捡的知识之果,并视其为伟大宝藏。
>
> ——皮桑(Christine de Pisan)

对许多时代的女性而言，父神及憎恶女性者（gynophobes）的暴政似乎是无可指摘的。但随着基督教最初的一千年步入尾声，改革的动力不期然地出现在体系本身的坚固核心内。这一体系太僵硬、太无弹性了，经过这些年，这一体系下的男女逐渐不想与这类体系共存。我们试着由男性家长设想出的种种性交禁忌——在中古早期，基督教徒被禁止在星期日、星期三、星期五、四季节（Ember days）、四旬斋（Lent）及耶稣降临节（Advent）或圣餐式前有性行为①，且严禁女人在经期、怀孕或哺乳时与男人发生性关系；怀孕的次数也有严格限制，当然不许避孕。即使在星期二，夫妇有时也必须遵守对合宜体位的规范："上下式"是标准体位，"后进式"则绝对禁止。但即使在教会反性到不可抑制之时，也必然有纵欲男女存在。

只要男女彼此爱慕、渴望，对女性性欲的攻击便绝不可能完全成功。并非所有女性都同意成为其自身生活史中的牺牲者；许多女性根本不接受其次等地位。这种对于早期基督教之父的勇敢谴责来自教会本身，十六世纪的反宗教改革领袖——艾维拉的圣特瑞莎（St. Teresa of Avila）的教诲里这样写道：

当你在世上，主啊，请别轻视女人，请在女人中发现信仰与爱……对贞洁、勇敢的心灵视而不见是不对的，纵然它们是女人的心灵。❶

但就如此处所示，要对女性的被压迫提出成功的挑战，并肯定女性心灵的价值，就意味着要到男性的阵地去挑战男性权威。女性必须取得对定义过程及意义制造过程的参与权，她们也必须要能阅读、学习及辩论。无知，她们便低人一等；有知识，她们就有了武器。因此学习成为下一个战场，而它的重要性一直延续到今天，女人要是没有学识，就没有贯穿男人空间（精神空间）的希望。

女人当然向来有她们自己的空间，这多半来自女人与其他女人分享仪式与传统时所拓展出的领域。从近代初期的历史文献来看，大量证据显示在东欧及非洲许多地方有实行繁衍仪式或性仪式的女性秘密会社存在,这些仪式经常会侵入到公共仪式领域。例如在中古乌克兰,婚礼上的女性村民会联合起来将规范女性合宜举止的一切常规都推翻:在一种名为"烧新娘的体毛"的女性舞蹈仪式里,她们会将裙子提到腰部来跳过火焰,干预此活动的男人会惹上麻烦。在同时期的石勒苏益格－荷尔斯泰因(Schleswig-Holstein),男人要是遇见成群结队去庆祝婴儿诞生的村女,一定要将马粪塞进帽子,然后用力戴回头上;而在美拉尼西亚特罗布里恩群岛(Trobriand Islands),女性有权攻击在她工作时擅自闯入她农田的人。

所有这类习俗除了表达一种反抗男人的共同模式外,还常常伴有情色活动,然而她们都能得到丈夫谅解,并为社会所接受。事实上,很难找到什么地方的女人是**作为一个团体**而无法享受某种形态的空间或自由的。澳洲原住民男性对他们的女同胞向来是出了名的严厉,对女性更是什么样凶暴的动作都有,但再野蛮的压迫,也压不住"吉利米"(Jilimi,澳洲土话,即"单身女子于俱乐部")的设立:

> 这里住着选择不再婚的寡妇、不堪丈夫暴力对待而离家出走的妻子、生病的女人或自外地来访的女性以及她们所有的待养子女。事实上,任何想要摆脱异性恋社会冲突的人都会到"吉利米"避难,与丈夫同住的已婚妇女则会在"吉利米"聚会谈心。"吉利米"对男人是禁忌,他们对这地方避之唯恐不及……❷

女人对抗男性操控的其他形式还包括大胆地向丈夫挑衅,如南非布希曼人的一种习俗:

> 只有女人吹笛。她们彼此互相比赛吹笛……接连三四天她们就这样吹笛、跳舞、与男人做爱、大吃大喝直到吃光所有食物。她们穿梭在各个营间吹笛……没有男人敢尾随她们……❸

中世纪的欧洲与亚洲女性在观察非洲女性时,经常会显示出一种对其"原始"及"野蛮"状态的同情,然而在许多方面,非洲女性比地球上"进步"区域的姊妹们要来得幸运。十四世纪时造访马里(Mali,非洲西部的共和国)的伊斯兰教信徒伊本·巴图塔(Ibn Batuta),在看到未婚女人的裸胸和已婚妇女旺盛的社交欲望时,曾惊讶得说不出话来。

十四世纪是马利的黄金时期,但其实妇女权利及自由在整个非洲都获得了尊重。非洲女人不蒙面,也未在身体上受到限制或禁锢。生活的缓慢步调及古老传统的延续对女性往往是有利的——一项全由女性参加、名为"盐节"(Feast of Salt)的庆典仪式,在五世纪时即已首次由希罗多德记载,直到殖民者入侵才消失。

非洲女性不但在最重要的盐收获中担任管理人,在耕作、行销及贸易方面也扮演着重要角色,因此她们地位崇高并受人敬重。例如不贪嫁妆亦不涉新娘买卖的乌达克族(Uduk)男性就宣称,他们不会为一两只羊出卖姊妹。阿善提族习俗则赋予女性比男性高的地位,因为最高恩惠得自母亲,人身是从她的身躯血肉中孕育而出的。就凭非洲人对女儿诞生表达出的喜悦,就凭非洲女性随意来去、行动自如、在家庭及群体生活中扮演领导角色的那份自由,欧洲或美国女性就不能说非洲社会是原始社会。

贵族女性,尤其是欧洲的贵族女性有较多自由,且一些女性将此自由运用得淋漓尽致。英王亨利三世统治英国时(一二〇七至一二七二年),阿伦德尔的伊莎贝拉伯爵夫人(Isabella Countess of Arundel)曾在盛怒中表达了对国王一手包办王室后代成员婚姻的不满,甚至气极而泣。另一位安古兰的伊莎贝拉(Isabella of Angoulême),约翰王的遗孀,亨利的继母,也曾从法国写信给她的"宝贝儿子"表达她对他安排的王朝婚姻之不满:她表示与其将她十岁的女儿嫁给该男士,不如由她自己来选择该嫁给谁。亨利王最终就范于这两位女强人,尽管按照规矩他不必听她们的话。他的妹妹埃莉诺(Eleanor)曾在九岁时于一桩王朝联姻中嫁给英国王室典礼大臣(Earl Marshal,为诺福克公爵世袭职位),十六岁时丧夫,她为与爱人厮守,不惜反抗哥哥,不肯再让哥哥为她安排婚姻。英王尽管心存不满,但为了王室和谐,也只有依妹妹心意,让她自行选择结婚对象。

然而，并非所有的女人都拥有由高社会地位所赐的权威。随着黑暗时代（Dark Ages，指欧洲中世纪早期，约自公元五百年至一千年此一时期）来临，权力这个概念本身逐渐不再是过去弱肉强食的观念，如今知识成为取得权力的门径。对女人来说，笔有个胜过剑的好处：任何女人，不论其体型、年龄、信仰与国籍，都能使用笔。随着一神教的诞生，女性进入宽广学识世界的主要门径却十分诡异地铺设在了封闭社会紧闭的门后，最为我们所熟悉的，是详列于史册的西欧女修道院，但值得注意的是，佛教、印度教与伊斯兰教也都有它们自己的女修道院。以伊斯兰教苏菲派（Sufis）②的女性神秘主义者及宗教导师拉比亚（Rabi-'ah al-'Adawiyyah，712-801）为例。她年少时是个奴隶，后来逃到沙漠，在那里她拒绝了所有求婚，献身于祈祷及学术。苏菲派中的女性神秘主义者有很多，拉比亚只是其中一位，因为苏菲派给所有女性跻身于圣者中间的机会。

拉比亚的成就建立在可追溯到人类思想源头的女性读写能力、学问及知识创造力上。无数古代神话将语言的诞生归因于女性或女神，古代人认为人类所听到的第一句话是母亲的话。在印度神话里，吠陀教的辩天才女意指"语言"，她使语言的起源拟人化，并将之具体化为母亲张开吐字的嘴。印度教黑天（Krishna）之母提婆吉（Devaki）的祷文是这样开始的："思想之女神，众神之母，创造之神，你是智慧、科学之母，勇气之母……"在其他神话里，女性不只发明语言，还是字形的发明者，如艾丽思·鲍丁所解释的："卡门塔（Carmenta）从希腊文中发明拉丁文，美杜莎（Medusa）将字母传给赫拉克勒斯（Hercules），女神伊西斯是埃及文字的发明者，而女祭司-女神时母则发明了梵文字母。"

在许多社会，早期有学问的女性及其作品都备受推崇；在埃及神话中，字母女神及书室女神塞丝哈特（Seshat）之下有一群书记女祭司，而印度《吠陀经》里也包含对有知识的女性的祈祷。诚然，古代《吠陀经》经文里包含了许多对女学者、女诗人及女先知的溢美之词，而这些有学问的女人被允许在公共场合展现她们的知识及研究能力。之后，在希腊，若干女学者、女哲人的天才得到其同代人的认可，尽管完全未受到历史肯定——例如，公元前六世纪时相当知名的毕达哥拉斯（Pythagoras）就是受教于女性（亚里斯托琪莉亚［Aristoclea］），之后娶数学家及哲学教师泰亚诺（Theano）为妻，并且受到关心女性教育问题的女儿达诺（Dano）的影响。另一位著名的女性狄奥蒂玛（Diotima）是苏格拉底的老师，她的老师和柏拉图的老师是同一位，乃以学问傲人、人称"雅典第一夫人"的米勒托的阿斯帕西娅（Aspasia of Miletos）。跟达诺一样，她也力主女性教育，并大胆利用她非希腊人的身份来批评那些限制女性行动、交友、自修的法律。

由此可见，再严格的限制也不能阻断个人的学习热情，甚至还可能起鼓励的作用。父权规则有时能为女性带来好处，这方面的一个典型例子是日本女性的书写传统。在天皇的宫中只有男性获准使用中国语言，女性则只能使用日本本国语，违反者将受到嘲笑、羞辱或其他处罚。但反讽的是，女性写下的美丽篇章至今仍被阅读，但男人用"较优的"中国文字写下的文学却生硬、造作，只被当成历史资料来读。如《源氏物语》这部伟大小说，就是由紫式部在十一世纪初以母语写就。十一世纪初是日本女性创造力的黄金时代，彼时女性受教育是义务，而非耻辱。

然而就如紫式部的故事所示（她在丈夫去世、父亲奉召送她到宫中伺候皇帝后才成为作家），男人基于自身利益而对女人所做的要求存在着深刻的矛盾，而这矛盾能被转化成女人的利益。在此不妨举欧洲的女修道院为例。女修道院向来被视为父权暴政的赤裸展现，因为女性一入修道院就等于被完全奉献给基督，完全皈依于宗教，进入此生外的另一个世界。但对一些女性而言，女修道院其实是神圣的避难所，在这里，女性既不必受到婚姻的压力，又不必承担母职。心如止水、过静观深思生活的修女的寿命往往比已婚姊妹高出二三倍甚至四倍；女修道院记录显示，修女往往可以活到八九十岁甚至一百岁，而同时代的已婚女性却在产床上饱受死亡威胁，如《诗篇》（Psalm）第一一六节中的一段话："死亡的绞绳环绕着我；阴间的恐怖笼罩着我……噢，上主我恳求你，解救我的灵魂！"

但在修道院里，女性能维护她的灵魂与身体，且女性十分懂得在隐修中发挥积极力量，因此许多修女都能将清修地转化成舞台，套用一句玛丽·瑞特·毕尔德的话，她们能从这个舞台"跃入自由"。女修道院生活的根源与基础很可能在于男性家长对女体根深蒂固的厌恶，这种厌恶使得男人认为女人最好被掩盖、被否定、被关押起来，就好像伊斯兰教国家的女人要承受蒙面、隔离等约束一样。但其结果是，以"童贞之身隐修"的卓绝行为超越污秽身体的女性往往能赢得同时代男性的高度尊重，因为男人认为弃绝异性恋活动是这世上最伟大的牺牲。通过坚定地宣示性不在她们的日程表上，宗教女性摆脱了附加在性活跃女性身上的恶评，而从其神圣的地位上获得了一种近乎神秘的力量——在数个世纪后，仍有女人信心满满且成功地打出这张牌，如伊丽莎白一世。

在拒绝婚姻时，修女也拒绝了母亲、主妇等与婚姻相连的角色。做妻子是相当辛苦的，一位十三世纪的妻子"有忙不完的事：看顾婴儿、饲养家畜、照管厨房，样样要兼顾。要是哪儿出了错，还会讨来先生一顿骂"。不当母亲、主妇，女性便能专注在自身事务上，尤其在干了一辈子照顾他人的传统活儿后（许多已婚妇女在儿女长大后与丈夫协议离婚，进入女修道院）。摆脱婚姻枷锁的姊妹们在女修道院内找到了自主、独立，不仅准备在清修中有所成就，也准备在广大世界中有所成就。

与修女封闭生活的观念相反的是社会中的家庭主妇的影响力，她们成为一群活跃在公共领域、担当责任、领导改革的人。从五世纪时建立爱尔兰第一座女修道院的布莉吉妲（Brigid，后世称圣布莉吉妲），到瑞典人布莉吉妲在一三七○年建立一所名为"布莉吉妲修会"的新修会，女性不断表现出卓越的干劲及组织能力，将置身男人控制之外的优势地位发挥得淋漓尽致。若干精明谋士确曾利用过根植于宗教的权力，如法兰克人（Franks）女王拉德岗（Radegund），她在六世纪时于普瓦捷（Poitiers）建立圣十字修道院，然后以此为筹码，逼总主教立她为教会执事。

由此可见，女性社群的领导人握有相当大的政治权力；中古爱尔兰基尔代尔郡（Kildare）的女修道院院长，据史册记载，"曾凭借她优异的谈判以及克敌制胜的能力阻止一场战事的发生"，而教宗得以在一三七五年重返罗马，更是由锡耶纳（Siena，意大利中部城市）的凯萨琳修女从中斡旋，最终促成。修女在玛丽·瑞特·毕尔德口中不只是一个政治人物而已：

  她们是杰出的女商人，她们是优异的医生，她们是伟大的教育家，她们是拥有自身财产的封建领主，并身负制造物品、摆平纠纷、统领并参与各项社会服务工作等多重任务。❶

  当然，并非所有修女都像上段所述的修女这般能干、勤劳而才华洋溢。中世纪一千年间，欧洲女修道院的生活是一幅复杂的图像，且并非没有黑暗面。四世纪基督教学者圣哲罗姆对一位年轻见习修女的谆谆教诲可说为女修道院生活的阴暗、龌龊下了注脚："一定会有人到你房里来调戏你……你一睡着他就会来你门边……这时你要跳起来说：'我最讨厌性了。'"这般过度暗示的结果往往就是性丑闻，这在女修道院史上屡获记载，其中记载较详细的一桩是修女贝妮德塔·卡莲娜（Benedetta Carlini）的悲惨故事。卡莲娜是文艺复兴时期的女修道院院长，对院内年轻姊妹犯下了三十二桩强迫同性恋罪行，她生命的后四十年是在修道院内的地牢里独自度过的，只有面包和水可食用，除了听弥撒外不得外出。

  卡莲娜的故事无疑提醒我们，"基督的新娘"珍贵的宁静不是那样容易获得的；在封闭的生活里，热情会蓄积成可怕的激情。拉德岗死后，她的一位修女（姑且称修女 A）为自己未能当选为修道院院长恼羞成怒，发动了一场武装攻击，不但逮捕了新院长，还把其随从杀死。这位院长后来被当地封建领主所派的男性武装部队救出，之后修女 A 仍不断以通奸、行巫术及谋杀等不实罪名指控这位院长，直到院长被处死刑。

  尽管这类事件的确存在，且后来的新教宣传家们不断以八卦小报式的激情渲染这些事件，但女修道院在知识活动上的名声始终要比在性活动上的名声大，终究还是以知识活动取胜。私人兴学的根基终究没有完全废弃，再加上男修道院的影响力，使得修道院成为知识之灯，是全欧洲黑暗、蒙昧时代中唯一的光芒。他们致力于保存的知识包括人文科学及自然科学，尤其着重语言的研习：在阿伯拉德（Abelard）与爱洛伊丝（Hélöise）③绝望的爱最终以悲剧收场，阿伯拉德无奈地恭喜圣灵女修道院（convent of the Paraclete）的修女们得到爱洛伊丝这样一位"不只熟悉拉丁文学，而且通晓希腊及希伯来文学……当今唯一已经获得这三种语言（被圣哲罗姆奉为超越一切事物的无上之宝的）知识的女性"。

爱洛伊丝固然很卓越，却绝不是唯一学有专精的女性。另一位十二世纪女修道院院长，兰德伯格的海拉德（Herrado of Landsburg，兰德伯格在德国巴伐利亚州）留下了三百二十四幅精美绝伦的羊皮纸缩小画，而十世纪甘德尔斯海姆的赫罗兹维塔（Hrotsvitha of Gandersheim，甘德尔斯海姆在德国萨克森州）则在日以继夜的勤奋苦读中成为德国第一位诗人、第一位女作家及首位知名的欧剧作家。成就更惊人的还有宾根的希德嘉德（Hildegard of Bingen，宾根在德国莱茵兰－法耳茨州）——一〇五年以七岁之龄被送进女修道院的希德嘉德后来成为修道院院长，她不但建立了几所修道院，还成为英王亨利二世、神圣罗马帝国皇帝腓特烈一世（Frederick I）以及天主教教宗的政治顾问。她是一个神秘主义者，也是一个梦想家，借自修而成为医药、自然史、矿物学、宇宙哲学及神学等领域的专家。她还是位极富才气的音乐家，曾写下多首曲子及第一阙欧洲歌剧，单是其音乐作品就存世七十四篇。身为一位作家，她则有诗、传记及神秘剧等多种作品存世，一直到八十多岁去世时她仍在辛苦工作。

不过，如希德嘉德这般有成就的女性，终究只属少数。女性的智能向来被男性看轻，这样的现象并未随时代前进而消减；相反的，随着对女性普遍的性恐惧开始缓和，另一个对女性不利的神话——"女人的脑袋和她们的身体一样衰弱"开始滋生。这不是什么新观念，而只是"女人生来只有生理功能"、"女人是座不具任何思想力量的孵卵器"等想法的补充及逻辑上的延伸。这种"女性天生智能差"的偏见，很早就出现在宗教鼻祖的谈话中，如佛陀临终时对其信徒所说的这段话：

谈到女人，阁下，我们该怎么说呢？

女人是充满热情的，阿南达；女人是善妒的，阿南达；女人是愚蠢的，阿南达。这就是为什么，阿南达，这就是为什么，为什么女人在公共领域没有位置，没法做生意，也没法通过任何职业来谋生。❺

这种古老的偏见始终根深蒂固。等到近代初期来临，它更在一连串新动机及新观点中找到了新生命——"女人只有一点点脑袋"，她们的脑袋是"稀粥"，而不像男人的脑袋是"肉"，教育僵化了她们的心智，而思考更让她们发疯。这类说法：女人的子宫不牢固、脑容量比男人小、"身体种种成分"的组合也比男人的脆弱……不但在近代初期的药学、化学及外科医学里可见到，在现当代的科学里更是屡见不鲜；这类说法更由于女性平日做的大都是粗活儿或琐碎活计（根据其文化或阶级从事耕地或做针线工作），谈的多半是家常闲话、邻居琐事，脑袋似乎容不下任何可归属于"心智"的事物，而得到普遍支持。因此，十六世纪末的英国律师写下："每个已婚女人都有如婴孩。"

由此可见，婚姻这东西的确是女人知性发展的敌人。希德嘉德要不是没结婚，恐怕也无法聪明一辈子。整体来说，女修道院确实为女性长期被体制禁锢（先被剥夺学习的权利、然后被贬斥为"无可救药的无知"）的历史提供了一线光明。这一线光明是很难得的，因为天父和男人对女人的操控相当彻底，女性得不到知识，只能服从男性的操控，如约翰·弥尔顿（John Milton）在《失乐园》（*Paradise Lost*）中对夏娃对亚当顺从的生动描述：

我的创造者和管理者，你的命令
我无条件服从；对上帝的命令亦然；
上帝是你的律法；你是我的律法；无知
是女人最快乐的知识，及其荣耀。❻

一旦被锁入此结构，并且作为夏娃的女儿们而被置身于此结构的最底层，女性便无法获得教育。贫穷的男孩还可以进入神学院，从神职体系的最底层往上爬，或被当地地主收容为身边的跟班……但这些开放给男人的传统晋升途径无一对女性开放。人们至今不肯承认女性在教育上被剥夺了权利——并没有"莎士比亚的妹妹"或"无名的裘德"一类的人物报道，然而此时期的女人为她们的失学付出了沉重代价。她们的无知不仅成为她们劣势的佐证，更使她们饱受羞辱、痛苦及折磨。而在决定性的历史接合点上，对女人污秽、神秘的身体的恐惧，对女人脆弱心灵的恐惧以及对女人令人难以忍受的愚蠢的恐惧，三者合起来促成了历史上最残忍的屠杀女人行动——欧洲及早期美国的猎巫（witch hunts）。

从男人最早下意识地惧怕巫觋开始，便普遍认为巫觋是女性：一则九世纪天主教会的敕令便认定有"若干邪恶女性……归属于撒旦，且被魔鬼的幻象及幽影所诱惑，她们于夜晚与黛安娜共骑野兽出没，与一大群女人呼啸过平原"。为何巫觋是女人，以及为何女人成为女巫，对男人来说，其原因是显而易见的：

> ……这并非因为女人脆弱，而是因为大多数女人都固执、强硬得很……柏拉图将女人置于男人与野兽之间，原因很明显：女人的内脏比男人的大，因此女人较贪婪；男人则是脑袋较大，因此比女人聪明、有条理。❻

到底是不是这样，没有人知道。其他所谓的专家则一窝蜂地支持法国法学家让·博丹（Jean Bodin）的论述：女性"每月心情浮动一次"并"流出恶臭的血液"——注意，女人"邪恶的经期"及"危险的血液"之主题再次出现在了一个崭新的栽赃女人的脉络中，但真正的关键在于脑袋，而非身体。如欧洲首席猎巫者，德国道明修会宗教裁判官，在其极富影响力的偏执狂、虐待狂书籍——猎巫者手册——《中了魔法的女人》（*Malleus Maleficarum*）中所解释的："女人比较容易受骗……女人天生就比较容易受人影响……由于智能天生有缺陷，她们较容易信念不坚……而天生智能较女人更佳的男人则较能维持信念。"

相信这种话的男人大概没有什么是相信不了的。想用这种话打击女人的男人有一点无法自圆其说，那就是：不管女巫是什么，她们一点都不笨，也并不无知。过去人们谈起女巫，脑海中总会浮现出一个精神错乱的老太婆或丑恶老女人的形象，而较近的发现则颠覆了那种老观念——女巫们往往自立、有定力且相当年轻。或许在个性上是有些歇斯底里或偏执，但这些被斥为"无知得一场糊涂"的女性实际上却拥有包括宗教、化学、炼金术、占星术、植物学、自然科学及药理学等各学科在内的广博知识。例如，她们对药草及毒药的认识就比最优秀的男医师还要高明。

大概巫术是项技艺——古老的技艺。作为古老技艺，它必须被学习。而在教育普及或书写资料大量流通之前，它主要是靠口耳相传来学习。一些女人无疑是善用人及药剂的专家，这里动个堕胎手术，那里做个助孕手术，而其能力越高，顾客会越满意，而结果就像所有成功的规则突破者一样，她们越不容易被抓到。事实上，与传统历史的认定恰好相反：不是女巫无知，而是无知的女人较容易被当成女巫。一个著名例子是某天出现在英国牧师之妻及慈善家伊丽莎白·沃克（Elizabeth Walker）家门口的一位衣衫褴褛的女性游民——她"身上爬满疥疮虱蚤，衣不蔽体，且对上帝及基督一无所知，就好像她是生活、成长在拉普兰（Lapland，斯堪的纳维亚半岛的最北端地区）或日本一样"。对猎巫者而言，这样的女人无疑就是女巫，但伊丽莎白不这样看。伊丽莎白接她进门，治好她的疥疮，教她读书，最后还为她找了一个好婆家。

伊丽莎白除了是位虔诚的教徒，也是个心胸开阔的女人——重要的是，她相信"黑种人、黄种人及白种人都是亚当的子孙"。遗憾的是，历史上有太多被迫害的女人，而伊丽莎白却太少；晚至一七〇五年，在英国北安普敦（Northampton）仍有一位名叫埃莉诺·肖（Elinor Shaw）的二十一岁女孩因行巫术被处吊刑，起诉书上说她父母"不愿或不能给他们的女儿任何形式的教育"，因此她"从十四岁起就浪荡街头"。

以今天的眼光来看猎巫，有人将它看成是以恐怖手段所进行的政治迫害，也有人将它看成是垂死中古文明的最后挣扎，光明来临前的最后黑暗，对异常或反潮流女性所施的惩罚。猎巫无疑是对女性的迫害手段，而它制造的血腥、恐怖，无疑说明：当社会对脱离常轨的女性的恐惧达到极点，这时若再加上父权统治对"正确"和"正常"的执意伸张，会爆发出怎样的激狂反应。

猎巫者的猎巫行动，与女性政治权力在全世界普遍崛起的数百年（如下表所示），在时间上恰好一致，这只是历史的偶然吗？

九六二年阿德莱德（Adelaide）成为意大利王后及神圣罗马帝国女皇。

一○一○年撒克逊人公主埃尔吉福（Aelgifu）出生。她作为丹麦克努特王（Cnut）的妻子、挪威摄政，及英格兰哈罗德王（King Harold，绰号"野兔脚""Harefoot"）之母，对三个国家进行统治。

一○二八年佐伊（Zoe）自立为拜占庭帝国女皇。

叶门女君主阿斯玛（Asma），由她的媳妇艾尔瓦女王（Queen Arwa），在穆卡尔拉姆苏丹（Sultan, Al-Mukarram）的同意下，继承王位。

一一○五年梅丽桑德（Melisande）出生。

一一三六年科特尼的梅丽桑德（Agnes of Courtenay）出生。

从梅丽桑德少女时期到梅丽桑德于一一八五年去世，此二人统治耶路撒冷、支配耶路撒冷发展长达一个世纪。

一二二六年法国女王卡斯提尔的布兰奇（Blanche of Castile），代其子圣路易斯（St. Louis）摄政，主导欧洲政治达四分之一世纪。

一四五四年卡特莉娜·克尔纳（Caterina Corner）出生，之后成为塞浦路斯（Cyprus）女王。

一四六一年法国公主博若市的安妮（Anne of Beaujeu）出生，之后成为波旁王朝（Bourbons）女王及法国实际统治者，代其体弱的弟弟查理八世摄政。

一四七七年布列塔尼的安妮（Anne of Brittany）出生。她从十一岁起统治布列塔尼，而后借由与两位国王的婚姻，统治法国。

一五三○年爱尔兰公主葛瑞妮·玛欧（Grainne Mhaol）出生。后成为领导爱尔兰抵抗英国侵略的军事领袖。

一五六〇年奈及利亚女王及军事领袖阿米娜（Amina）出生。她承袭父亲的作战天才而成为一位战士，终身不婚，通过征战替国家扩充了为数可观的疆土。

一五七一年波斯的努尔－嘉罕（Nur-Jahan）出生。之后成为印度的蒙兀儿帝国女皇，代其有鸦片烟瘾的丈夫主政。

一五八二年恩津加（Nzinga）出生。后领导安哥拉、安东哥（Endongo）及马塔姆巴（Matamba），成功抵抗葡萄牙侵略逾半世纪。

所有这些都是女君主，而非国王的配偶。在公元一千年至一千五百年，上述国家都出现了不止一位女君主，可见它们多数是女性统治者传统已建立、女性在政治重要性上日渐增加的国家。就以埃尔吉福为例：在她之前有贝莎（Bertha，公元六一六年生）、伊德柏（Eadburgh）、辛斯雷斯（Cynethryth，第八世纪佛兰德斯人）及相当重要的艾特尔弗雷德（Aetheflaed）等女王，她是追随源远流长的撒克逊女王传统前进的：

> 被称为"麦西亚人女王"（Lady of the Mercians）④的艾特尔弗雷德……是阿佛列王（King Alfrrd）的女儿。在她建立的新要塞中，沃里克（Warwick）及斯塔福郡（Stafford）是最重要的；在威尔斯作战时，领导她的军队攻陷德比（Derby，英国中部的城市），并接受莱斯特（Leicester）投降。在她于公元九一八年六月去世前，约克郡居民也都表示同意接受她的统治。⓫

通过合并英国并自立为王，艾特尔弗雷德成为少数永久影响历史路线的英国女性之一。同样地，拜占庭的佐伊女皇也是巾帼不让须眉的杰出女性的代表。她的前辈琳伊娜（Lrene）在公元七八〇年掌权，靠弄瞎、囚禁自己的儿子保持王位。这些女性的毅力及寿命都相当惊人——阿德莱德王后长寿到历经五任意大利国王，而其中两位是她的丈夫。不难看出这样一位女性的毅力及寿命给她带来了怎样的政治上的好处,这两项要素确实是使她能够成就这番伟大功业的必要条件。

显然,女君主在所谓"女王时代"为全体女性挣得了若干利益。种种男尊女卑的论调、女子不如男的说法,在这般杰出的女性面前,都不免受到考验。她们作为统治者的功绩,必须被视为"神赐眷顾"的进一步证据。此外,女君主的故事更确凿地告诉我们:没有任何父权体系是滴水不漏、万无一失的,而是都包含着裂缝及缺隙,女人可以通过把握这类漏洞发挥潜力,创造个人及国家的辉煌功绩。

这些女性当然是少数的例外,她们固然是典范,但很难成为一般女性的取法对象。幸而在广大的世界中,一连串鼓舞一般女性的事件使女人相信,她们并不一定非要做女王才能获得男人的尊敬。宫廷爱情在初期近代欧洲的流行,便可视为是对父权体制对女性不公的反抗。宫廷爱情反抗歧视女性的教会,提高女性的地位,肯定浪漫爱情(而非宗教热情)的价值,并歌颂由女性主导的性关系:

> 我想在夜晚
> 拥抱我裸身的情郎入怀,
> 他会感到心醉神迷
> 当我将他的头靠在我胸前……
> 俊美的情郎,迷人而良善,
> 何时我能拥你入怀,
> 躺在你身边,
> 给你热情的吻?
> 知否?我愿付出一切
> 让你拥有我;
> 但条件是,你发誓
> 凡事依我。❾

显然,像狄雅兹(Beatriz de Diaz)——十二世纪普罗旺斯女性,上述情歌的作者——这样的女性,绝不会接受任何将女性身体定义为脏污、或干预女性的独立思考权利的做法。如阿基坦的埃莉诺（Eleanor of Aquitaine）等宫廷爱情女诗人不仅大力抨击女体无用论，还透过女性持久、专一的精神特质，成功地建立了对女性的较高评价。"宫廷爱情诗不只是文字游戏，也是对男权的实际挑战"的事实，可从下述经常发生的事件上看出来：宫廷爱情女诗人的丈夫经常对妻子的"求爱"感到愤怒，并在缺乏通奸证据的情况下，杀死妻子的情人。在这种情况下，宫廷爱情女诗人为了安全，只有将她们的音乐和诗寄托在当时行遍欧洲的众多女性吟游诗人上，或寄托在像玛丽（Marie de France，十二世纪法国女诗人）这类影响整个欧洲文学进程的女诗人上。

等到文艺复兴来临，社会对女性的态度又进一步软化，新态度的精神与旧态度那种歇斯底里的狂叫怒骂自是大不相同。历史上第一位准女性主义者，冯·内特斯海姆（Heinrich Cornelius Agrippa von Nettesheim），正要对倡导男性优越的圣经教义提出抗辩；他的一本题为《女性的高贵与优秀》（*Of the Nobility and Superiority of the Female Sex*, 1505）的书，对《圣经》论女性劣势的权威论述提出了严厉的挑战：

亚当意指地，夏娃代表生命——因此，亚当是自然的产物，而夏娃是上帝的创作。亚当之所以被获准入天堂，只是为了要让夏娃被创造出来……❶

冯·内特斯海姆并非唯一替女性辩护的人。其他杰出男士也提高音量，为女性及女性的求知权、受教育权辩护。外交家、世界主义者及近世宝典《侍臣论》（*The Courtier*）的作者——意大利贵族卡斯蒂利奥内（Baldassare Castiglione）曾以一句话总结新时代精神："心灵的智慧对女性和男性同样必要。"

随着教育快速发展，女性首次握起了笔，并拥有笔的力量，如此一来，女性有许多旧仇要报，自然不令人惊讶。其中最主要的当然就是强迫婚姻这项风俗了，如以下这些十六世纪法国顶尖女作家的文句所示：

老男人亲她,仿佛蛞蝓爬过她迷人的脸……

……与其说他像人,还不如说他像某种动物,因为他有一个非常大的头和一个非常短的肥脖子,可怜兮兮地挂在长着肉瘤的肩膀上……一阵恶臭,从他腐臭脏黑的嘴里传来……

他们一回家就把门关上,大吃起来……在床上,他们戴大睡帽,穿厚睡衣、厚毛袜,头枕在温暖、闻起来有油腻味的枕头上,他们的睡眠伴随着咳嗽及布满床单的排泄物……⑪

最后一段浅白俏皮的文字,是由富有诗才的著名女作家露易丝·拉贝(Louise Labé)所写,拉贝除了是诗人外,还是音乐家、马术家及里昂学派(Lyons School)的作家领导人,她在法国当时最重要的抒情诗领域中称王。由此可见,女性不但在很短时间内取得了认知世界的钥匙,还展现出炫目的多才多艺与知识力量。这些女性主义知识分子先锋当中最杰出者要推皮桑,她是十五世纪意大利学者,在历史、哲学、生物学和诗学上都有杰出表现。尽管相当成功、极负盛名,皮桑却从未抛弃对女性的忠诚,她始终站在女性这边,致力于恢复女性在历史上的地位,为古今的女性辩护。皮桑最执着的信仰就是女性受教育的权利,她在这方面的论述直到现在仍不断被引述、阐释:

如果小女孩都能被送到学校,和小男孩受相同的教育,她们一定能和小男孩学习得一样好,对一切艺术和科学的奥秘都能理解。小女孩甚至可能比小男孩学习得更好,因为女人的身体比男人的柔软,女人的理解力比男人的敏锐……女人能掌握较多事物……⑫

皮桑的平静,与男人的怒火形成了尖锐对照。她是以冷静的态度在打一场艰难的战役,说这场战役艰难,是因为这不是纸上谈兵,说说就算了的,而是实实在在的战斗,涉及战线的重划。从前介于统治者及被统治者之间的"有知识者"与"无知识者"的分界,如今沿着性别线被重新划出来了。随着近代世界的兴起,知识成为通往自由与未来之路,学识因此获得了崭新的重要性——随着学问的再生,它渐渐不再被视为消极的沉思工具,而更多地被看作是解开自然运转之谜的知识利器。新的人文主义者因发现自我的喜悦而振奋,然而他们能花很多时间在"人是什么"的问题上,却从未以同样的热情面对掌握自己前途的新女性的到来。

对一向被剥夺公共空间权的女性而言,解决办法有两个,一是诉诸私领域的工作,一是诉诸教育:但这是女性的逻辑,男性心灵是听不进这些东西的。相反的,男人的思维和努力多数都用在肯定、维持女人无知的原始状态和不让女人受教育上:"女人已经够没脑袋了,再念书会更糟。"

中国人在发明书写之后,又创造出了官僚阶层以统御书写,不让文字工具落入女性手中。西方社会也是一样,千百年来,所有西方文化都有其自身的统御技巧,以确保"新知识"不会落入女性手中。宗教改革因此根本未为女性改革多少,文艺复兴也并未为女人带来新生。人文主义这一信念如今逆转了最初的创造行为——从前是上帝以他自己的形象创造人,如今是男人忙于将自己塑造为上帝。男人既自诩为上帝,于是就需要一个有知识的女人,才能匹配自己的身份。她的任务不是满足男人的求知欲,而是成为一位完美的伴侣/配偶。因此"成就"对女性而言并非意谓个人成就,而是将自己塑造成为贤妻良母,成为男人的贤内助。那么,学识在这种情形下对女性究竟有什么意义?

"女性在婚姻外没有任何地位、功能、未来或希望",这种根深蒂固的想法,解释了何以即使在文艺复兴的"光辉黎明"后仍有诸多反对女性受教育的声音存在。女人好好当贤妻良母就行了,何必念书?让女性念书是白花钱,因为她们再念也念不出名堂,甚至可能有负面影响,因为女人一念书就自高自大、不想结婚;就算她成功钓得一位金龟婿,她的婚姻也可能从一开始就有问题。十六世纪法国历史学家都毕涅(Agrippa d'Aubigné)是位体谅女儿求知欲望的父亲,但他害怕女儿念书的"坏效应":"厌恶做家事……嫌弃比自己笨的丈夫",因此他最终还是决定不让女儿念书。

所以，学识的危险在于它可能会让女人越"界"，而这是男人所不能容忍的。意大利古典学者伊索塔·诺加罗拉（Isotta Nogarola）就是一个例子，她由于天资聪明而在十八岁时被封为"神圣的伊索塔"，却由于身为女性而在二十岁就结束了学术生命。一四三八年，她和她的姐姐吉涅弗拉（Ginevra，也是一位著名学者）被诬告滥交及乱伦，伊索塔精神崩溃，中止了学术研究，逃到维罗那（Verona），此后居住在母亲家闭门不出，将毕生精力都奉献给了经文研读。十六世纪的印度诗人米勒拜（Mira Bai）是另一个例子，她由于进入公共领域，而被控为挑战社会与法律规范。有些人被强制性地送回私领域，如朗克洛（Ninon de l'Enclos，法国名妓），她被关入十七世纪法国的一处女修道院，因为她对伊比鸠鲁学派的研究表现得"缺乏宗教敬意"。英国修女玛丽·华德（Mary Ward）想要为女性建造一座学堂（女子大学的最早构想之一），却遭到天主教会的严厉惩罚——她被关进地牢，后来差点死在那儿。在进地牢之前，玛丽是一位热心传道的旅行家，从这一点上就可以看出天主教会对待独立女性的态度，实与一般男性没什么不同。一旦女性不顾禁令而想将自己的学术研究成果带到公共领域，她所要面对的惩罚往往很严厉：

剑桥，一六五三年十二月。有人向市长威廉·匹克林（William Pickering）打小报告，说有两个女人在传道……他询问她们及她们先生的名字。她们告诉他：她们除了耶稣基督外没有先生，是耶稣基督派她们传道。市长听了大为震怒，谕令保安官将她们处以鞭刑……行刑者将她们上衣脱光，把她们的手臂绑在桩上，用鞭子打她们……直到她们皮破血流。❸

所有这些当然都是个别案例，但日积月累，也会对女性的学习权、研究权、分享知识权，甚至思考权构成严重损害。女修道院的没落是与文法学校及大学的兴起相伴相生的，而文法学校及大学不但不准女生入学，还从一开始就取得了知识的独占权。一三二二年有一起著名案例，一位名叫雅克布·菲丽丝（Jacoba Felicie）的女性医疗者，被巴黎大学医学院以"非法执业"罪名起诉，有六人作证说她做到了专业医师所做不到的事情，而最后这证词不过更加落实了她的罪名。

因此，在人类迈入近代之际，女性在这美丽新世界受教育的机会却从一开始就受到阻遏。女修道院运动即将步入尾声，勤学的年轻女孩不再有女学堂可去，年纪大、受过教育的女人无处可为师，也不再有逃离男人、小孩、尿布和家务的途径，这新知识热潮并没有女人的份。脱离黑暗时代、迈入文艺复兴的反讽之一在于：女人虽然解除了若干污名，却又背负上了另一些污名。女人可能不再被诬蔑为放荡的女阴或善变、迷人心窍、人尽可夫的淫妇；但她仍摆脱不掉她在中古时代的丑恶形象——在市集里受公众嘲笑的无头怪兽。"女性不会因为受教育而变坏"，皮桑这样呼吁。但在这句话得到普遍认同之前，女人能做的只有照顾先生、家庭和婴儿——以及等待。

当我读到被焚的女巫，被魔鬼附身的女性，卖草药的聪明女人，或杰出男性背后的伟大女人，我便想到我们是与一位失落的小说家，一位受压抑的诗人，一位沉默、不为世人所知的简·奥斯汀，一位殚精竭虑、恍恍惚惚的艾米莉·勃朗特（Emily Bront）在同一条路上。说实在的，我会认为那位写了许多诗而未署名的诗人阿侬（Anon，即 anonymous〔无名氏〕的缩写）是位女性。

——伍尔芙

---

❶ Karen Armstrong, *The Gospel According to Woman* (London, 1986), p. 82.

❷ Diane Bell, 'Desert politics', in *Women and Colonisation: Anthropological Perspectives*, (eds.) Mona Etienne and Eleanor Leacock (New York, 1980).

❸ Sheila Lewenhak, *Women and Work* (London, 1980), p. 32.

❹ Anne J. Lane (ed.), *Mary Ritter Beard: A Sourcebook* (New York, 1977), p. 223.

❺ Amaury de Riencourt, *Women and Power in History* (London, 1983), p. 167.

❻ *Paradise Lost*, Book IV, 635 – 638.

❼ Jean Bodin, *De La Demonomanie des Sorciers* (Paris, 1580), p. 225.

⑧ Margaret Wade Labarge, *Women in Medieval Life* (1986), pp. 3 – 4.

⑨ Raymond Hill and Thomas G. Burgin (eds.), *An Anthology of the Provençd Troubadours* (1941), p. 96.

⑩ Viola Klein, *The Feminine Character: History of an Ideology* (1946), p. 91.

⑪ 头一段引文由 Hélisenne de Crenne 所写，她是第一部法文心理小说——*Les Angoysses qui procèdent d'Amour, contenant trois parties composées par dame Hélisenne de Crenne laquelle exhorte toutes personnes a ne pas suivre folle amour* (Painful Tribulations occasioned by Love, comprising three parts composed by Lady Hélisenne de Crenne, who exhorts everyone not to follow the madness of love, 1538) 的作者。第二段摘自 Jeanne de Flore (pseud. Jeanne Galliarde), *Contes Amoureux, touchant la punition que fait Vénus de ceux qui condamnent et mésprisent levray amour* (Amorous tales, regarding the punishment by Venus of those who condemn and scorn true love), addressed "to noble ladies in love" in 1541。第三段来自 Louise Labé, *Débat de Folie et d'Amour* (Debate of Folly and Love)。这三段皆引自 Evelyne Sullerot, *Women on Love: Eight Centuries of Feminine Writing* (1980), pp. 92 – 93。

⑫ Christine de Pizan, *Treasure of the City of Ladies*, trans. B. Anslay (London, 1985), Book. I, Chapter II.

⑬ Joseph Besse, *A Collection of the Sufferings of the People Called Quakers* (2 vols, 1753), I, 84ff.

① 译注：四季节为一年四次、每次举行三天的绝食及祈祷；四旬斋指复活节前夕 (Easter Eve) 之前、星期日除外的四十天；耶稣降临节指圣诞节前的四周。

② 译注：苏菲为伊斯兰教一派，倡导泛神论神秘说。

③ 译注：阿伯拉德为十二世纪法国神学家，以学识渊博、风姿俊逸而知名整个欧洲，后因与少女弟子爱洛伊丝相恋，私自结婚生子，违犯了清规，各自被遣禁于修道院，终身不得相见。

④ 译注：从第六世纪到第九世纪，英国分成七个独立王国，麦西亚 (Mercia) 为其中之一。

第三篇　统治与宰制

"噢，来吧，做我的伴侣！"老鹰对母鸡说：
"我爱飞翔，但我要我的伴侣
栖息在巢里
永远栖息在巢里！"
母鸡说，"我不能飞，
也不想飞
但我爱看我的伴侣，在天空翱翔！"
他们结缡，并哭泣，"噢，这就是爱，我的爱！"
于是母鸡坐下，鹰独自飞翔。
——夏洛蒂·柏金斯·吉尔曼，《婚礼的祝福》

7

妇女劳动

> 我对真实、严肃的历史不感兴趣……每页都是教皇和国王的争吵,与战争或瘟疫的搏斗;男人根本一无本事,而女人则完全不是这样。
>
> ——简·奥斯汀,《诺桑觉寺》(*Northanger Abbey*)

> 自有人类以来,女人就持续不停地工作,世界各地、各个社会都能看到她们劳动的身影。
>
> ——克里蒙西(Heather Gordon Cremonesi)

> 一位非洲女人问,为何她丈夫走路这样轻松而她却要背负重物,她丈夫回答说:"要是我们能遇见一头负载重物的狮子,我就愿意负载重物。"我们要问,他遇见一头狮子的机率有多大?她负担重物的频率是多少?要是她在背负重物时遇见一头狮子,她能怎么办?
>
> ——一位英国教士的日记

一四三一年，只因为穿了男人的衣服，圣女贞德在法国被烧死。下一个十年，中国人南征安南，非洲建筑师和石工开始建造伟大的津巴布韦（Zimbabwe）围墙。十五世纪五十年代，英国人被逐出法国，谷登堡（Johann Gutenberg, 1398–1468）①献给欧洲第一批印刷书，国际学者争相前往宋基王朝廷布杜大学（Songha yempire, the University of Timbuktu）②朝拜。然而葡萄牙人已将贪婪与嫉妒的目光投注在非洲大陆及其他地方，帝国主义扩张是当时的规则：南美的印加人（Incas）兼并较小的王国以满足贪欲；奥斯曼土耳其人将拜占庭帝国消灭，建立自己的帝国；伊凡三世驱逐蒙古人，自立为俄罗斯第一位沙皇。

一四九二年，哥伦布发现新大陆；不到二十年之后，第一批黑奴被送到美洲。其他的发现之旅尚有达伽马（Vasco da Gama, 1469–1525）③和麦哲伦的探险，陆上的内在边界探索则有文艺复兴、新教革命等。在一片混乱中，第一个殖民地——弗吉尼亚州詹姆斯敦（Jamestown，一六七〇年英国在此建立北美第一个殖民地）产生，成为翻天覆地的世界中的一个宁静点。其他地方可没这么平静：葡萄牙人如野火般席卷非洲，摧毁沿途一切文明；英国则落入清教徒及平等主义者手中，王被杀死；在印度，另一个伟大帝国，蒙兀儿帝国，在一七〇七年随奥朗则布（Aurungzebe, 1618–1707）④之死而崩解；而在远东，满洲人凭其势力成功地建立了中国历史上最后一个伟大朝代。

尽管变乱频仍，各地女人依旧恪守她们照顾小孩、犁田喂牛、洗衣烧饭、看顾病弱等职责——就像一些女人至今仍在某些地方做的事情一样。就因为女人几世纪以来始终恪守职责，无欲无求，许多人才视而不见，认为女人做这些工作乃理所当然；女人照养婴儿、煮饭擦地仿佛天经地义，毋须多加关注。女人默默做事，隐身在热闹的舞台背后，实际推动历史的发展，却始终不受人重视。

不单女人的工作不受重视，女人的生活也不受重视，如此一来，女人所做的事自然大多不见于历史纪录。官方文献或许会仔细记载一位农夫每年的生产量，如食用兽肉、牛奶、鸡蛋或谷物产量，却丝毫不问这当中有多少是由他太太的劳动所创造的。这个问题甚至不成为问题——因为妻子属于丈夫，因此她的劳动和劳动成果也是他的，分开计算的观念是不被接受的。于是，只有少数女性的活动可以获得记载——例如寡妇申请法律许可，以经营死去丈夫留下的产业；或被遗弃（或逃跑）的妻子被迫自谋生计——而这些女性并不足以代表大多数劳动妇女。一份女性历史文献碰巧攫取了一些罕有的片段——例如一二九〇年一次大规模财产调查，将帕内尔·波卓（Parnell Portjoie）这位富裕的娼馆经营者载入史册；或一位名叫伊娃·吉法尔德（Eva Giffard）的十四世纪爱尔兰沃特福德（Waterford）的女人，于夜晚潜入羊圈，徒手拔掉二十只羊的羊毛据为己有——但这些都是女性的特例。

然而，这些特别的女人只不过成功地被列入官方名录中，她们的干劲与不平凡的职业却从未得到重视。即便是最草率的女性工作调查，也显示出不仅是女性本身，妇女劳动的范围、质量及重要性都被大大低估了。每个时代的女人都在持续进行工作，不管工作的内容是什么，女人从不怨天尤人。实际上，她们担负了生养后代的工作中较重的部分，她们必须在田间或工厂劳动，还要扮演妻子、母亲、主妇的角色，负担数量与种类皆不成比例的其他工作——家务、社交、医药、教育、情感，以及性。境况越苦，女人越得努力工作以供养家人，并为他们提供最好的环境。例如美洲殖民地的女性就必须比她们的丈夫干更多的活、吃更多的苦。男人的活儿不好干，有地要清、树要伐、田要犁等等；但大部分男人认为筋疲力尽之后的合理代价是不必做以下工作：洗衣、纺纱、编织、缝纫、烤印第安甜玉米、看顾微弱的炭火以及腌鱼、刷地、种植适合本地生长的英国草本植物、把男人从林间抓回的肥火鸡用洋葱和欧蓍草调味、警告孩童留意有毒的野草、教小男孩阅读……还有写信回英国向母亲"报喜不报忧"，一如许多移民者的家书。

在女性先锋开拓新家园的不懈努力中，我们看到女性自人类开天辟地以来所表现出来的艰苦卓绝的精神，在新大陆获得了延续。历史学家及人类学者最近发现了这方面的证据：

早期女性的劳力是费力、无穷无尽、名目繁多而非常辛苦的。若列一

份原始劳动形态表，可以发现，女性付出的劳力是男性的五倍之多。❶

终于注意到女性的成就了？

有鉴于此，我们可以说，"职业妇女"绝不是二十世纪的独有现象，认为职业妇女是二十世纪的独有现象的看法是错误的。例如从墓志铭中可看到，在罗马世界，有不少洗衣妇、女图书馆员、女医生、女裁缝及女理发师。她们的希腊姊妹比较没这么自由，已婚女人尤其少有自由：女人一嫁入夫家，便有如被丈夫囚禁，过着大门不出二门不迈的生活；但即使在那样的环境下，也还是有女护士、女卖草药者、女花环制造者出现。公元一世纪时，据作家阿特纳奥斯（Athenaeus）记载，有三千名女性从事歌伎业。而到四世纪时，在雅典，女性歌伎的短缺还曾造成她们的男主顾为了争夺她们的服务而在街上打架呢。

尽管有压力，做歌伎还是相当享有特权的行业，但世界上多数女人所从事的仍是最下等、最低下的行业。例如在北极地区，女人常生嚼死鸟皮来驱走衣不蔽体的痛苦；她们也腌制较大的兽皮，将其用水浸泡直到动物油及毛发脱落，再将它浸于尿中洗净，然后用动物脑搓揉、整理。据记载，这简直是"最肮脏的制造业"，且"只有女人才干"。

然而这工作对部落生存至关紧要，没有兽皮，就没有靴子、皮外衣、长裤、食物、装水的容器、皮船或帐篷；这工作也要求创造力、精密度及多种技能，不过，从事这类工作的女性却未获得多少地位与尊敬。何况女人还得做粗重活儿——埃及女人造金字塔，吕底亚（Lydia，小亚细亚西部的富裕古国）女人建神殿，缅甸女人开运河，中国女人筑墙建壁，凡此种种，皆足以打破"女人是弱者"的断言。以挑夫这项工作来说，尽管负担很重（据观察，爱斯基摩女人得负担三百磅石头在背上），在俄罗斯及整个东方却被视为是女人的工作。一位到库尔德人（Kurds，居住在伊朗、伊拉克、土耳其相邻多山地区）传教的传教士，曾在一处山隘看见一个女人领着一头载物驴：她把驴背上的重物背在自己肩上，领驴通过；除此之外，她还负载了一百磅重物，并一边走路一边以手上的纺锤纺纱：

> 我常看到女人默默从狭窄山径走下,一个接一个,边纺纱边唱歌……她们背负重物,抱着婴儿,连爬四天山,带葡萄去卖,带谷物回来。❷

这段文字让我们想起妇女劳动的另一个恒久且普遍的特质,即:男人的活儿在日落时结束,女人的活儿却永远做不完。

男人的户外工作在日出时开始,日落时结束。但对女人而言,工作却延长到日落之后,特别是当人造光源首次在史前洞穴中发明后,延长了她们的工时,以致休闲——一天劳动后真正的短暂休息,直到今日仍主要是男人的特权。在纺织机发明前,纺纱工作尤其做不完,遂成为无穷无尽的、辛苦的、无偿的劳动(即一般人认知中的"妇女劳动"的代名词)。男人是绝不会接手这种活儿的,连明智的伊拉斯谟(Desiderius Erasmus,荷兰人文主义者)都坚决相信"卷线杆和纺锤是女人的工具,以避免她们怠惰"。但有一些女人并不感激这种"让她们无聊时有事可做"的美意。等到欧洲步入初期工业时代,女人不再在家纺纱,而到工厂纺纱,受到工厂压迫的情形时有所闻,苦况更甚于从前,如这首中世纪法国的《纺纱工作歌》所唱的:

> 尽管我们每天在纺纱;
> 我们自己却总是衣衫褴褛,
> 饥寒交迫。
> 他们给我们太少面包,
> 让我们早晚都吃不饱。❸

城市女孩也许学习得比在乡下出生、工作、死亡的女人还要多,但或许并没有人记录这些女人的感觉。下面这段文字是对乡下女人工作苦况的描述:

这地方尽管很美丽，女性所受到的待遇却相当残酷：女性被迫耕田、犁地。她们的形貌憔悴，模样很不美丽。日晒、汗水和劳动损坏了她们的肢体和容颜，不到十八岁她们就满脸风霜、弯腰屈背、形体衰败。❶

农民的生活无论在哪里都相当辛苦，不只女人辛苦，男人也辛苦。当哲学家拉布吕耶尔（Jean de La Bruyère）路过工业革命前的法国，他很惊讶地看到"整个乡下……男女像兽般工作，被太阳晒得黧黑……埋头耕耘，累如牛马。到了晚上，他们返回兽窝，吃黑面包、水和根茎类植物"。

拉布吕耶尔的这类观察也有助于澄清二十世纪的另一个假设，即：在"男人的活儿"和"女人的活儿"之间，一直有一条泾渭分明的分界线存在。但事实上，尽管有纺织这类专属于女人的工作，多数的工作仍是由男女共同分担，如一则现代经济分析所强调的：

在农业与工业革命之前，几乎没有什么工作是女人不加入的，再辛苦的工作女人也得做。无论在什么地方，女人都在丈夫身旁，助丈夫一臂之力，为家庭经济贡献一己之力。❺

这段话的意思很明显，就是在农业及工业革命来到之前，男人、女人及小孩是一同工作的。一位到菲尼斯泰尔（Finistère，位于法国不列塔尼）游历的早期旅行家，便曾对该地"所有人一同干活"的景象，留下这则鲜活的记述：

每逢暴风雨来临，天地一片漆黑，海水高涨……当地居民便不分男女老少一起出动……他们光着身子，拿着棒子和长耙，赤脚爬上岩石，冒着大风雨抢救海草。❻

就某些方面而言，这些早期社会所展现的平等主义工作精神，实在值得二十世纪的我们学习。但这些女性海草采集者在这儿所享受到的平等，其实是一种同工不同酬的不平等——她们和男人一块工作，报酬却比男人少。从现存有关工人报酬的记录来看，女人的所得要么比男人少，要么根本一无所得，成了"男家长是供应者"（paterfamilias as provider）这一观念的最大受害者。因此，在十七世纪的英国，在同工情况下，女性所得大约只有男性所得的百分之六十到百分之七十五——一直到今天，这一男女酬劳百分比仍在全世界范围内适用。

另一项不平等是当家庭出现经济危机，几乎总是男主人一走了之，而由女人留下来照顾子女，继续苦战。拖着幼儿、无家可归的可怜寂寞的女性，她们尖锐的哀号充斥在自中古时代以来整个欧洲的教区记录簿上——因住宿通常系于男人的劳力，要是他消失，全家会立刻陷入无屋可住的窘境。

英格兰中西部伍斯特郡（Worcester）的伊莉娜·威廉斯，便是这样一位"丈夫离家，抛下她不管"的无家可归的女性，所幸她只有一个小孩。伊莉娜宣称愿意做任何工作，只要能有房子住，小孩能得到照顾。身为一位标准的"单亲妈妈"，伊莉娜在为住屋搏斗之外，还得面对长工时、低报酬的剥削，这种处境至今仍是许多单亲妈妈正在经历的。

因此，当未婚女性获准拥有家庭外工作的地方，女性往往利用工作来求取婚姻保障，这一点也不奇怪。一位与伊莉娜同时代的法国女孩，在婚约中如此陈述她对她劳动收益的骄傲，以当时女佣的平均收入来看，她的薪水算是高的："珍妮·瓦朗西，农夫之女，以她在布里奥德（Brioude）为人帮佣所得的三十法郎作为自己的嫁妆，外加一件新羊毛裙、一件羊毛上衣，一条草席、一条白色羊毛毯及一口松木箱子。"要知道，当女佣可不是一件简单的事，这在英国文学家佩皮斯（Samuel Pepys, 1633-1703）⑤的《日记》（Diary）中可以看出来。《日记》中明确指出，女佣除了必须应付男主人油兮兮的嘴和毛茸茸的手之外，还必须面对男主人肆无忌惮的暴行。例如，女仆珍只要没将东西放好，佩皮斯便"拿起扫把，把她打得哇哇大哭"。另有一次，女仆延误了替佩皮斯的哥哥洗澡的时间，佩皮斯便要求太太责打她，直到四邻被她的哭声惊动为止——"然后把她关入地窖，让她在那儿待一个晚上。"

佩皮斯自己也承认，他是一个严苛、蛮横的男主人。《日记》记载他不满太太持家，经常唠叨，责备太太。他太太腌火鸡时伤到手、买的鸡太大没法搁进烤箱或家有客人时没多做几样好菜，都会惹得他暴跳如雷，连蘸羊肉腿的酱做得太甜都会惹得他老大不高兴；而佩皮斯也同样承认，他"一有机会"便对太太发火。但可怜的伊丽莎白哪有机会学做家事？她从小没有母亲，跟着父亲到处流浪，童年在有一餐没一餐的窘境中度过。十五岁结婚后，她得不到多少持家费，而佩皮斯自己花钱倒很大方；她和女侍合吃一杯麦酒和一片腌煮猪肉当晚餐，佩皮斯和他的好朋友却享受八道菜大餐，撑得几乎要吐。当伊丽莎白抱怨生活无聊，成日被关在家中，没有机会与丈夫出外游历时，佩皮斯替她想了办法："让她有做不完的家事，省得她想东想西。"当他发现伊丽莎白对他的解决办法并不满意，他气得不得了。

犹太教和基督教把女人关在家里，不让她们与公共领域接触，在这种令人窒息的压迫下，西方社会创造出了大量的室内或家庭工作让女人去做。乡下女人做的工作更多，不但自己做，还要找朋友和小孩一起来做。例如，在夏威夷群岛，修建堤坝的工作便是由波里尼西亚女人负责的。据一位观察者说，这种情形完全符合 D. H. 劳伦斯所说的"除非工作能吸引你/如一迷人的猎物，否则它无意义"这句话：

天还未亮，她们即乘船出发。她们破浪前进，到达彼岸后，将船拖上岸，把婴儿放在榆树阴下，跨进海水，开始工作。她们割下一块块珊瑚礁，丢到岸上，还得小心不要让珊瑚扎到手。工作累了，她们便潜水、游泳，吃鱼和椰子……●

夏威夷气候温暖宜人，户外活动非常常见，居住在这里的波里尼西亚女人所享受到的自由比许多西方女人所曾拥有的自由还要多，但波里尼西亚女人不是唯一享有这种福气的女人。澳大利亚原住民女性每到酷暑便整日徜徉于海水中，除了捉鱼和采集海底植物外，也休闲和玩耍。在缅甸也是一样，尽管女人必须在稻田里辛苦工作，无法指望丈夫付出劳动，但她们仍有机会去享受她们所居住的那块温暖而富饶的地方，和其他女人相处，感受工作的价值，享受劳动的果实，并以她们认为合宜的方式使用自己的劳动所得。

尽管如此，在女人和男人的心目中，女人生命中真正的职责无疑仍是她的丈夫和家庭。从古时候开始，女人就同时涉足在许多不同活动中，有永远做不完的工作和永不休止的劳动日，正像一位犹太贤妻描述那样：

> 她纺织羊毛和亚麻，双手不停地干活儿……她天未亮就起来，做饭给家人吃……她买了一块地，亲手种植出一片葡萄园……她的蜡烛到夜晚也不熄灭……她的丈夫则在城门那儿和一群老人聊天。她制作精细的亚麻制品出售，她制作束腰衣给零售商……她把家事料理得很好，不吃闲饭。❶

纺纱、编织、下田、做一点买卖、理家，让丈夫做自己喜欢的事，不吃闲饭，不睡懒觉……犹太家庭主妇所展现出的这种惊人毅力，与三千年后一位英国家庭主妇所展现出的完全一致。一五五五年，由安东尼·菲茨赫伯特爵士（Sir Anthony Fitzherbert）所撰的《家政之书》（*A Book of Husbandry*），将英国家庭主妇的职责条分缕析：

> 首先把家里收拾整齐，喂牛，挤牛奶……准备好玉米和麦芽让磨坊去烘干和酿酒……做奶油、起士，早晚喂猪……照顾鸡、鸭、鹅下蛋……当它们孵出雏鸟时，注意别让乌鸦和其他有害的动物靠近……❷

这还只是工作的一部分，此外尚有季节性的工作：三月是妇人整理花园的时节……三月是播种亚麻的时节，因此需做除草、犁地、浇灌、清洗、烘干、拍打、纺纱、缠卷、编织等一切工作，家庭主妇还必须将亚麻布制成床单、桌巾、毛巾、衬衫、工作服及其他日用品；若她的丈夫养羊，她则必须做处理羊毛的重复性工作。她的工作尚不止于此——作者指出，男家长是怕女人一空闲下来就会"无事生非"，因此要

让女人始终不得闲:

除了筛选各种玉米、生产麦芽、晒制干草、收割谷物外,还得及时帮丈夫装满水肥车、使用耕犁、堆干草和谷物;而且要上市场卖奶油、起士、牛奶、鸡蛋、鸡、猪、鸭、鹅等。此外尚得采买一切家庭日用品,并向丈夫报账,让丈夫了解她的花销情况。

女人要完成这一系列工作,就不得不付出超人的精力。当然,不是每个女人都会这么做,有些女人生来体弱,根本承担不了这么多工作;也有一些女人精明得很,不是这么容易使唤。安东尼爵士所举的例子显然是比较能干的女人,然而这样的女人在实际生活中未必那么容易遇到。

就算有些女性达不到这些标准,但标准毕竟还是标准,而针对这些工作的训练很早就开始了。一个"有教养的女孩"在十五岁前就要会纺纱、编织、缝纫和制作各种衣服,即使是最极力禁止教导女孩读书的圣礼规范,也主张她们一定要会四则运算,因为这样才能帮丈夫记账。以文艺复兴时期的一位意大利父亲为例,尽管他严格遵循旧传统,认为除非女儿决定当修女,否则不必浪费时间念书,但他也给女儿列出了一长串学习清单:"家里的每件事情她都要会,无论是做面包、清理阉鸡、烧饭洗衣、铺床、纺纱、编织法式小钱包、刺绣、裁剪布料还是制作鞋样,这样当她出嫁的时候,她才不会看起来像个刚从旷野里钻出来的傻瓜。"——在这里,切塔尔多(Paolo de Certaldo)的语气与安东尼爵士的口吻完全相符,显然女人的活儿是永远做不完的——且既然十二岁是女孩结婚的法定年龄(整个欧洲直到十九世纪都是如此),这些小女孩就注定要拥有一个十分忙碌的童年。

为了应付婚后的生活,她们得学习一切技能。前工业时期的每位妻/母都具备十八般武艺,否则难以善尽到女人的职责:

供应食物及酒

一位家庭主妇必须懂得屠宰牲畜,才能为家人提供肉食。她唯有了解整个制面包的过程,才能为家人提供面包。在每个国家,女人同时也是酿酒者,在北方地区,她要酿麦酒和苹果酒;在南方地区,她要酿葡萄酒;而非洲安哥拉吉萨马族(Quissama)女人更得爬上椰子树采椰子——因为要酿造珍贵的椰子酒。

制造家庭用品

在商店诞生之前,市集通常太远或商品太贵,女人因此必须学会制造包括锅碗瓢盆、窗帘、床单、吊床、地毯、蜡烛在内的一切家用品。她们也做衣服,从婴儿的肚兜到男人的大衣都做——"裁缝"的工作到后来才推广为男人的职业,虽然男人对于接受这项工作并未表现出多大的热情。

医疗、看护与接生

人难免生老病死,因此医疗、看护及接生的工作不可或缺。尽管这些工作很早就有专门从业者,但专家不是索费太高、住得太远就是抽不开身,无法及时前来救死扶伤。女性因此得掌握一些医疗、看护和接生的本领,以备不时之需。

以安·哈钦森(Anne Hutchinson)为例,安是挑战早期美国教会权威的宗教激进分子,十七世纪时在波士顿目睹女性为工作所缚而无法参加主日礼拜,从此踏上了传教之路。于是,在广为殖民地女性所知的护士、助产士身份之外,她又多了传教士的身份,将上帝的福音带入每个寻常家庭。殖民地有在一六三〇年随着护航船队过来的官方助产士,在航行中,助产士不可能事先知道八艘船中的哪一艘需要她的服务;当阿尔贝拉号(Arbella)上的一个女人开始阵痛,这艘船就会发射一阵炮击信号,示意远在前方载着助产士的珍宝号(Jewel)减速慢行。当阿尔贝拉号终于赶上珍宝号,勇敢的助产士便扎紧裙子,爬下船的边缘,换乘一艘大艇,横穿令人恐惧的大西洋面,登上另一艘船接生婴儿。这位技术与勇气兼备的女性不得不负担相当多女人的接生工作,而殖民地女性多在十八岁前成婚,且往往不止生一个小孩,区区一位助产士实在无法应付所有的生产。

从安这样一个聪明又务实的女性的故事里,我们也可以看出,身为持家者的女性的一生要经历多少颠沛。包括印第安文化在内的许多文化都视女性为家的守护神;犹太母亲在安息日会受到表扬;而一向低声下气的英国女人在收获节欢宴时则尊贵如女皇。但这些女人并不是每天都这样风光,她们通常过的是辛苦黯淡的日子。就以洗衣来说,这工作可是吃力不讨好,因为有各式各样男人、女人与小孩的衣物:衬衣、帽子、围巾、领带、束腰、男用短外衣、饰纱、内衣、衬裙、床单、围裙、毛巾、抹布……林林总总,洗起来怎一个累字了得。

不管怎么说,家庭主妇既然身负维持家庭卫生的重任,就必须注重清洁。如果积极一点思考这个问题的话,那么据说香皂和洗衣粉都是女性发明的,而牙刷和牙膏是美洲殖民地女性发明的。但总的来说,不快肯定比愉快多。大家都知道,中世纪女人是以混合迷迭香、芸香和甜薄荷的蔺茎来擦地板,却不知地板上的东西有多脏,据伊拉斯莫斯形容:"地板上什么脏东西都有,啤酒、油、香粉、骨头、唾沫、猫狗粪便,各种陈年污垢都有。"

比这更难的,必定是清理一家的排泄物了。清除马匹秽物的可能是男人(在印度称之为"贱民"),但在每个家庭,清理家中秽物、打扫厕所的,则必定是女人。女人当然还得处理她们自己的秽物,用煮沸法清洗生理期用"布"的行为一直到二十世纪还存在;因此,可以想象,在一个家庭里,女人清洗生理期用"布"是一件多么常见又多么不可避免的家务事。

凡此种种,与其说是家务事,还不如说是妇人之事。妇人之事涵盖了一切女人必须为丈夫做的事,生理之事、性事等令人恶心的事。女人一结婚就得做这些事,因为丈夫一定会要求她们做。男人视太太如婢女的情形,可从以下这段对法国中部旧省奥弗涅(Auvergne)的一个贫穷农村的描述中看出来:

太太比丈夫晚上床、早起床。若下雪，太太必须清出一条通向水池的路，无论雪有多深，她都必须清出一条路来。男人亲自提水会被人看轻，成为全村的笑柄。这些乡下人极端轻视女人，视女人为野蛮人。他们视她们为奴隶，天生该做卑贱低下的事。⑩

提水还好——毕竟女人自己也需要用水，但说到为男人洗脚，这可就纯粹是为男人服务了。《圣经·新约·路得记》里，抹大拉的马利亚（Mary Magdalene）为耶稣基督洗脚的画面，可以说见之于世界各处；洗男人的脚是标准的妇人之事，是女人为男人进行服务的典型形式。几世纪以来，在欧洲极具影响力的法国《兰德里塔骑士之书》（*The Book of the Knight the Tour Landry*, 1371），便主张为丈夫洗脚是"珍爱丈夫"的象征。在地球的另一端，日本的《枕草子》也同样强调妻子应为归来的丈夫洗脚。妻子可以把这项工作交给女佣去做，但如果她确实想讨丈夫欢心，就应该亲自完成。

不只为丈夫洗脚，一位尽责的妻子还应为丈夫做全身清洗、梳理与按摩。在这样一种探险过程中，伊丽莎白·佩皮斯掏出了十六只虱子，证明了她的丈夫除了善于治军外还善于养虱子。修面、洗脸、按摩及手淫也是妇人之事的一部分，如以下这个印度迈索尔省（State of Mysore）女人的例子所示：

女人应服侍她们的丈夫、儿子、亲戚与爱人，随叫随到。当男人完事之后，女人要清洗他们的私处；男人只需要喊："我要洩了！"女人就必须前去照应。⑪

所幸并非所有妇人之事都是这般私密。许多妇人之事能带来某种程度的自由，让妇女得到在公共领域做买卖的机会——妇女要是发现这一星期她养的鸡下了太多蛋，就大可把鸡蛋带到市集去卖给另一个女人。从古至今，无论在哪里都能见到一批女人，或出于个人兴趣，或由于环境所迫，将生意经营得有声有色；这种现象是如此常见，足以使另一个二十世纪的断言"现代女性首先是在家庭外工作的女性",变得毫无意义。

女人不但能制作商品,也懂得交换它们。在很多地方——如尼加拉瓜,女性不只从事贸易,而握有对整个商业的绝对控制权……在西藏,商业是由女性组成的审议会来加以规范的……北美毛皮业一直到十九世纪都操控在女人手中……无论在美拉尼西亚(Melanesia)⑥、大不列颠或汉诺威(Hanovor)⑦……在阿萨姆、曼尼普尔(Manipur)⑧……在马来半岛……在缅甸,一直到二十世纪六十年代,大部分零售业和批发业都是由女性操控的。⓫

女人掌握最高商业权的地方是非洲:"在非洲刚果和喀麦隆,女性负责管理贸易站和市集;奈及利亚伊布人(Ibo)的市集由女性主导的女性审议会来加以统辖。"这段带有母权体制痕迹的话语也指出市集作为女性会面、沟通情感、交换消息和情报的场所的重要性;由于有市集这个传话地点,讯息才得以流通。

在西方的严寒地带,许多女性将精力贡献给室内工作,成为精致手工艺品制作的佼佼者,像制手套和制马刺都是女性擅长的工作。十六世纪诗人维庸(François Villon)便曾在诗中歌咏一位名叫凯特的制马刺者。女人之所以能跻身于这类门户森严的工种,主要是通过男人引荐,正像这张十六世纪德国女性获准从事的职业列表所显示的那样:

朗特孟尼恩,铁匠;凯萨琳,安德烈·克雷默之遗孀,园丁;凯萨琳·雷蓓斯托尔克金,铁匠;阿格娜丝·布劳马汀,汉斯·赫尔汀海姆之遗孀,车夫;凯萨琳,黑尔·亨塞尔之遗孀,米商;冯奥尔登柏格,奥伯林·鲁林之女儿,裁缝;凯萨琳,海恩利希·胡森柏尔兹之遗孀,造桶业者。⓬

不过,这类职业通常赚不了什么钱,只有少数女性能加入,且即使加入了也无法成为工会正式会员。不成为工会正式会员，就无法在工会任职，也无法在工会发出自己的声音。有些女人不耐烦，于是采取行动，但行动显然不被容忍，这从一连串女性的法律行动及请愿上可略知一二。同时，女性商人还遭到其他形式的歧视——无论过去还是现在，职业妇女都经常被控抢走了男人的饭碗。更令女性受不了的是，在同工的情形下，女性的酬劳一定比男人少；理由是女人不像男人那样需要工作，女性工作较慢，生产出的产品较少，吃得也较少，因此不需要那样多酬劳也一样能过活。

然而，终究没有什么能阻止女性发挥她们的天赋潜力和智慧，而历史文献中处处可见的职业妇女身影也显示，在社会"说"的与社会实际"做"的之间，存在着相当大的差异。女性自古以来就不断发挥潜力，投入工作，力图限制女性活动的父亲和工会立法者们，实际上是在奋力抵抗一项他们抵挡不了的潮流：妇女劳动对经济的重要性正与日俱增。妇女劳动向来被认为是边缘的（女人工作是"赚买化妆品的钱"的说法至今仍然屡见不鲜），但事实上妇女劳动是重要的、不可或缺的，不论就妇女的直接生产（编织是一个很典型的例子）或间接生产（女人从事家务以增加男人的劳动收入）而言，都是如此。

由于少了丈夫的压力，孀妇能自由行动，在工作上的表现往往更令人刮目相看。精明能干的女商人就像从前的修女一样，显示出一群不接受男尊女卑的传统说法、自力更生、终于在事业上有所成的女性正在兴起。就以爱丽丝·切斯特（Alice Chester）这位十五世纪末的优秀英国企业家来说，她远赴佛兰德斯（Flanders，欧洲西北部地区）及西班牙等地从事羊毛、酒、铁及油的贸易，除了神以外不服从任何人；她为神在教堂建了一座祭坛，这既可视为其信仰的虔诚，也可视为她在商业上所做的投资。并非所有女商人都像爱丽丝这样成功，英国中部科芬特里的玛杰里·罗素（Margery Russell of Coventry）就被西班牙桑坦德（Santander）的男人抢走了价值八百镑的货物，从此一蹶不振；阿涅丝（Agnes de Hagemon）这位酿酒商的命运则更惨，她在倒酒入桶时不慎跌入桶内，被严重灼伤而死。阿涅丝的命运被记载在一二九六年十一月的验尸官报告里。附带提一句,这酒尽管很脏,却还是以二点五便士的价钱卖掉了。

这两个例子说明,女人从家庭跨入公共领域,是要承担一定风险的;然而许多女性还是不顾一切地跨入了公共领域,且不只跨入商业和贸易,第一批女性专业人员也在这时诞生。自十一世纪内科医师兼妇科医师特罗图拉(Trotula)首开先河后,不少女性追随她的脚步,立志要当医生。特罗图拉和她的同事们,"萨勒诺的女士们"(Ladies of Salerno,萨勒诺为意大利南部城市)建立了中世纪第一所不在教会控制下的科学研究中心,她的若干学说也相当激进——例如她认为不能光谈女性劣势,男人也有其劣势——但她最受欢迎的一本书,却是流传数代不衰的《女人的疾病》(The Diseases of Women)。不过,这本书的作者经常被认为是男性,此人不是特罗图拉的丈夫,就是其他男性医师。这类不公是女医师经常得面对的。例如,在一二二〇年左右,全世界数一数二的巴黎大学医学院就曾制定规章,禁止女生申请就读,并设法只让自己的毕业生执业;一四八五年,法国的查理八世颁布谕令,收回允许女人担任外科医师的权利。这类手段证明许多有志学医女性的存在,其数目多到必须借助法令来解决这一问题。

女人还是有办法的。她们想出的办法有:申请个人执照,像特罗图拉的"萨勒诺的女士们"那样彼此学习,或搬到对女人较少歧视的地方。借助这些办法,再加上胆量和勇气,若干女性便能在医学界获得成功,从而打破"医学是男人专利"的观念误区。例如,一三八九至一四九七年间,单是在法兰克福一地,就有十五个持有执照的女医生执业,其中包括三个擅长阿拉伯眼科学的犹太女性;十五世纪时,已有德国女性在大学里教授高年级医学理论;而到十六世纪时,一位瑞士女性妇产科医师发明新的剖腹生产技术,改良了自凯撒大帝时代以来在男性手中几乎毫无进步的技术。

这位女性,伯恩的玛丽·克林勒(Marie Colinet of Berne),是第一位使用磁铁从病人眼睛里吸出一片金属的医生,这项突破性技术直到今天仍在使用(这项成功的革新后来被当成了玛丽的丈夫的功劳,即使这项手术的唯一纪录是她丈夫观察她执行手术时所写的报告)。在意大利也一样，尽管有些大学已步法国后尘而禁止女性入学，十四世纪的博洛尼亚大学却已有聘请多洛蒂亚·博奇（Dorotea Bocchi）继承她父亲成为该校医学及伦理学教授之例。博洛尼亚大学还同时聘请了二十五岁的玛丽亚·狄·诺维拉（Maria di Novella）做该校数学系教授及系主任，并以此博得了礼遇女性的美名。这所大学始终致力于培养女医生，第一位女性病理学者也于一五二六年在那里去世。通过不断实验，这位先锋发展出了一种"抽出血液，代之以有色染液"的革命性技术，使循环系统可以得到彻底研究。"由于过度劳累，"据她悲伤的未婚夫记录，她只活到了十九岁。

不过，女人对医学的贡献始终如明灭不定的火光，易因男人的威胁而熄灭。随着近代世界的成形，女人所从事的能称得上稳定的唯一工作，就属那些男人无法从事的职务——那需要有一副女体、胸部和阴道的工作，即演戏和娼妓。由于演戏和娼妓都需透过身体工作，因此它们在历史上经常被混淆，并非巧合。

这两者中，演戏在一开始算是女性不小的成就，因为女性在许多地方受雇为演员，打破了一项长久以来的积习——即戏剧中的女性角色向来是由男性扮演——这项习俗可追溯至希腊戏剧发源之时，女性颇费了一番工夫才登上舞台。最早出现在伦敦舞台上的女人——一个由几个法国女演员组成的到处巡回演出的剧团，便差点让伦敦城陷入暴动。一位叫威廉·普林（William Prynne）的清教徒领袖以恶毒的口吻描述该事件：

几个法国女人，或该说是怪兽，在一六二九年米迦勒节（Michaelmas）⑨这一天，想要在黑衣修士会（Bkacjfruars）⑩的剧场演出法国剧；这个企图简直厚颜、无耻、大胆、鲁莽、邪恶透了。⑪

普林不是唯一持这观点的人，这群法国女演员同样无法获得一般伦敦观众的认同，而是被喝了倒彩。

比"嘘"声更具破坏力的，是女演员这个行业经常被拿来跟女性最古老的行业——卖淫相提并论。女人过独立生活、视婚姻为可有可无、经济自主、展示身体给任何付得起两便士的人看——这样的人不是娼妓是什么？若这位女性是热情、固执、专横的女演员，有男友却依旧过着独立生活，那她跟娼妓之间的联系就更明确。著名的伊丽莎白·巴里（Elizabeth Barry）就是这样一位女演员，她虽曾在舞台生涯中创造过百余个角色，但公众从未曾转移对她繁复多样的性生活的注意力；当她演出《情敌》（*The Rival Queens*）时，由于太过入戏而一刀刺往情敌背部，对情敌造成重伤，但观众这时看到的不是她的入戏，而是一幕娼门大战——两名交际花为一名客人争风吃醋。

伊丽莎白·巴里及其他第一代女演员，就像数世纪后勇于"西进"的美国女性一样，是边界上的女性。在英国复辟时代（一六六〇至一六八八年），与巴里、她的竞争对手和同僚一同开拓艺术边界的，是那些靠智力和勇气工作谋生的女性。在众多曾经写作或想要写作的女性当中，阿芙拉·本（Aphra Behn）是最出类拔萃的一位。她不是近代第一位女作家——在极艰难状况下写作的美国诗人安妮·布莱德斯特律（Anne Bradstreet）及其他一些人的写作时间都在阿芙拉之前——但她无疑是第一位以职业作家身份写作谋生的女性。在将近二十年的创作生涯中，这位勇敢聪慧的女性、前女家庭教师、间谍、旅行家，成功地征服了从前完全由男人把持的戏剧界。在十七世纪八十年代，她就创作了十出剧作，外加十首长叙事诗、五本法译英译作及五本小说，并因此成了另一个"第一"——第一位英文小说家。当然，人们依然说她是娼妓。

由于娼妓这个词被用得太泛滥，到最后这个词连对真正的妓女都失去了杀伤力——查理二世的一位情妇，普特茅斯女公爵尼尔·格温（Nell Gwynn），听见别人以娼妓一词侮辱她时，坦然答道："对我来说，这是我的职业，我从不隐瞒。"尽管道德家不以为然，但想必全世界有许多女性会支持尼尔的观点。自有历史以来，不知有多少女性投入娼门，不只当妓女，也当妓院老板：一五〇五年时遭教会法庭惩处的伦敦岸边区（London Bankside，泰晤士河南岸）的十位妓院老板中，有四位是女性。从娼毕竟是项生计，且能带来不少好处，而其中一项好处无疑就是不必受值得尊敬的已婚女人所受的那种钳制。当然，没有一位妻子会这么认为——妻子与妓女均视对方为小可怜，是在无情男人手中讨生活的低下人物。

从我们今天这个讲究性平等与经济平等的时代来看，我们很容易会误解前工业时代的妇女劳动经验。事实上，前工业时代妇女的工作尽管辛苦、冗长而繁重，却未必一定具有压迫性，这从妇女从事劳动时所表现出的热诚、干练与企图心中可以看出来。事实上，工作能为女性的多余精力提供发泄出口及强大的能动性、自主性、平等性和经济独立性。尽管男人掌控土地，女人在农事上所扮演的重要角色却无人能否定；且女人负责管理农产品——无论是在家庭的小层面，还是经由商业、贸易对利润进行分配的大层面。因此，实在说来，男人和女人在从事农耕方面扮演着彼此搭配的角色，彼此互为对方的合伙人。女人在家庭与工作中都占有重要的地位，这样的女人可以是骄傲、自足、强壮而自由的。这听起来非常美好，简直不像是真的，但确实是真的。然而随着机器时代来临，这样的美好事实一去不返，仿佛它根本未曾存在过。

❶ W. I. Thomas, *Sex and Society*: *Studies in the Psychology of Sex* (London, 1907), p. 124.

❷ 有关妇女繁重的工作，包括这一负重片段，见 Sheila Lewenhak, *Women and Work* (London, 1980), pp. 49, 77, 88, 122-123。

❸ Ibid., p. 111.

❹ Julia O'Faolain and Lauro Martines, *Not in God's Image*: *Woman in History* (London, 1973), p. 272.

❺ Viola Klein, *The Feminine Character*: *History of an Ideology* (London, 1946), p. 9.

❻ Jacques de Cambry, *Voyage dans la Finistère* (1799); Julia O'Faolain and Lauro Martines, *Not in God's Image*: *Woman in History* (London, 1973), p. 272.

❼ Sheila Lewenhak, *Women and Work* (London, 1980), pp. 42-43.

❽ Proverbs, 31, 13-27.

❾ Julia O'Faolain and Lauro Martines, *Not in God's Image*: *Woman is History* (London, 1973), pp. 265-266.

❿ Le Grand Aussy, *Voyage d'Auvergne* (Paris, 1788), p. 281.

⓫ Allen Edwardes, *The Jewel in the Lotus*: *A Historical Survey of the Sexual Culture of the East* (London, 1965), p. 250.

⑫ Sheila Lewenhak, *Women and Work* (London, 1980), pp. 124.

⑬ *Le Livre de la Bourgeoisie de la Ville de Strasbourg* 1440 – 1530, (ed.) C. Wittmer and C. J. Meyer (3 vols, Strasbourg and Zurich, 1948 – 1961), I, pp. 443, 499, 504, 822, 857, 862, 1071.

⑭ J. Q. Adams, *The Dramatic Records of Sir Henry Herbert* (New Haven, Oxford and London, 1971), p. 69.

① 译注：谷登堡，德国印刷业者，据传为第一位使用可动字模印刷的欧洲人。

② 译注：宋基王朝为西非古王朝中最大的一个，公元七百年由柏柏尔人（Berbers，北非一土人种族）建立，一五九一年毁于摩洛哥人的入侵。廷布杜为西非大城，十一世纪时建立，至十四世纪时成为西非地区主要商业中心之一，以黄金生意闻名；十五至十六世纪时，廷布杜是宋基王朝下一个繁盛的伊斯兰教教育中心，有百余所神学院和一所大学。廷布杜在一五九三年遭摩洛哥人围城，从此再也无法恢复其领导地位。

③ 译注：达伽马，葡萄牙航海家。他于一四九七至一四九八年间发现绕过好望角到印度的航线，是第一位抵达印度大陆的欧洲人。

④ 译注：奥朗则布，一六五八至一七〇七年印度蒙兀儿帝国末代皇帝，沙贾汗（Shah Jahan）的儿子和继承人。他信奉伊斯兰教，打压印度教，因而招致印度教徒反抗，种下王朝毁灭的祸根。他死后没多久王朝即告毁灭。

⑤ 译注：佩皮斯，英国政府官员，英语世界最伟大的日记作者。佩皮斯一生历任海军重要官员、海军上将大臣、国会议员及英国科学院院长等，退休后撰写回忆录，死后出版，即文中提到的《日记》一书。《日记》记述了一六六〇年一月至一六六九年五月之间发生的事，写出了一位聪明、有抱负、爱玩乐的年轻人的日常生活与沉思，对早期复辟时代的社会生活与状况有许多具体刻画。

⑥ 译注：美拉尼西亚为澳大利亚东北部群岛。

⑦ 译注：汉诺威为德国北部城市。

⑧ 译注：曼尼普尔为印度中央直辖区。

⑨ 译注：米迦勒节为九月二十九日，是基督教会纪念圣米迦勒和所有天使的节日。在英国为四季结账日（quarter day）之一。

⑩ 译注：黑衣修士会又名道明会（Dominicans），即多明尼克教派，一二一六年由圣多明我（St. Dominic）在意大利创立，目的在于培训天主教的捍卫者。

8

革命，伟大的引擎

> 每次革命本身都包含着某种邪恶的东西。
>
> ——埃德蒙·伯克（Edmund Burke）

……在每个家庭里，女人和小孩都忙着制弹药筒、造子弹、做皮夹、烘饼干、哭泣和悲叹；而与此同时，女人还得鼓励自己的丈夫和儿子为自由而战，尽管她们不知道她们是否还能再看到他们……

——一七七四年美国独立战争莱辛顿第一场战役目睹记

对我们而言，工作是做不完的，不只流汗，而且流血，我们的手不停劳动，不停劳动。

——玛丽·科利埃，《妇女劳动》❶

革命无法规避。

——本杰明·迪斯累里（Benjamin Disraeli）

丈夫，家，家庭——多少个世纪以来，女人的生活一直围绕着此圣三位一体（holy trinity）打转，在安全而少有变动的家庭生活中，延续了一代又一代。然而，天下没有永恒的事物，系统会坍塌，万丈高楼会被夷为平地。当事物不仅改变，而且变得面目全非时，生在这样时代的女人就得面临考验了。她们面临双重挑战——既要奔向新事物，又要紧守旧价值；一手举起向新时代敬礼，另一手却依然推着摇篮或在犁田。即使革命闹得沸沸扬扬，人们还是需要食物、爱、温暖、庇护、光明与活力，女人仍得打起精神来料理家务。

不过，一旦有必要，女人依然能上战场奋勇杀敌。因此，我们可以看出，女人在战场上是多么英勇，她们并不为"女人体弱"的观念所限。以美国独立革命为例，自美洲响起第一声革命号角起，女人便不离前线，无论在实际参与或是独立思想的宣传上皆贡献良多。一六七六年的培根叛乱（Bacon's rebellion）①中，首先召集同志、为革命奔走的正是一位女中尉；而另一位叫莎拉·格伦登（Sarah Grendon）的女性，由于在叛乱中承担重要任务，而在后来的特赦名单中被除名；另一位"莎拉"——弗吉尼亚州詹姆斯敦的莎拉·拉蒙德（Sarah Drummond），则在被逮捕后以折断树枝的强硬姿态表明："我不怕英国势力，就像我不怕一根被折断的树枝一样！"叛乱失败后，莎拉不屈不挠的毅力依然是其家人的支柱，遭英军没收的家宅在莎拉的多次请愿下方得取回——毕竟此时仍是英军占优势的时代，英军遭到挫败还是一百年以后的事。

到美国独立战争正式爆发，女人更是为战争出了不少力。所有殖民地女性都渴望见到男人扛起枪，贪生怕死者是会让女人瞧不起的。一七七五年十月二日的《纽约公报》刊登了一则故事，叙说一群聚在一起缝花纹棉被的年轻女孩，剥掉了一位年轻的亲英分子的上衣，将他浑身涂满蜜糖和杂草以示惩戒。当时还有传闻说女人自组兵团，穿上制服，在危急时刻显示出了"阳刚之气"。女人发出了英雄式的呼喊：艾丽莎·维尔金森（Eliza Wilkinsion）曾写信呼吁所有为人妻者鼓励其丈夫上战场，因为"若我有位不肯为国上战场的丈夫，我相信我会打心眼里鄙视他"。

尽管这类宣传的收效并不小，但也不是所有人都相信。莎拉·霍德金斯（Sarah Hodkins）是位有两个孩子的二十五岁母亲，当她丈夫在一七七五年奉命参加围攻波士顿之战的时候，她的第二个孩子才刚出生。她没法忍受丈夫不在身边的窘境，写下了"我几乎天天找你，但除了麻烦与失望外，我什么也没找着"这样的句子。她还写讥讽的信给丈夫的指挥官——"告诉他我在这些凄冷的夜里心里有多么想他"；她指责丈夫抛弃妻儿："我们的小可爱有六个月大了，但他没有父亲。"除此之外，莎拉更使用她所能使用的一切力量，阻止丈夫继续参战，原因在一七七七年九月八日《康乃狄克州新闻报》的呼吁中表现得非常明显：

尽管政府宣称战争期间民生用品照常供应，但在我们的许多城市，贫穷军人的妻子沿家挨户乞讨生活必需品却什么也讨不到的情景，仍不时可见。这是怎么回事？

再英勇的战士也受不了这样的窘境。一七七九年，塞缪尔·格洛弗（Samuel Glover）中士在转战多处却领不到薪水后，号召同袍兄弟反叛，但最终被枪杀。他的遗孀向美国议会请求补助，并质问道："我要你回答我，丈夫受尽了贫穷和压迫，他的家人也得不到正义，这教人情何以堪？"

对像格洛弗太太这样的妻子而言，失去丈夫不仅意味着失去一个伴侣、情人和朋友，而且意味着失去了家中的栋梁。不过，对一些人而言，失去另一半却意味着再婚的机会，不少殖民地鳏夫就是这样——往往床还没冷，就已经迎新妇进门。不过，对家有儿子从军的母亲来说，事情往往没这么简单，因为儿子是无法取代的，失去儿子的伤痛难以平复。在著名的利文斯顿家族②，一位叔叔说："难怪华盛顿先生支撑不住——有哪一位爸爸舍得让儿子去送死呢？"他还当着侄子母亲的面告诉侄子："无论父母同不同意，你都该去从军。""这时，"据一位旁观者记载，"在场女士听了都觉得这话非常刺耳。"利文斯顿夫人的恐惧是不难理解的，这从一七七六年九月十三日的一场战役后，军队里的牧师对一个年轻伤兵的最后遗言的记载中可以看出来：

你能请我母亲来吗？要是她能在这儿照顾我，我就能好起来；噢，我的母亲，我多么盼望能够看到她，她反对我从军，我现在非常后悔，请让她知道我很后悔。❷

提出这些，并不是轻视美国女性对独立战争的巨大贡献。事实上，美国女性对于独立战争着实助益良多。她们支持一七六九年禁运案（禁止所有英国茶、贵重物品、丝、缎子及黑呢进口），对早期抗争起了关键作用，她们也对随之而来的布匹不足做出了补偿：马萨诸塞州米德尔敦（Middletown）的女性在一七六九年织出了二万零五百二十二码布，而宾州兰开斯特（Lancaster）的女性更在同时间中织出了三万五千码布。美国男人十分明白"女炮手"的力量。联合抵制行动进行到后期，北卡罗来纳州伊登顿城（Edenton）的"主妇"们通过提出一项正式决议案来落实国会的决定，"采取美洲殖民地的美国女性最早的政治行动"，她们的行动获得了广泛的赞扬，并被众多媒体报道。

女人的行动并不止于联合抵制而已，当战争开始，女性还有更英勇的行为出现。在英国，其代表人物是英国指挥官之妻哈里特·阿克兰夫人（Lady Harriet Acland），她由于营救丈夫出狱而赢得了崇高声誉。她驾驶一艘小船，在夜间沿哈德逊河而下，突破敌人防御，在天亮时冒险进入敌营救出丈夫。更令人惊奇的是，约翰·代克·阿克兰（John Dyke Acland）尽管受伤严重，但在妻子哈里特的悉心照顾下，不但回到英国，更是奇迹般地康复了。

同样英勇的还有另一位英国指挥官之妻巴洛尼斯·里德塞尔（Baroness Riedesel）。她带着三个不到五岁的女儿到美国寻夫，终于排除万难见到了丈夫；她还一度差点被子弹打死；更有一回，她和丈夫、孩子们及一群英国兵在一个地窖里不吃不喝地躲了六天。女人也能打仗。殖民地女英雄玛丽·路德维格·海斯（Mary Ludwig Hays）便曾因为在炮火声中带水给炮手，而赢得了"水壶玛丽"的美名。当她的丈夫——一位炮兵中士被击中而负伤之后，她干脆代夫上战场，其勇气一时传为美谈。当炮弹穿过她两腿中间，撕裂她的衬裙时，她只是往下一看，以轻描淡写的语气说：幸亏炮弹不是从高处穿过，否则就没命了。说完又继续打仗。

英美两地女性在美国独立战争中的高度参与，与她们的祖先在前一个世纪的英国内战（English Civil War）③中所扮演的角色形成了有趣的对比。我们轻易就能看出，新世界里自由的、无拘无束的生活及殖民地生活的稳定，使得新世界的女性更乐于对社会做出贡献。但在残酷的英国内战中，"支持国王"或"支持国会"的决定则是由一个盘根错节的关系网络决定的。战线一旦划下，往往会造成至亲反目、好友成仇的局面。

在这种状况下，女性利益团体极难形成，即使形成，也往往发挥不了什么作用，女性请愿就是最明显的例子：一六四九年，四名议会激进分子被逮捕，女性请愿风潮随之爆发；连续三天，大批女性（约有数百人）来到议会，向议会请求将这四名激进分子释放，却遭到军警驱逐，并遭到来自议会的严词驳斥：

她们对请愿的事情根本不了解。议会只对男人负责，因此希望她们回家，料理她们自己的事情，照管家务事。❹

女人当然很有理由悲叹"我们也是由上帝的形象所造，且对上帝十分虔敬……但为什么我们在议会眼中竟是如此卑微"，但在如今的革命年代，女人终究必须承认，尽管在新的民主时代一切平等，男人依旧比女人更有权。

具体行动不成功，女性仍有许多个别行动展开，失势的保皇党员尤其活跃。"说实在的，女性从没像现在这样重要过。"一位被迫害的地主在写给拉尔夫·维尼爵士（Sir Ralph Verney）的信中这样说道。贵族女性代夫出征，一变而为英勇的女战士，为保卫自己的利益及财产而战。在许多使人感动的例子中，最动人的一个是在一六四三年占据科夫堡（Corfe Castle）抵抗议会势力的玛丽·班克斯夫人（Lady Mary Banks），她与她的女儿、女侍及五个男人联手抵抗围攻者，以石头、沸水及火炭让对方落荒而逃。这种英勇行为当然不是上层阶级的专利，尽管贵族女英雄更可能在历史上留名。内战中还有许多未被歌颂的女英雄,如在最著名的莱姆(Lyme)攻防战中,便有众多女性参与。女人在白天要协助男人打仗,到夜晚要守夜,让男人休息。她们的努力受到一位当地诗人的热烈称赞,诗人在以下这首诗里表达了对她们的敬佩:

多数人都知道
女性是强者……
啊!如今保卫莱姆的是谁?可怜的女性同胞
她们白日操劳,夜不成眠
还要充当斥侯
刺探敌人的行踪。❶

与男人并肩作战,意味女人也必须跟男人一样受苦。许多女人在九年内战中饱受痛苦,但要说受到最大痛苦的人,则非在莱姆战役中誓死保卫家园的女性莫属,但她们始终以勇敢坚毅的精神面对各种苦难:"我们愿意为耶稣基督牺牲,莫说残废,连牺牲生命亦在所不惜。"十七世纪的英国女性固然坚毅,却无法事事发挥影响力,因为她们在议会中没有话语权,无论在地方或中央都一样。被排除在决策之外,她们即使再聪明能干,也只能委身于反动的角色和策略。由此看来,失去丈夫、儿子、家园和亲友的英国内战中的女性,与其说是她们自己奋斗目标的胜利者,还不如说是别人革命热情的牺牲者。

从一位君主之死到另一位君主之死,经过了一个半世纪,又一个挑战君主神圣权力的事件汹汹而来,女性再次投身于革命的血腥事业当中。发生在十八世纪八十年代的法国大革命,其血腥恐怖的程度,正应验了英国小说家利顿男爵(Edward Bulwer Lytton)口中那句沉重的反讽:"革命不是由蔷薇香水制成的。"法国大革命中的女人当然不是娇滴滴的,阿拉伯的所有香水也洗不清她们手上的血迹。在法国,女性头一次在历史上成为革命力量——其影响力绝不只限于革命的一时喧嚣而已。

她们在法国大革命中的杰出表现,多多少少受到了美国女性在新世界的卓越表现所启发,不过,最重要的原因仍是法国大革命前人民所处的等级森严的"旧制度"(ancien régime)的不公平。当时社会状况太坏,人民饥寒交迫,毫无民主、平等可言,这才逼得女性铤而走险,发动伟大的革命引擎,向流血之路滚滚而去。

革命刚爆发时期的女性被描写为天使、复仇女神或愤怒的魔鬼,其感情色彩全视评论者的立场而定。一位装扮成亚马逊女战士的女性,率众攻下巴士底狱。如果这只是一场毫无意义的胜利,那么,象征政权衰败的空洞城堡中却发展出了"市场妇女日"行动,其胜利就尤其显得惊人。一开始,一群愤怒的妇女走遍巴黎市场寻不到食物,于是爆发了对国王的不满,就这样,她们决定于一七八九年十月五日到凡尔赛宫举行大游行。这一事件及其随之而来的一系列后续事件最终决定了路易十六、玛丽·安东尼、王太子及被诅咒的卡佩王朝所有其他人的命运。

然而,并不是参加这场著名游行的所有八千多位女性都是勇往直前的革命者。一位叫珍妮·马林的护士后来便作证说她是被迫参加游行的。她被强迫加入游行群众,跟着大家一起喊:"向前走!向前走!义无反顾地向前走!"也并非所有的参加者都是女性——有不少男人化妆成女人参加游行,当然也有一些男人是以本来面目参加的。游行队伍中什么样的女性都有——有女商贩、渔妇、妓女,更有知书达理的中产阶级女性。

这样一群女性,其愤怒一旦爆发,必定相当惊人。她们一路往前冲,沿途抢劫商店、饭店,并首先攻占国民会议,把那里的议员吓得东倒西歪,然后在皇宫工作人员的安排下,组成了一个代表团前去觐见国王。但代表团的发言人,一位卖花女,在进宫后只喊了声"陛下,我们要面包"便昏了过去。她的同志想营救她,却遭到了阻止。将近傍晚时下了一场雨,却未能浇熄群众的愤怒。傍晚前,她们已攻占皇宫,打倒警卫,入内搜查皇后踪迹。夜里,玛丽·安东尼和她家人返回巴黎,但他们一回来就成为阶下囚,不久即被处死。

如今看来,女性在当时的愤怒是那样强烈,光凭政治行动是无法消解这种愤怒的——女性要打破一切矜持、尽情挥洒一切自由才能消气。当代评论者业已指出,在这场暴动中,中产阶级的表现和渔妇一样粗野。

而妓女就更不用说了——她们尽情使坏，把这场暴动当作污言秽语的发泄场地。后来发生的一起著名事件，更让巴黎妓女成为法国革命的"奇观"。一七九〇年七月，一群带枪的妓女捉拿了一支皇家骑兵队，要士兵们大叫："国王去死！"并宣称："只要你们肯参加革命，我们就委身于你们！"当士兵们拒绝了这一要求，一位漂亮的年轻女孩便开始在大街上在士兵面前跳舞。一位目击者这样描述：

  她露出胸部，并以双掌托住，像只鸭子般摇摆臀部。其他女人立刻起哄，掀起她的衣服，给周围人们看她的漂亮身材，同时高喊："若你想一亲芳泽，请先高喊：'国王去死！'"●

  这与其他类似事件一样，不禁使我们想起埃德蒙·伯克二十年前对美国独立革命的反思："被法律压榨的人除了觊觎权力外没有希望。如果法律是他们的敌人，他们也会是法律的敌人：这类觊觎权力而不受法律约束的人必然是危险的。"

  大革命时期的法国多的是这类危险女人。一个业已失去旧原则、却尚未建立新原则的失控社会，从上到下彻底崩溃，它就像个边境社会，开放给有抱负、无畏、坚强的人来加入。这些人中最令人难忘的是一个叫梅里固（Théroigne de Méricourt）的女性。她是一位曾在伦敦及那不勒斯受训的优秀声乐家，更是一位曾在革命前的巴黎发了一笔财的著名演员；她参加了攻陷巴士底狱的行动，同年在到凡尔赛宫的大游行中也不落人后；三年后（一七九二年）进攻杜伊勒里宫（Tuileries）时，她更是一马当先。

  然而梅里固并不只是一名女军人，她是政治俱乐部的常客，经常参加政治讨论，并亲手建立了多个女性政治俱乐部，吸引了不少女同志参加辩论。但最后，她不仅为革命牺牲财富，连命都差点送掉：由于在恐怖时代（法国革命中一七九三年五月至第二年七月之间）支持温和派，她失去民心，被她所拥护的巴黎革命女性痛殴。她的精神受到重创，此后终身在精神病院度过。梅里固的一系列行为很难让人做出简单的评价。

从某个角度看,她似乎完全不守礼法,也不讲情义:在袭击杜伊勒里宫时,她利用群众的力量,处死了一位曾嘲讽她文笔的新闻记者。吸血鬼之名始终缠绕着她:"她最后杀的人是一个年轻的佛兰德斯人,这人是她的初恋情人。她……亲手削去他的头……然后陷入狂喜,一边唱着革命歌曲,一边在血泊中跳舞。"

梅里固对旧制度的愤恨并非特例,她的革命热诚也不是后无来者。罗兰夫人(Manon Roland)就曾热情地写道:"我们需要和平,而只有血才能为我们带来和平。"罗兰夫人是一位有天分且自学成才的知识分子,她创办了多所沙龙,以辩论及写作影响革命政策及民主进程。尽管不是在与男人完全平等的基础上做事——她最早的文章是用其丈夫的名字发表,且是在其丈夫于一七九二年任内政部长时,其影响力达到顶峰——罗兰夫人仍然被认为是法国大革命时期温和的吉伦特派(Girondin)的强硬人士。因此,她的革命生涯成为了女性以其自身的功绩和权利要求政治地位的最早历史记录。

这些女人并不是只为男人的目标服务。在政治革命闹得沸沸扬扬的同时,女性主义的革命性理念也正在生根发芽。这类理念过去也并不是没有。单单只是在法国,"女性问题"就已被讨论了许多年,吸引了众多女性参与讨论,如极有才华的玛利(Mariele Jars de Gournay)便是其中的一个。玛利是蒙田的养女,她对女性的受教育权极为看重,对任何"女性天生不如人"的观念更是极力加以反驳。她的独立、她的拒绝作小女儿态以及她的诸多著作(例如发布于一六二二年的《两性平等》〔*Egalité des hommes et des Femmes*〕及一六二六年的《女人之不满》〔*Grief des dames*〕),使她成为一位准女性主义者。但到法国大革命时,女性主义的言论、主张及呼吁才合起来成为一股重要的政治力量,这从《平民女性向国王请愿书》(*Petition of the Women of the Third Estate to the King*)中的一段文字中表现了出来:

……平民女性是天生的穷人。她们的教育完全被忽视……女孩十五六岁时一天能赚五或六苏④……她们草草结婚,嫁给不得志的工匠,过悲惨的生活……生育子女却无力抚养……不婚女性的遭遇则更惨,老来无人做伴,只有在泪水中度日,受亲戚嘲笑。为挽救这种不幸,陛下,我们请求您保障我们的职业,禁止男人从事女人的营生……

鉴于女人所从事的传统职业被男人大量抢去,而同样的工作,男人每日的平均工资为三十苏,女人却只有十四五苏,女人的这番抗议实在已经相当温和了。这篇请愿书的最后一句尤其说得可怜兮兮:"陛下,我们请求您给我们工作。我们不是要跟男人抢生意,而是想有个生计。"男作家如孔多塞公爵(Marquis de Condorcet)也关注女性权益,但语气同样软弱,女人在他的口中更像小可怜了:

三四百个男人呼吁平权原则……它却在一万二千个女人间被遗忘了,这样的现象始终为人们所忽略,甚至连那些明智之士也未加以注意,这不正说明了习惯的力量吗?

以尖锐的呼喊"男人,你能行公义吗?这是一个女人所问的问题……"张开法国女性主义大旗的,终究是女性。革命一开始,法国制宪议会便发表了《人权宣言》(Declaration of the Rights of Man)。一七九一年九月,德古吉(Olympe de Gouges)发表了一篇言辞严谨的男女平权答辩——《女权宣言》(Declaration of the Rights of Woman):

女性生来自由,她的权利和男人的权利一样……法律必须是众人意志的表达;全体公民,男人和女人,都必须参与制订法律的过程……法律面前,人人平等……所有公民,无论男或女,在法律眼中皆同,必须享有参与一切公职、职位及工作的平等权利,只有能力之别,而无才能外的其他标准……

这种首开风气之先的宣言,未来还有更多。德古吉的正规教育水平不如罗兰夫人,却能超越法国女性眼下的经济弱势,看到问题核心,暴露出她们正身陷恶性循环。她认为,女性的低薪资及她们的缺乏工作前景,来源于女性缺乏教育、被迫早婚以及被迫流入街头。缺乏教育赋予男性拒绝给予女性政治权利的理由;而缺乏政治权利则使得女性不可能实现任何改革,也不可能获得受教育权及法律面前的薪资平等等权力。照女性主义的后来发展来看,德古吉的分析无疑是相当正确的。

这不只是理论分析。在德古吉"女人,起来!认明你的权利"的呼喊声中,揭露了利己主义的革命男性所带来种种新的压迫:"残酷的男人,业已扩充其力量……一旦自由,他便对伴侣不公……女性从革命中得到了什么好处?只是更多轻蔑而已!"在对"我们聪明的立法者"投以讥讽的眼光之后,德古吉督促所有女性"以理性力量对抗男人的虚张声势"。

然而,革命中往往少有理性。男人的优越感无论如何空虚,总能发挥一些效用。革命分子这一方是绝无意去体会女人的立场的,更不要说承认女人的种种主张。法国革命分子米拉波(Honoré Gabriel Riqueti Mirabeau)便曾在他著名的声明中以极不怀好意的姿态宣称:"现在,我们正开始男人的历史。"事实证明果然如此。女性主义议题只是蜻蜓点水,被略提一提而已。

谁能告诉我们,这些女性主义先锋要是能熬过这场劫难,将会有什么事情发生?但由于她们是女性,她们不具备完全的社会成员资格,同样也不受到免于灾祸的保护。德古吉由于对路易十六在一七九三年一月的断头台之死提出异议,而被提早结束了生命;惨遭冤狱的罗兰夫人则以大义凛然的姿态面对死亡:"你对我的判决,无异于显示了你认为我配得上和被你刺杀的伟人承担同等命运,"她告诉法官,"我将怀着与他们相同的勇气走上断头台。"

尽管她们是桀骜和勇敢的革命分子(德古吉创立了设众人皆知的Tricoteuses俱乐部⑤,罗兰则是伏尔泰及卢梭的学生,并极端反对玛丽·安东尼),但两人在革命情势达于紧张时却都选择支持温和的吉伦特派。仿佛已预知死亡,德古吉在其宣言中宣称:"女性若有上断头台的权利,那她们就该有支持议会的权利。"这是法国女性主义先锋在其短暂的生命里唯一可享受到的真正平等。由于反对罗伯斯庇尔（Maximilien Robespierre，雅各宾派〔Jacobins〕激进分子），两个女人都在一七九三年十一月被送上了断头台。

令人更感沉痛的是，在恐怖时代被处死的大多数女性其实都未曾参加过政治活动。年轻的露西尔·德穆兰（Lucille Desmoulins）的生命如昙花一现，只因为她是吉伦特派领袖人物的妻子，虽然她的母亲是罗伯斯庇尔的忠实支持者，而罗伯斯庇尔还是露西尔小儿子的教父。更难以解释的是，无数无名的牺牲者，如一二十名从普瓦图（Poitou）来的村女，被一起带到巴黎来上断头台，至于犯的是什么罪至今仍不为人所知，其中一位在上断头台时手里还抱着小孩，这在视人命如草芥的时代是相当常见的；丹东（Georges Jacques Danton，1759 – 1794）⑥最后的黑色笑话说：贵族、平民、男女老少，所有人的头在一个篮子里亲吻。

政治女性至少认出了敌人的脸，他们对罗伯斯庇尔本能的反抗，导致了德古吉和罗兰之死。而这反抗可说非常彻底，因此当普选权在一七九三年诞生、女性被排除在外时梅里固的女性俱乐部中最活跃的女性共和主义者组团向议会请愿，要求女性拥有选举权，却不得要领。罗伯斯庇尔和他的党羽而后采取行动，将女性逐出政坛，赶回家里。一七九三年十一月不但是德古吉和罗兰送上性命的时间，也是所有女性政治俱乐部遭到镇压的历史时刻。从那一刻起，女性对法国政治生活的积极参与便受到阻遏，对后世而言，女性积极参与政治只能成为过往记忆。正如罗兰夫人在断头台上的呼喊："自由啊自由！多少罪恶假汝之名而行！"英语国家的人可能看不出隐含在这句革命口号中的巧妙反讽：法文中的Liberté（曾被德拉克洛瓦化为永恒不朽的玛丽安⑦）无疑是阴/女性的⑧，但不知为什么，在通向"平等"的路上，她最终仍然败于"父兄"手下，未能达到目的地。

法国大革命，就像美国独立革命一样，是历史上某特定时空里的动乱，危机会过去，秩序、阳光会重新降临，它的暴力毕竟只及于一时一地。但工业革命却不是这样。工业革命在几乎无预警的情况下横扫全世界，所有人都受其影响，这才是真正的世界大战。对过着安土重迁生活

的农业区居民而言,这是一场效应迅疾、惊人而持久的大灾难:

十八世纪上半叶的英国如同中世纪的英国一样,安静、原始,大体为农业社会。突然间,仿佛晴天霹雳,工业革命裹挟着暴风雨到来了。❾

二十世纪的史学家们,后知后觉地看出了造成工业革命爆发的种种力量——这些力量之前已酝酿了一段时间,彼此汇聚之后,终而爆发成革命。但对当时的人而言,他们既看不出各种社会、经济状况的变化,也没有机会采取规避行动,只能懵懵懂懂地被卷入革命。不似其他革命,这场革命不只要求男人当烈士,也要求女人和小孩当烈士——甚至充当炮灰,可见这场革命之惨烈。

十八世纪的英国,不只有制造技术的变革,更有种种新能源——铁、煤、蒸气的发展,这些变革力量无穷,在极短时间内,便使得传统的女性生活结构因从前丈夫/家/家庭三位一体的撕裂而被彻底撕碎。前工业时代的家庭妇女劳动轻易地就能结合丈夫、家人与家庭,她在她自己的世界和周围环境中都扮演了重要角色,发挥了相当可观的影响力:

农村的食品供应,是由担任农业工作者角色的女性负责。牛奶场的整个管理,包括挤牛奶、奶油和奶酪的制造,都是女人的工作,而女人还得负责亚麻的种植、玉米的研磨,同时还要照看家禽、猪、果园和花园。❿

随着从农业经济过渡到工业经济,从乡村过渡到城市,从家庭过渡到工厂,女性失去了从前的弹性、地位及对工作的操控,如今她们获得的是低薪的、被剥削的工作。工作和家庭劳动的双重负担以及不可推卸的照顾小孩的责任,这当中的每一项都对女性生活构成了巨大影响,合在一起便造成了前所未见的灾难性后果。

光是从家庭制造到工厂制造这项转变,便对女性工作者造成了诸多破坏性影响。最重要的一项影响是妇女被剥夺了与丈夫合作劳动的机会,从前的合作者地位因而丧失。工业化之前，女人经常与男人一起工作，一同收割、拾落穗、扎结稻穗、打谷、整地；中世纪的一个中心意象，及恩爱夫妻彼此相互依赖的一个暗喻，便是丈夫犁田，太太尾随在后播种。这种持续多年的原始田园图景，随着工业革命的来临而轰然倒塌。

另一个被瓦解的，是女性从前作为家庭生产总管所享有的操控权及她们所能创造的数量可观的金钱。前工业时代的家庭主妇不必区分家庭活动与商业活动；她们酿酒、烹饪、编织、收集蛋或养猪，家里任何不再实用的东西都由她拿去卖。她越卖力工作，种种兼职越成功，赚到的钱就越多。而就共同参与的户外农活儿而言，工作分配是互补式的，没有"男人是唯一或主要抚养妻小、负担家庭生计者"的观念——所有人都是生产者，太太更是双重的生产者。但女人只要当了受薪劳工，薪水就不但比丈夫的薪水低，甚至还经常比孩子的薪水低，至于个中原因，老板最清楚：

> 妇女劳动的低工资使得女性没法把家事拱手让人，而必须家事、公事两手抓（因为她请不起保姆或佣人）……制造商E先生只雇佣女性……尤其偏爱已婚妇女，特别是那些孩子还小的妈妈……这类女性特别温顺、乖巧，工作特别卖力，因为她们不赚钱不行。⑪

由此可见，工厂制度具有贬低人价值的作用，人在工厂制度下只是被使用的工具，且从一开始，工厂制度就创造出了一种剥削人的层级体系。女性永远比男人做的多却得到的少，各地雇主都同意"女性比男性刻苦耐劳"，因此女性对老板而言是较好的投资，因为"女性对老板较忠实，对公司的向心力较强"。"残酷！"一位改革者这样激愤地写道，"虽说这是自愿的，但当事人能有什么选择呢？"

一些曾经独立自主的女人，如今经济拮据，除了依赖男人外别无他法，而这又加强了（实则创造出）现代世界"女人天生是弱者"的新观念。随着妇女劳动从家庭向工厂的转移，男尊女卑也进入了一个新时代。从前的服从男性权力，意味着服从你的丈夫或父亲；而在工业结构下，冷漠的老板赋予残暴的工头权力，则又是另一回事。以下这段评鉴美国早期工厂的文字，便是向无良老板发出的悲叹：

> 我们能看到许多遭严厉惩罚的女性：一个十一岁的女孩，腿被粗木棒打断；另一女孩则在头上顶了一块木板，木板遭工头一掌劈断……本国工人之上经常是外国工头，而我们还要很难过地加上一句：有时外国人还会雇佣本国工头来欺侮本国人。❶

对被从家庭推向工厂的女性而言，严厉的纪律只不过是苦难之一，最难消受的是过长的工时：朝五晚八是常事；而在旺季，工作可从凌晨三点开始，一直持续到晚上十点，且没有任何加班费。妇女在家干活的时间也相当长，但工厂劳动节奏更快、工作更单调且没有休息，这无疑给妇女们带来了身心双方面的痛苦。

再贫寒的家庭，也比燥热的工厂条件好；在工厂里，工人甚至不能停下来喝水，连雨水都没办法喝；所有门窗都是锁着的，试图开门窗者会被罚款一先令。（相当有趣的是，这与工厂厕所内所有同性恋行为所受到的惩罚完全一致："厕所内若发现不轨行为，每人处罚金一先令。"）一位目击者如此描述这类工作环境对工作者的影响：

> ……没有一丝新鲜空气……瓦斯的难闻味道使得热气更令人难以忍受……有毒的臭气与蒸气混合……工人不断吸进灰尘和绒毛……❷

可以想象，这里的所有工人都很容易得肺病，这可以说是种职业病：刀匠和负责研磨的人易染患"呼吸不顺、咳嗽、痰多、盗汗、痢疾，极度憔悴，总之一切有关肺病的症状都有"。肺病总在那儿等着，准备找体弱者下手。织衣工人尤其危险，她们从小时候起就必须在束腹里放置硬木棒，以防止背部因经常屈背工作而变形，但这会损伤胸骨、肋骨及胸腔，使年轻妇女特别容易得呼吸系统疾病，尤其是肺病。

使得年轻女性变得"年老、体衰、畸形、过了四十岁就无法劳动"

的肺病，只是女工必须面对的灾难之一。早期工厂经常传出流血事件——女性由于所穿的衣服（裙子、衬裙、围巾）及长发，比男人更易受到伤害。工厂记录显示，不少女工因被织布机下方织框上的皮绳钩到而断腿。尽管工厂作业已经很危险，但最危险、最下层的劳动形式却是挖煤。初见女矿工的工作景象的人往往要吓一跳，"身上又是链又是带的，好像货车上的狗——黑黝黝、湿淋淋、衣不蔽体——四肢匍匐，身后拖着重物——她们的样子真恐怖！"一位被吓坏了的绅士这样述说。

女矿工哪还顾得上容貌？这工作是如此辛苦，女孩一结束工作就因为太过疲倦而晕倒的事情时有发生；而当这种情形发生时，这个女孩却往往被弃之不顾。手推车也会造成意外——一辆重达六百多公斤的手推车轻易就能将推车的人压扁。工作环境也很恶劣：即使是小女孩，也必须爬到地底下十六至十八英寸处工作，而年长的女人更必须爬到地底下三十英寸处工作；在一天的十四个工时中，她们得爬十到二十英里，没有机会站起来也没有机会伸展筋骨。据范妮·德雷克（Fanny Drake）所说，在冬天，一个约克夏女矿工必须在水里工作六个月，这使她的脚脱皮严重，就好像烫伤一样。兰开夏郡附近的小博尔顿城（Little Bolton）一位名叫贝蒂·哈里斯的女性发现她的侧腹被前进中的推车的带子和链子刮伤，皮都脱掉了；但最痛苦的还是怀孕的时候。

贝蒂说这话时三十七岁，在这个年纪挖煤无疑是相当辛苦的，尤其她还曾经怀孕、流产过数次。苏格兰女矿工伊莎贝尔·霍格指出，流产对女矿工而言是常见且非常危险的事。东洛锡安（East Lothian）煤坑的伊莎贝尔·威尔森流产五次，生最后一个小孩时，分娩前一天晚上还在矿坑坚持工作。另一位女矿工贝蒂·华德尔则比伊莎贝尔还会利用时间，她的宝贝就在矿坑出生，因此她必须把小孩包在裙子里，带他出矿坑；她说是"带和链"帮她生产的。

女矿工在如此艰辛的条件下依旧没有停止劳动。在没有升降机的矿坑里，女人得亲自将煤背到地面上。"我一天得走四五十趟，"苏格兰女人玛丽·邓肯说，"一次能背一百公斤。有些女人能背一百二十五公斤到一百五十公斤，但那太累人了。"照这种进度，一个女矿工一天能背一吨半到两吨煤，日薪却通常只有八便士。怪不得苏格兰土木工程师罗伯特·巴尔德（Robert Bald）曾记载说，他看到女人们一边从矿坑出来，一边因为工作太累而大哭，一位已婚妇女……在重压下喘气，全身发抖，腿几乎瘫痪，她以一种令他永难忘怀的声音对他说："噢，先生，这是累坏人、累坏人的工作。我真恨不得女人从没试过这一行，这样我就不必受这苦了。"

工业革命来临后，女性劳动者的苦况可以说完全符合十七世纪纽卡斯尔（Newcastle）女公爵玛格丽特的说法："女性活着阴暗如枭，劳动如牛马，死如蝼蚁。"然而这些女性所受的苦难绝不仅仅局限在工作辛劳、希望幻灭和生活窘迫，她们经常还不得不眼睁睁看着自己的女儿受到剥削——由于女孩被认为比男孩乖巧、守纪律，所以女孩经常比男孩早开始工作，女孩在五岁就得下矿坑、替煤车开门。这一情况对母亲及孩子双方造成的影响，可从以下这段由一位在北英格兰工厂工作十年的十七岁女织工所写的文字中看出端倪：

> 我工作大约半年后，膝盖、足踝开始觉得疼，不停的疼，且越来越疼。早晨我几乎不能走路，哥哥姐姐出于好意扶我去工厂，在路上我疼得几乎走不下去；我没法走。要是迟到五分钟，工头就会抄起鞭子，把我们打得鼻青脸肿……我又是个极端好胜的七岁半小孩子……
>
> 你的母亲是个寡妇……非得靠你赚这钱不可？——是的。
>
> 她会因见你受苦而感到很不开心吗？——我有时见她哭泣，便问她为什么哭，但她不肯说，可是她告诉我自从……❶

工作时数和大人的工作时数一样多，工作量几乎和大人工作量一样大（多起报道指出，孩童的煤负荷量几乎连成人男矿工都承受不住），可以说贫苦劳工的子女很早就失去了童年。如果他们敢违抗命令，所受到的处罚通常会很严重：一个"坏"男孩会被扯耳朵，一个"不服从命令的"女孩会被拉头发。由于害怕受到惩罚，且害怕失去"职务"及孩子所赚取的那份收入，多数家庭并不敢挑战虐待者，但有个女人却敢。当她年幼的儿子被一根长两三码、直径约五寸的大木棒打到吐血的时候，她再也忍不住了。小男孩说：

> 我求我妈别去抗议，免得我再挨打；但第二天早上我妈跟着我去工作，她去见打我的人，结结实实训了他一顿……结果我妈一走，他又打我，一直到有个年轻人……出去，找到我妈，并告诉她，她又回来，问我是挨了什么东西打，但我不敢说；一些旁观者说了出来，我妈听了后立刻抄起棒子，往那人头上打，打出一两个黑眼圈……⑮

这个故事提供了令人欣喜的证据，说明女性在工业革命时代仍是具有自主性的，并非一味服从残暴、苦难与剥削。前工业时代的生活也并非看似美好的田园画，从农业时代的乌托邦到黑暗邪恶的工厂，从拉布吕耶尔笔下那生活、工作"宛如野兽"的乡下女人，你会十分惊讶地发现，她们的生活竟已成为失乐园。我们也不可把十八世纪的所有罪恶都归咎于工厂制度，例如飞涨的人口（必然导致都市过度拥挤和更大的生活压力）和工厂制度就没什么关系，它是一种自然力量，应该归因于最古老的力量来源，当然也和夭折率及难产率降低有关。

也有说法指出，工业革命尽管造成一些人的痛苦，却也是社会求存绝对必要的一股力量。"无法创新求变的人，只能期待灾难来临。"近代最早的一位社会学家弗朗西斯·培根（Francis Bacon）这样警告道。这样的说法，得到了著名历史学家阿什顿（T. S. Ashton, 1760–1830）的热烈回应：

> 当代的中心问题，是如何向一代又一代的子孙提供衣食及工作。爱尔兰就面临这样的问题。由于处理不当，她在四十年代失去了大约五分之一人口。若英国始终是一个农业及手工业国家，她也必然遭遇同样的命运……在今天的印度及中国平原，有大群男女正被疾病和饥饿所迫，过的生活只比他们的牛马好一点点。这类贫苦状况，这类惨相，在那些人口众多却未实行工业革命的国家是很常见的。⑯

上述观点是支持工业革命的。但进步的步伐并不怎么受到那些它所践踏过的人欢迎。对被迫操作机器的女性来说，如今女性为了一点点钱就要侍奉新神，有了新发明却得不到多少好处。这样繁重的工作，这样微薄薪水，女性没有办法生活。女性为了生存，只有委身于婚姻，否则便得受冻饥之苦。前所未有的庞大数字的女性游民开始涌向街道；仅一八一七年六月这一个月，英国中部的拉格比（Rugby）教区便出现了十八个流浪女，而其中一个与八个男人性交。伦敦行政长官发布了女性自杀人数持续上升的警讯。其他女人则只是坐以待毙——有人在圣保罗教堂附近买下一幢房子，结果赫然发现里边有三个饿死的女人，顶楼还有两名女性和一个十六岁的女孩在因饥饿而挣扎在死的边缘。当女人在挣扎求存之际，男人却取得了对自然和机器的支配权，主宰的范围较之前更大。

每一次革命都是意念的革命——但是改革未必是改良。十八世纪的革命，尽管彼此在立足点上相当不同，却有一项简单的共同事实——每一次革命都只造福一些人，而未造福所有人，且只有一些意念在混乱中被瓦解。在保留下来的意念中，最持久的要属"男人天生的优越性"这一观念。这种想法随着探险家和帝国建造者开疆辟土而被带到远方，以极快的速度传播着；随着白种人的足迹被散播到世界各地。

---

❶ Mary Collier, *The Women's Labour*, 1739.

❷ Charles Royster, *A Revolutionary People at War: The Continental Army, the American Character* 1775 – 1783 (Chapel Hill, North Carolina, 1979), p. 166.

❸ B. Whitelock, *Memorials of English Affairs* (1732), p. 398。女人所递的请愿书最后于一六四九年五月五日被送到众议院。这份以法律权利及天赋权利为基础对女权作辩护的请愿书，为后来女性主义者"女权只是社会每位成员应有的人权"的观点奠定了基础。

❹ James Strong, *Joanereidos: Or, Feminine Valour Eminently Discovered in Western*

Women (1645).

❺ Lujo Bassermann, *The Oldest Profession: A History of Prostitution* (London, 1967), p. 213.

❻ A. Le Faure, *Le Socialisme pendant la Révolution Française* (Paris, 1863), pp. 120ff.

❼ Marie-Jean de Caritat, Marquis de Condorcet, *Essai sur l'Admission des Femmes au Droit de la Cité* (Paris, 1790).

❽ Olympe de Gouges, *Déclaration des Droits de la Femme et la Citoyenne* (1791).

❾ C. Beard. *The Industrial Revolution* (1901), p. 23.

❿ Anne Oakley, *Housewife* (1974), p. 14.

⓫ 这些话是采自工厂委员会对工作环境的一份报告。见 Ivy Pinchbeck 的先锋性研究 *Women Workers and the Industrial Revolution 1750-1850* (1930), p. 94。

⓬ J. L. Hammond and Barbara Hammond, *The Rise of Modern Industry* (1939), p, 209.

⓭ E. Royston Pike, *Human Documents of the Industrial Revolution in Britain* (1966), pp. 60-61, 192-194.

⓮ Ibid., p. 124.

⓯ Ibid., p. 129-130.

⓰ T. S. Ashton, *The Industrial Revolution 1760-1830* (1948), p. 161.

① 译注：培根叛乱是发生在一六七六年弗吉尼亚州殖民地的著名叛乱，由纳撒尼尔·培根（Nathaniel Bacon）领导。由于殖民地总督威廉·柏克莱爵士防御边界无方，培根趁势而起，领导军民与印第安人作战并获得胜利。培根势力最大时曾控制整个殖民地，但他的突然过世导致叛变戛然而止。

② 译注：利文斯顿家族是十七世纪移民美国的苏格兰家族，在美国影响很大，其成员包括政治家、外交家及法学家等。

③ 译注：英国内战是英国历史上查理一世与议会的战争，分别发生在一六四二至一六四六年，一六四八至一六五二年。

④ 译注：苏（sou）为十八世纪法国使用的小铜币。二十苏等于一法郎。

⑤ 译注：tricoteuses 指在法国大革命期间一边打毛衣一边列席国民会议的平民妇女。

⑥ 译注：丹东为法国大革命领导者之一。在第一共和中，他是司法部长及临时

行政委员会实际领导人。他试图减少革命法庭的严酷性，但因此被罗伯斯庇尔击败，失去了领导权。后被指控阴谋颠覆政府，被处以极刑。

⑦ 译注：德拉克洛瓦（Eugène Delacroix，1798－1863）为法国浪漫派画家。玛丽安（Marianne）为法国共和政体的拟人化象征，可见于法币上。

⑧ 译注：自由（Liberté）为法文阴性名词。

9

帝国的权力

> 找到弗吉尼亚州的人无疑是找到了乐土……
> ——麦克·德雷顿,《弗吉尼亚州航行颂》❶

> 女人因此必须和男人一样到殖民地去辟地耕种,落地生根。
> ——弗朗西斯·培根,对弗吉尼亚州英国皇家议会的致辞❷

> 不,不——绝不!我的天——别再送来这些该死的妓女了。
> ——一七九〇年六月,第一舰队的克拉克上尉在看见一艘女罪犯运输船驶进悉尼港时这样说

> 女人就是女人,无论什么肤色。
> ——里德·哈格德《所罗门王的宝藏》❸

如果说工业革命带来了对自然的掠夺，那么促成工业革命发展并提供工业革命市场的帝国主义势力扩张，便意味着对世界的掠夺。一七九六至一八一八年间，英国夺取了锡兰、南非、印度、缅甸和阿萨姆。一八四二年的鸦片战争，使英国殖民地又增添了香港、旁遮普（Punjab）①、阿富汗及新加坡。并非只有英国在进行帝国主义扩张——荷兰、西班牙、法国及葡萄牙人都竞相向海外扩张，而美国的西进更是标准的帝国主义式扩张，是美国建国者帝国野心的延续。这些事件汇聚成为塑造现代世界的决定性力量；从南非的种族隔离政策到美国的大举西进，伟大的帝国男性握着枪昂首阔步在时间之沙上的痕迹，至今犹存。

在歌声、故事、神话、记忆与官方历史中，帝国向来被视为英雄式的男性的功业。自亚历山大大帝开疆辟土、自认"普天之下莫非王土"以来，女性始终未被历史记载。当美国马萨诸塞州普里茅斯码头竖起一块纪念碑以纪念参与一六二〇年五月花号航行的诸位"国父"时，与他们同行至新大陆的十七位女性却未见于碑文记载。而当帝国的疆界越扩张越远，吉卜林（Rudyard Kipling）的笔下遂出现了"有烟草和血的味道"的冷眼探险者，里德·哈格德的史诗《所罗门王的宝藏》里更有英雄主义的吹嘘："我敢说女人在历史上根本无足轻重。"一语道出了男人对女人的排斥心理。

然而就如伊丽莎白港（Port Elizabeth）及马里兰（Maryland）等地名显示，女性的影响力不能被否定。女人始终在那儿，从希腊时代起便是活跃的殖民地开拓者，对帝国的存续至关重要，一如培根在近代来临时所强调的。北美探险中的第一个帝国宝宝是个女孩，这个叫弗吉尼亚·戴儿（Virginia Dare, Dare 为"挑战"之意）的女孩于一五八七年基督升天节（Ascension Day）②在罗诺克岛（Roanoke Island）诞生。同样的，第一个澳大利亚白人宝宝也是个女孩，这个叫丽贝卡·斯莫尔（Rebekah Small）的女孩在第一舰队于一七八八年登陆后不久诞生，尽管是由克拉克上尉（Lieutenant Ralph Clark）口中"该死的妓女"所生。丽贝卡后来嫁给了一位传教士，并为她的新国家生下了十四个小澳大利亚人。

女人始终在参与帝国史，因为男人根本离不开女人。没有女性工作者，稳定、长期的移民根本不可能实现，好望角殖民地的第一位总督，荷兰陆军上校凡·里贝克（Van Riebeck），就曾惊讶于男人的无能——无力养牛、制造奶油和起士，根本无法独力做任何事；他立刻向阿姆斯特丹及鹿特丹征调了一批单身女人以应急。英国则从最初就察觉到了问题所在——负责弗吉尼亚州詹姆斯敦移民的伦敦公司，从一开始就有系统地派遣年轻女人到新世界去，让这些女人和男人一起落地生根。这些女人必须是"漂亮、念过书的闺女"，且"必须具备良好教养"。但容貌、教育、教养再好，她们到最后还是会被视为商品——一到弗吉尼亚州，她们就会被作为商品进行销售，买主只要付出一百二十镑上好烟草（相当于五百美金），便能将一个女孩收归己有。

有些女孩命运更惨。如被赶出伦敦街头的贫女和孤女，他们的身世已经够可怜了，还要被送到陌生的地方，当陌生人的奴隶。这些可怜的小女孩有的还没熬到下船就死了——每五人或六人中就有一人死去；有的即使下了船，也很快死于詹姆斯敦的蚊子、瘴气与疟疾——在这个地方，连强壮的男人也因热病或疟疾而"死如飞蝇"。

值得一提的还有女罪犯。女人只要稍微犯一点罪，就会被送到澳大利亚殖民地去。男人则不同，只有身犯重罪的男人才会被送去。这是因为英国法官怕澳大利亚殖民地上女人太少，因此女人只要犯一点罪，他们就把女人送去，好让澳大利亚殖民地上多些女人。

这一举措无疑有利于吸血虫孳生。不少人宣称自己获得英国政府委托，要挑"好人家的女儿"到海外殖民地去。但哪有这么多"好人家的女儿"可挑？因此这些靠移民吃饭的人只好随便拣些女人凑数，这使得移民船上塞满了妓女和没教养的女人，这些女人一上船，就把船上搞得乌烟瘴气：

> 船上管理松弛，常见醉酒、喧嚣等混乱场面……下船后女人更是丑态百出，什么事都干得出。与其说是教化澳大利亚，还不如说是污染澳大利亚……❶

即使有类似"女性移民协会"这样的组织对投机分子加以整顿,女人荒问题依旧严重,必须得到解决。直到一八七九年,移民澳大利亚的女性人数依旧不够,澳大利亚男人依旧能感受到女人荒,这从《婚姻新闻》(Matrimonial Chronicle)这份专门为澳大利亚男人找女人的报纸广告上可以看得出来:

乡下年轻人征妻子一名。有房,年薪五百镑。

征一名勤劳妻子。我住在曼诺那区,有大批土地和羊。

昆士兰年轻人征妻子一名……这位小姐必须懂得读写,以便帮忙丈夫做生意。❺

女人被要求的当然不止工作能力而已。帝国女性的主要生产任务无疑是生殖,夭折率越上升,越是如此。马萨诸塞州塞缪尔·赛沃尔牧师(Reverend Samuel Sewall)的太太在四十年的婚姻里为他生了十四个小孩,但她死后不到四个月,塞缪尔便有续弦之意,想讨个能替他生小孩的新妇。女人不仅要会生小孩,还要会扮淑女,摆出闺秀风范。由于落入土著少女温柔乡的殖民地行政官越来越多,英国政府在沮丧之余,输出了一船船的"英国玫瑰"。这些温柔、贤淑的英国女性,很快对土著少女起了软化作用,使她们兼具温柔与淫荡的气质,而赢得了旅行家冯修伯纳男爵(Baron von Hubner)的公开赞美:"是勇敢、虔诚、受过良好教育、受过良好训练的英国女性——家庭价值的基督教守护者——用她的魔杖,带来了振奋人心的转变。"

由此可见,英国女性是被故意当作帝国武器来使用的,以保持种族纯净,避免杂婚所带来的不良后果。帝国主义者认为,英国女性的存在,"使许多年轻人免于醉酒和毁灭(与土著女人性交)"。英国女性纯洁又优雅,娇美而可爱,善良而端庄,具体实现了令男人欲仙欲死的"英国、家庭与优美"等种种价值。但保持种族纯净不只是多种族帝国前哨部队的执迷,也不只是父权男性的执迷。一八四七年,献身女性福利的慈善家卡罗琳·齐泽姆(Caroline Chisholm)对英国政府发表了下述指令,以作为"塑造澳大利亚良好人民"的准则:"即使你能派那么多教士,派那么多老师,建造那么多教堂,输出那么多书……但如果没有被殖民地男性恰如其分地称之为'上帝的警察'的善良贤淑的女性,再大的努力也都事倍功半。"淫妇也能在软化男性上起到一定的作用———一位西部历史学家指出:"说到男性社会的粗野不文明,我们必须承认,淫妇在驯服西部上扮演了重要角色。"正如一位老蒙大拿州人所说的:"要不是想见妓女,许多矿工绝不会洗脸、梳头。"

因此,从一开始,女性就被帝国当成工具,作为协助男人完成统治目的的工具而存在。一旦她们进入帝国冒险事业,强大的体系还会继续把她们工具化,从而强化她们永远处于弱势阶级的状态。在美国,早期法律禁止将土地授予单身女性,单身女性被认为应该活在"家庭政府"的体系之下。在马里兰州,一条颁布于一六三四年的法律要求女性在继承土地的七年内结婚,否则就要把土地继承权让给与她血缘关系最近的男性亲属。一位非国教徒的女性由于"顶撞行政长官"而被判鞭刑,之后她又因为"顶撞长者"而被处以把一根棍子插入舌头达半小时的酷刑。她终于撑过来了——这位心性非常高傲、又十分相信神谕的"传道女"玛丽·戴尔(Mary Dyer)被赶出波士顿,最后回乡却又被处以绞刑。

在帝国扩张的第二阶段,女性被工具化更达于高潮。这从澳大利亚的经验可以看出来:澳大利亚从一开始就被设计成充军地,而不是被设计成天堂,更没有被设计成英国当代生活的反映。澳大利亚既然是充军地,到这里来的人的命运已经够悲惨,而女罪犯既是罪犯又身为女性,命运就尤其悲惨。女罪犯是被剥夺一切人权的,且从被判刑的那一刹那便成为猎物。运输船的船员对女罪犯毫不留情,正如一位心痛的观察者在一八一九年对英国国会特别委员会作的狱政报告中所述:

这些女人告诉我……她们在船上受到各种骚扰;船长把其中几个女人剥光,当众鞭打她们;有个少女因为不堪凌虐而投海自杀;船长还用绳子打一个女人,直到她身上泛起多处瘀伤……❶

这位目击者记载道:"最年轻、最漂亮的女罪犯被挑出……在船长的命令下……让男人玩。"即使是船上的专业人士,也无法免于女罪犯的椎心指控:一位叫伊丽莎白·巴柏的女罪犯,指责船上的助理医师是"无耻色魔,趁替病人求医时引诱女病人,把他的诊疗室变成了妓院"。

在男人眼中,女罪犯是下贱的女人,可以被当成妓女一样玩弄。殖民地最早的一位行政长官(反讽的是,他自己也曾是一位罪犯),曾将她们描述成"最难看、最令人恶心的女人"。另一个评论者说得更直接:"这些女人是最下层、最低级的……她们又抽烟又喝酒,还说脏话,我认为她们全是妓女。"

毫无疑问,一些被运送到澳大利亚的女罪犯(一七八八年第一舰队里有一百九十二名女罪犯、五百八十六名男罪犯)确实是妓女。但她们是否真的是妓女其实一点都不重要,因为一下船她们就都会被当成妓女,立刻成为男人询问价码的对象。这种在有识之士看来十分残忍而粗鄙的风俗,引发了诸多批评。一位移民者在家书上这样写道:

简直令人难以置信,运送女罪犯的船一抵达,便可见到殖民地居民一拥而上,一人挑一个,不只是挑佣人,也是挑性交对象……这让整个殖民地看来就像个大妓院。

男人想占有多少女罪犯都可以。女罪犯像货物一样随男人挑选,甚至还有这样的一个特殊例子:一八〇三年,四十名女罪犯被强制编成"新南威尔斯兵团的女人"。

这般逼良为娼,等于使女罪犯受到两次惩罚:一次是流放,再一次是被迫卖淫。女人碰到这样的状况,最好的出路是找个男人投靠;否则等下批载满"新鲜货"的船来到,她们就要被丢到大街上,无人理睬。

然而,男人也不能完全免于刑罚。殖民地生活有其艰难之处,尽管帝国男性享有不少特权,但还是得承担不小的生活压力。例如高温给人带来的痛苦便不分男女:印度夏季有长达六个月的热浪,气温在白天可上升到华氏一百一十四度(约摄氏四十五度),即使在半夜也有九十五度

（摄氏三十五度）；中午时感觉空气"像熟铁贴在脸上"。其中一个对气温忍无可忍的人如此叫嚷道："热得像地狱一样——简直让人痛不欲生。"其他考验还包括夜里醒来发现床上爬满了红蚂蚁——补救之法是将装满水的锡罐放在脚下。还有在远足途中发现脚旁爬满水蛭的情况："我没法说明那地方有多美，岸边覆满可爱的花，清澈的水底布满了灰石……偏偏那儿有许多水蛭，这些又肥又黑的脏东西喜欢咬人……我身上到处被咬，虽然不痛，但流了很多血……"一位劫后余生的人平静地述说着自己的遭遇。

碰到这样的环境，只能自求多福。印度总督夫人在历尽千辛万苦后抵达西姆拉（Simla），结果在床上发现了五十条大吸血虫，搞得一夜不能睡觉，"我在夜里杀掉四只……十分快意"，她在给女儿的信中这般轻描淡写地写道。要是到了美国西部这种狼群出没的地方，还得拿出更大的冒险精神；安·莫法特（Ann Moffat）这位苏格兰著名传教家庭的一员，在非洲曾差点遭到狮吻，她跃入牛车才逃过一劫，结果是牛代她受过，被狮子啃得干干净净。

不过，最危险的掠夺者，仍非男人莫属，女人最怕的还是男人。传教士安娜·萧（Anna Shaw）曾雇了一个男人为她驾驶马车，不料他却意图强暴安娜。事后她这样描述自己当时的反应：

我伸手摸膝上的小皮包，摸到左轮手枪，这一来我安心极了。我深深吸一口气，取出枪，扣动扳机……他听到声音。"天哪！"他叫道，"你不敢。"……我觉得头皮发麻，这似乎比一个女人能经历到的任何噩梦都要糟……❸

安娜就这样用枪对着驾驶者，穿过黑森林，来到城市。她说，所有伐木工人都涌到城中来看这位既佩枪也带着《圣经》的女性布道师。这次布道所募得的款项为移民史上所募得的最大一笔钱，而安娜也从此声名大噪——尽管不全归因于她的讲道。"她的讲道？"一位工人后来说："我不知道她讲什么——但这小女人可真有勇气！"

安娜的这类经验在殖民地里很常见,无论男女都遇得到。男人还不是唯一的威胁。殖民地处处是危险,女人必须学习各种求生技能,就像旧世界的女人必须学习针线活儿或家庭管理一样。她们学习骑牛、骡、骆驼、象等各种动物,并学习驾船。她们学习应付各种危机,如美洲北部草原贤惠冷静的玛格丽特·卡林顿(Margaret Carrington),乐观地面对每日的灾难:"营柱在半夜陷入三尺雪下;帐篷发出强烈的光;雪片滑过紧闭的门,洒向床;冰封的水桶……草原的风……将纸和桌巾刮碎,或把它们吹跑……"

在这样的情形下,洗衣服必是一件苦差事。但这些女性除了做传统的"女人家的活儿"之外,还得做传统的男人工作。"我学会用步枪,"苏西·金·泰勒(Isusie King Taglor,她是黑人女性,之前还是奴隶)这么说,"我能开枪,且经常能射中目标。"苏西也知道如何装子弹、如何清洁枪支,及如何拆枪、重组枪支。她是在南北战争期间跟随联邦统一主义者军队服役四年时学会的这身本事,"不收一块钱……只要能跟着军队就好。"苏西的工作包括看护和打仗,因此军队能拥有她可算是赚到了。

这些女人的信心和能力经常令周围的男士不安。安妮·布兰奇·索卡尔斯基(Annie Blanche Sokalski)便是一位著名的神枪手兼马术师,无论在军中或在日常生活里,都让人闻风丧胆。她总穿一身狼皮,到哪儿都带着她那十三条狗,"正好是美国国旗上的星条数目。"她这样说。当这女人雄赳赳气昂昂地走过谢尔曼将军(General Shermen)面前,将军惊呼道:"这女人是谁?居然如此不可一世!"

对能享受自由、享受高权位及高社会地位的女人而言,殖民地生活有其迷人的一面。吉卜林便曾以"梦影下的生活"来描述这种生活。印度总督夫人这样描述一次她到皇宫访问所见到的排场:

……浅蓝丝窗帘上有可爱的装饰,浴室里有各种浴盐和香水。第二天我们造访了堡垒,里边有红丝绒和金椅……最令人惊奇的是中庭,全部以如雪花石膏般的白色大理石雕成……❾

这些还只是白日的景象。到了夜晚有月光晚会，五百或一千人身着漂亮衣饰，在白色地毯上翩翩起舞，周围有许多水仙花，还有挂满灯饰的树。即使是见过世面的人也会情不自禁地臣服在印度的魔幻魅力之下："一轮明月下，整个花园被布满花朵的墙围绕着——真是仙境！"总督夫人赞叹道。印度不只召唤富人，也召唤穷人："我实在无法表达我现在有多快乐，我多么喜欢这儿欢乐自由的生活。"一位年轻副官的母亲在第一次到访印度时这样说："这儿的人好美，如此美丽的纱丽、珠宝，如此可爱的脸……"

不过，对一般帝国女性而言，生活并非派对，再多的过往荣光，也抵不过眼前生活残酷的现实。传教士之妻玛丽·爱德华兹（Mary Edwards）除了帮丈夫料理家务外，还得帮丈夫招呼客人。有一次来了一位叫利文斯顿的粗暴客人；不但叨扰了爱德华夫妇好几个月，还招惹狮子，被狮子咬伤，烦劳爱德华太太照顾，幸好这位客人最后痊愈了。最惨的是照顾自己挚爱的亲人，却无法挽回亲人的生命，像托马斯·梅特卡夫爵士（Sir Thomas Metcalfe）的妻子一样。托马斯是德里的英国居民，却意外成为印度政治斗争的牺牲品——皇后命人将他毒死。许多人死在印度，如十七岁的珍妮·高迪（Jeanie Goldie），她嫁给了在印度的英国军官，怀了孩子，后因难产而母子双亡，所有这一切都发生在十八个月内。"我觉得，"她可怜的丈夫写道："我像一个刽子手。"

这些悲剧还只是千万起悲剧当中的少数而已。以美洲殖民地为例，他们的生活中充斥着无数死伤，帝国传奇可说是一阕抒写失落、挫败与死亡的悲歌。斯塔尔太太（Mrs Starr）是勇敢的女性的代表——她是白沙瓦（Peshawar，巴基斯坦西北边境省首府）一处教会医院的护士长，她的丈夫是那儿的医生。在一次医疗纠纷中，斯塔尔太太的丈夫被病患家属杀死。斯塔尔太太却不畏艰难，依旧回到医院，为那儿的病患服务。后来，杀死斯塔尔太太丈夫的那个人的族里又出了一位杀手，这人杀死了一位英国陆军士官之妻，还绑走了他们的女儿。能说一口流利普什图语（Pushtu）③的斯塔尔太太自愿只身进入敌区，试图营救这个女孩。最后她顺利带回人质,且没让对方占到一点便宜。

这当然是正面的例子,许多女人则没有这样幸运。一些人力战到只剩下最后一滴血——如贝雷斯福德太太(Mrs Beresford),她是一八五七年印度恐怖大屠杀中的女性牺牲者之一而已。当德里银行(她丈夫是该银行的经理)被攻击时,一位目击者看见她在誓死保卫她的所有家人:

贝雷斯福德先生……与他太太及家人一起躲在一栋库房的顶楼。在那儿,他们负隅顽抗了一段时间,他持剑,而他勇敢的妻子则持矛。就这样,他们以坚定的勇气,保卫楼梯要塞,作了一番英勇抵抗……夫人的矛刺死一人……⑩

但终究寡不敌众,再多的抵抗都抵挡不了敌人炮火。贝雷斯福德太太被杀死、分尸,成了为祖国捐躯的志士仁人。"她的爱从不动摇,她的爱从不失落,她勇于为爱牺牲。"

勇于为爱牺牲,在战场上死于敌人之手,为国捐躯……这种命运无疑更经常地出现在男人身上。但军人在前线所面对的危险,未必会比帝国女性在产床上面临的危险大。就在贝雷斯福德夫妇为他们的生命搏斗之时,一位士官的妻子,哈里特·提勒(Harriet Tytle),在货车后座独自生产,无人帮忙,而货车正载着她从德里去到安全地点。与此相对的,是随丈夫利文斯顿在非洲奔走的玛丽·利文斯顿,"在一片草原里安逸地待产"。但她的母亲却不这么认为,这从她对利文斯顿的责备中就能看出来:

你失去了一个可爱的孩子还不够?……一个怀孕女人带着三个小孩……在非洲草原到处跑,随时会遇到野人和野兽!你要是找个好地方去传教,情形也就不同了。若你是去风景优美的山区,我一个字也不会说。但跟着探险队走,这事就太荒唐了……⑪

不管荒不荒唐,事情毕竟已经发生了。玛丽在松加河边的一棵山楂树下生了孩子。"这感觉真是太美妙了。"第五次当爸爸的时候,利文斯顿在这样说。

　　至少玛丽·利文斯顿还知道自己怀孕。有的女孩年纪轻轻就结了婚,懵懵懂懂跟丈夫到海外殖民地去,没有女性亲人在旁照顾,连自己怀孕都不知道。一个叫艾米丽·贝利(Emily Bayley)的年轻新娘,三月在德里结婚,十月在西姆拉的蜜月尚未度完,就因感觉"非常不舒服"而被医生命令返回英国。在起航前那个晚上,据她回忆:"我竟然生下了我们第一个小孩。"而在母亲和宝宝之外,医生很快又多了一个病人——接到消息时昏死过去的父亲。他醒过来后立即去采购一些应急的衣物,结果却带回来"一件绣工精致的法国白麻袍子和一件粉红丝绒斗篷"——这可真不太像新生儿穿的衣服。但连性交会导致怀孕甚至太太正在怀孕都不知道的男人,你还能指望他了解养育婴儿需要尿布吗?

　　即使是成熟的女性,面对殖民地生活也会有捉襟见肘之感。其中最大的一个挫折,当数好不容易生下孩子后又被迫与孩子分离。英国政府规定孩子不可在热带气候下长大,但太太又必须始终留守在丈夫身边——其结果是——据盎格鲁/印度小说家凯(M. M. Kaye)回忆,"年复一年,伤心的母亲带着孩子到码头……将孩子交付朋友或保姆,带回'家'让亲戚养育,而在很多情形下(吉卜林及他妹妹特瑞克斯〔Trix〕就是其中二例),根本是让陌生人照顾"。面对与孩子生离的苦楚,再勇敢的女人也要哭断肝肠:"我觉得孩子好像快要死掉了。"但据凯记述,孩子留在印度也是一样会死:"印度到处是夭折的孩童的坟墓,每五个孩子中至少有三个会死,每位母亲对这种情况都要有心理准备。"

　　既然已婚女性要承受这样的身心重担,也难怪那些殖民时代的既得利益者通常都是单身。单身女性等待机会已太久了,如今机会好不容易出现,她们自然要全力把握。女工玛丽·斯莱塞(Mary Slessor)花了十年的时间储蓄、读书,才实现了到非洲当传教士的梦想。她抵达非洲后,成功地革除了人头祭及杀害孪生子等部落陋习,而后政府任命她为行政长官。尽管单身,但她却是十二对双胞胎的母亲。回到苏格兰后,她仍回到工厂做工。

女性旅行家及探险家，从杰出的珍·狄格比（Jane Digby，她四十六岁时因打败了一位锡兰酋长而受到其部落的热烈拥戴）到安·布朗特夫人（Lady Anne Blunt，第一位穿越阿拉伯半岛的女性），已形成一种源远流长的传统，而玛丽·斯莱塞正是其中一员。据此，我们可以说，旅行确实提供给一些幸运的女性逃离家乡沉闷无聊生活的机会：伊莎贝拉·伯德（Isbella Bird）是个对都会生活忍无可忍的女性，任何地方只要能让她策马奔驰、风餐露宿、体会野外生活，她都愿意去。

喜欢旅行的女性也能逃离维多利亚时代令人窒息的性压抑。勇敢的伯德，在研究完澳大利亚、太平洋、中国、伊拉克和中国西藏的男人，成为英国地理协会第一位女会员之后，在美国西部将芳心献给了一位"亲爱的亡命之徒"——落基山吉姆。著名的鳞翅类学者玛格丽特·芳丹（Margaret Fountaine）在旅行途中不只搜集蝴蝶芳丹——她在叙利亚遇到了一位年轻俊美的导游，她把他也"捕捉"起来，带回家当纪念品。路易莎·杰柏（Louisa Jebb）这位在一位女人的陪伴下行遍土耳其和伊拉克、差点死于回教狂热分子之手的旅行家，描述自己遇到了一群唱歌跳舞的男子，尽管不擅长唱歌跳舞，路易莎还是毫不犹豫地加入了这个队伍：

一种疯狂的反叛感攫住了我：我跳入人群。"让我疯狂！"我喊道。"我也要疯狂！"男人抓住我，我们一起跳、转身、踏步顿足。很快我就成了野蛮人，银月下高贵自由的野蛮人。⓬

还有怎样的娱乐形式比这更动人？

游走四方的女商人也很勇敢，不妨以牙买加女商人、旅行者、淘金者、作家兼女医生玛丽·锡柯尔（Mary Seacole）来说，她是克里奥尔人（Creole，法国人、西班牙人、黑人的混血儿）和苏格兰人的混血儿，在金斯敦（Kingston，牙买加首都）做生意做得很成功，但她毅然抛下事业，随英国军队去到克里米亚。在那里，她由于致力于为军队供应粮食而变得举国闻名。身为一位寡妇，锡柯尔太太敏锐地强调跟随军队是她的选择,而非迫于无奈:"我自己想要这样做,而非如别人所以为的,我是想找个男人才跟随军队。"跟锡柯尔一样,玛丽·瑞比(Mary Reibey)也是个自学成功的女商人:她在十三岁时(一七九〇年)因偷了一匹马而被送到澳大利亚,但她凭着自修而成了旅馆经营者、谷商、进口商、船业巨子及土地开发商,是澳大利亚历史上最成功的女商人。

但多数帝国女商人交易的是更即时的商品:肉体。在这些女人中,美国西部的酒吧女业已成为传奇。美国加州约翰斯堡一处被挖空的银矿中可见到这样的赞辞:"献给海蒂、小伊娃和女矿工:你们真是了不得啊!男人挖的是银,你们掘的是金。"一位旅行者描述了七十五名舞女出现在他眼前的经历:

每个女人都有化名,诸如处女、俄勒冈牝马、犹他小雌马、黑熊、小家伙及摇摆之类。你付过钱后就能随便挑,要是你不掏钱她们就会自己来掏!……这里事事要钱,每个街角都有女人站岗,我们真不敢在这儿久待。[13]

当然这些经年累月在地下工作的矿工的口袋确实有不少金子可挖。德州道森(Dawson)最后一位"舞厅名花"霍诺拉·奥恩斯坦(Honora Ornstein)便靠卖肉赚了不少钱。另一位名花级的人物,茱莉亚·布尔蒂(Julia Bulette),在一八五九年丰富的康斯托克(Comstock)矿脉发现后不久抵达弗吉尼亚市,身价是一小时一千美金,不多久就穿金戴银,家产丰厚。不过,我们不应把这类女人过度美化(《大江东去》中的玛丽莲·梦露就是一个被过度美化的例子)。奥恩斯坦最后不但失去了所有财富,还发了疯,生命的最后四十年是在华盛顿州精神病院度过的;而布尔蒂则遭到不明凶手的谋杀,被勒死在她私宅的大床上,所有值钱物品均被劫走。帝国对于独立女性就是有一套整治办法。向外扩张基本上是男人的领域和男人的冒险事业——要是女人敢冒险,她们就将激起男人的报复,向自毁的深渊走去。

掘金者、酒吧女、女旅行者、商人和投机者……这些女殖民者在她们的生活中至少还拥有一些选择权。最可怜、最无助的则是那些被殖民的女性；这些女性只因生在殖民地，就在受自己的男人支配外，还得受白种男性支配。就像"淘金女"所提醒我们的，帝国殖民的一项隐形输出品，便是那古老的"将女性分为圣母和妓女"的父权分划，将旧世界的一切价值和压迫都加之于新世界的女性身上。这并不是说这些殖民地原来真的是"处女地"，是因为被伟大白人男性刺穿才从原始蒙昧状态中苏醒过来。所有这些殖民地在白人进入前都有它们自己的社会和政治体系，而这些体系多数都呈现出男尊女卑的现象。被殖民后，男尊女卑的现象只是更严重了些。因为白人男性必然要笼络原住民男性，在双方利益均衡之后，原住民女性必然会被打入社会最底层，受到种族歧视和性别歧视的双重迫害。

即使在自己的族人中，土著女性的地位也是不可思议的低下。一位到新赫布里底群岛（New Hebrides）传教的传教士柯德林顿（Codrington），曾记录一个女人的案例：这个女人无意间看到一个刚行过成年礼的年轻人在洗身，她立即逃到教会要求宽恕她的"罪"——但她族里的男人不放过她，到教会里来抓她，最终将她活埋。

对女性生命价值的漠视，几乎可在所有殖民地见到，且它无疑是造成白人"主人"不了解"被殖民者"的主要原因。白人男性视原住民为野蛮人，无论原住民做什么事，白人都以这样的眼光去看待。就以下述这桩发生在一八三八年的少女献祭仪式而言，这仪式对原住民来说，可能有其特定的意义，但对帝国冒险家和殖民地行政官而言，这只是证明"土著男性果然是一群无可救药的野蛮人"而已：

> ……她被涂成半红半黑，绑在梯子上，慢慢地在小火上烤，然后被乱箭射死。主祭官掏出她的心，吞下它，然后将她的身体切成小块，放在篮子里，带到附近的玉米田。血被洒在玉米粒上，肉则被剁成糊状，抹在马铃薯、青豆和种子上……[11]

把女孩火烤致死这样的事可能过于残忍，白人男性或许还不至于对原住民女性做这样的事，但白人男性对原住民女性的作为与将女孩烤死，只是五十步笑百步，他们使得原住民女性在受自己男人的剥削外，又受到白人男性的剥削。既然帝国的主要暗喻是"对处女地进行强暴"，那么可以想见，殖民地上的所有女性都成了统治者为所欲为的猎物。因此每一块殖民地都是白人男性的姬妾供应所，而白人男性还认为被猎获的女人该为此感到光荣。

然而原住民女性事实上被双重剥削。典型的例子是拉·玛琳切（La Malinche），"墨西哥夏娃"，一位阿兹特克族贵族女性，她在科尔特斯（Hernán Cortés）于一五一九年入侵墨西哥时被献给科尔特斯，作为讨好这位西班牙征服者的工具。她是他的翻译、顾问兼情妇，对他的治国治民政策始终有相当正面的影响力，可谓劳苦功高，但她的同胞并不欣赏她，还称她为妓女、娼妇。

一些女性能化逆境为顺境，以侍奉白人为垫脚石，获得权力与影响力。当北美殖民地英国司令官、印度事务监督威廉姆·约翰逊爵士（Sir William Johnson）娶了一个年轻的莫霍克族（Mohawk）女子为妻，他的本意或许并非企图改变当地的历史进程。但莫莉·布兰特（Molly Brant，约翰逊为妻子取的名字）在约翰逊与当地部族关系上出力甚多，还协助议定边界，并做下许多至今仍有影响的决定。约翰逊十分尊敬莫莉，立她为正式的女主人，她从一七五九年起陆续为他生了九个孩子，以妻子的身份与他同住在官邸直到他去世。英国政府感激她的效劳，还馈赠了退休金给她。

一些白人男性相当欣赏原住民女性，以热情与尊敬待之，如这位加拿大哈德逊湾公司的职员，写信回家向家人描述这位他坚决不肯称之为情妇的奥吉布瓦族（Ojibwa）女性：

> 我尚未介绍我妻子，就此你可能以为我是羞于介绍，如果你这样认为，那你就错了。她不是那种闪闪发光的女人，但她把家理得很好……至于容貌嘛，她跟她丈夫一样俊秀……⑬

信上倒是说得很好听，不过，帝国男性在现实生活中是否真如此看重原住民女性，可就很难说了。帝国男性最欣赏原住民女性的，恐怕还是她们的贤惠和温顺，也是因此才甘于与她们成家生子。

原住民女性还经常受到白人男性的性虐待，这种状况在澳大利亚最为常见。那儿的白人不仅认为原住民低人一等，甚至还视原住民为猫狗不如的物种。以下是一个年约二十岁的原住民女性莎拉在一八三七年被原住民事务协调人乔治·奥古斯都·鲁滨逊（George Augustus Robinson）所救时的证词：

问：谁把你带走的？
答：詹姆斯·艾伦和跟他一伙的比尔·约翰逊。
问：你几岁？
答：二十岁。
问：他们怎么带走你的？
答：他们用绳子绑住我脖子，像拖一条狗似的拖我。
问：他们带你到哪里？
答：到一处树林，将我反绑在树上。
问：这些人打人吗？
答：打得可凶呢——他们曾切下一个男孩的耳朵，还曾从一个女人的臀部上切下一块肉。
问：他们打你了吗？
答：他们用绳子打我……

鲁滨逊发现，原住民女性被打、被割肉是经常发生的事，白人男性根本视打女人为家常便饭。但白人当局不这样认为，他们普遍相信原住民女性喜欢跟她们的白人主人在一起，不愿意离开他们。

平心而论，征服者与被征服者的关系并不总是一片黑暗，帝国女性尤其经常受宗教或人道原则所感召，以极大的热诚帮助那些需要帮助的人。帮产妇接生就是帝国女性常做的事。以下是本世纪初拉合尔（Lahore，位于巴基斯坦）的一位公共卫生指导员关于一次高难度接生的经历：

一个寒冬的早晨，三点钟……贫民之家，小茅屋，大约八乘十二平方英尺大。屋里有十个人，三代同堂，除产妇外都在睡觉。屋里还有一只绵羊、两只山羊、几只鸡和一头母牛，因为主人不信任邻居。屋里没有灯，只有陶罐中的一枝蜡烛；没有暖气，只有人畜身上的热气；没有窗，门紧关着。屋后边有一间小室，叠着四张床，所有人都睡在这里。从地面往上数第三张床，有一个女人在呻吟。⑯

助产士太矮，够不到床，急得不知如何是好，情急之下找来牛帮忙——牛往床边一靠，助产士站到牛背上，经过一番艰苦的努力，终于顺利接生出一对小印度教徒——男女双胞胎！

也未必总是殖民女性帮助被殖民女性。苏格兰传教士玛丽·莫法特（Mary Moffat），曾在喀拉哈里沙漠（Kalahari Desert）库鲁曼谷地（Kuruman Valley）向她的非洲邻居学习如何持家，因而有了如下的感谢文字："你可能会以为用牛粪抹地板是件很奇怪的事，但这么做自有道理。"她继续写道：

我到这儿来的时间还不长，但我已经迫不及待地用牛粪抹地板。牛粪比任何东西都能吸附灰尘、杀跳蚤，颜色也好看……它溶于水，使用很方便。我现在视牛粪为最佳地板蜡，对它我满意极了。⑰

不过，总体来说，帝国的进步不是靠着与土著民族合作，而是靠着霸权的建立及霸权的不断巩固。比方说，在南非，白人殖民者极端厌恶任何由当地黑人所推动的平等运动，黑人在他们眼里是奴仆，而这些奴仆一旦获得自由，便会反仆为主，制造事端。这是造成一八三五至四八年大迁徙（Great Trek）的一个主要原因，当时的一些人由于无法忍受黑人解放而离开好望角。在纳塔尔（Natal）、德兰士瓦（Transvaal）及奥兰治自由邦（Orange Free State）等新共和国，种族界线又重新被划下。种族隔离政策被推行得如此成功，以致在一九一〇年新共和国与好望角联合之后，好望角所有的自由主义形迹都被摧毁殆尽，而由种族隔离政策取代。

白人男性进入殖民地后，带来一套与殖民地传统相异的价值观，令被殖民者痛苦不堪。殖民地行政官不但无力（或不愿）终结对女性不利的传统，也任殖民者对那些对女性有利的传统进行破坏。比方说，在西非，女性向来主导市场经济，经常有权倾一时的女实业家出现，不支持这种结构的白人殖民者决意要对此加以破坏，有计划地打压女商人。尽管女人示威、抗议不断，但最后经济权仍顺利地转移到了男性手中。欧穆·奥克韦（Omu Okwei）因此成为最后一位女商人——她曾被推举为女性评议会（Council of Mothers）主席，此组织是母权体制的残余。奥克韦于一九四三年去世，此后英国殖民者将所有零售业的监督权从女性评议会移到白人当局，从而将此组织彻底摧毁。

这便是帝国的阴谋：尽管一些女性找到了新世界——"大不列颠的女儿们"尤其掌握了逃离家乡沉闷生活的机会，而成为医生、教师、领导者、战士或农夫，但也有一些女性始终陷在男尊女卑的窠臼中，怎样也翻不了身。从早期开拓者的故事中可看到许多富有才能、勇气与智慧的女性，这些女性不是弱者，而是强者，不但自身强悍，更向她们所在的殖民地注入了重要资源。但随着时代的前进，帝国的圈套（其本身只是母国社会的放大）日渐收紧，以种种方式扼杀着女性新生的独立和进取心。

整个帝国殖民史，并不如我们想象的那样充满企图与抱负，而其实到处是投机作风。因这世界最终所继承的，不过是白人男性父权体制的另一版本及男性自天地伊始以来即对女性采取的巧取豪夺的作风。例如，美国继承的就是英国的老作风，诸国父宁可复制男尊女卑的体系，也不理会阿比盖尔·亚当斯对她丈夫约翰·亚当斯④的苦苦哀求："我求你一定要记住女性，要善待她们……别学老祖宗歧视女性那一套。歧视女性的作风实在要不得。"

男人对女人确实很霸道。父权机器转动，碾压过女人、小孩和原住民，让年轻人到海外送死，却将责任归咎于妇女、小孩、原住民和年轻人本身。而当性别歧视与种族歧视结合成恶性循环，女性便成为种族歧视和性别歧视双方面的受害者，这在残酷的印度喋血里可以看出：坎普尔城（Cawnpore，位于印度中北部）陷落后，叛变的印度士兵将英国女人关进"女性之家"（bibighar，从前是白人士官养印度小老婆的地方），这些女性后来都遭到了被屠杀的厄运。

英国军队收复坎普尔城时，发现女人之家染满鲜血，屋里到处是女人的内衣、毛发，散开的四肢和赤裸、断裂的身体。军人们哀痛于女人的死，并发誓要为她们复仇。英国指挥官尼尔将军（General Neil）发誓将给叛徒最重、最难堪、会让他们永远记住的惩罚，于是俘虏被迫要舔干净女人之家的血，亲尝他们种下的恶果，然后被处以鞭刑或绞刑……写下了英国历史上极羞耻的一页。

在这种恐怖屠杀中，我们看到了帝国讯息在激烈膨胀。这讯息很简单，即统治与支配的讯息。帝国殖民并未带来它宣称会带来的新自由，而只是确定了女性已成为全世界的下层阶级，永远的被殖民者。但在男尊女卑表面的秩序下，波涛已在翻滚。经过许多年的奋斗，到形势转变的时候了。

---

❶ Michael Drayton, 'Ode to the Virginian voyage', 1605.

❷ Francis Bacon, addressing the English Royal Council for Virginia, 1609.

❸ Rider Haggard, *King Solomon's Mines*, 1886.

❹ A. James Hammerton, *Emigrant Gentlewomen* (1979), p. 54, 57.

❺ Kay Daniels and Mary Murnane, *Uphill All the Way: A Documentary History of Women in Australia* (Queensland, 1980), pp. 117–118.

❻ C. M. H. Clark, *Select Documents in Australian History*, 1788–1850 (Sydney, 1965), p. 48.

❼ T. W. Plummer to Colonel Macquarie, 4 May 1809, *Historical Records of New South*

Wales, VII, p. 120.

⑧ Eve Merriam, *Growing Up Female in America*: *Ten Lives* (New York, 1971), pp. 179–181.

⑨ Iris Butler, *The Viceroy's Wife* (London, 1969), p. 101.

⑩ M. M. Kaye (ed.), *The Golden Calm*: *An English Lady's Life in Moghul Delhi, Reminiscences by Emily, Lady Clive Bayley, and by her Father, Sir Thomas Metcalfe* (Exeter, 1980), p. 213.

⑪ Edna Healey, *Wives of Fame*: *Mary Livingstone, Jenny Marx, Emma Darwin* (London, 1986), p. 24. 值得注意的是，玛丽·利文斯顿并未完全顺服于丈夫——当玛丽知道丈夫要把新生儿取名为松加（Zouga，他是在松加河畔出生）时，她毫不留情地拒绝了。

⑫ Joanna Trollope, *Britannia's Daughters*: *Women of British Empire* (1983), p. 148; D. Middleton, *Victorian Lady Travellers* (1965).

⑬ William Bronson, *The Last Grand Adventure* (New York, 1977), p. 166.

⑭ E. O. James, *Sacrifice and Sacrament* (London, 1962), p. 85.

⑮ Joanna Trollope, *Britannia's Daughters*: *Women of the British Empire* (London, 1983), p. 52.

⑯ Katherine Mayo, *Mother India* (London, 1927), pp. 103–104.

⑰ Edna Healey, *Wives of Fame*: *Mary Livingstone, Jenny Marx, Emma Darwin* (London, 1986), p. 8.

① 译注：旁遮普为印度西北部历史区域，西部有印度河流过，东部有来纳河流过。多数地区为平原，气候干燥。该区目前已划分为多个省份。

② 译注：基督升天节为复活节后第四十天的星期四。

③ 译注：普什图语为阿富汗东部和巴基斯坦西北部普什图人使用的语言，属印欧语系伊朗语族。

④ 译注：约翰·亚当斯为美国第二任总统，阿比盖尔（Abigail）是他的妻子，也是一个活泼、聪明的女人，她对丈夫政务襄助甚多，是美国历史上极著名、极有影响力的第一夫人。

第四篇　移风易俗

> 当我坐在卡尔特修道院①，望着那里每个男人，我问我自己，为什么不是每个女人？
>
> ——萧伯纳（George Bernard Shaw）

10

女 权

> 在性、才艺及情感和智能等天生禀赋之类的质量上,女人都不如男人。
>
> ——诗人柯勒律治（Samuel Taylor Coleridge）对其妻子莎拉说

丈夫是丈夫,太太是丈夫的另一半。

——威廉·布莱克斯通,《所有英国法学家中之最伟大者》❶

人类的历史是男人对女人不断进行伤害与篡夺、男人意图建立对女性的绝对霸权的历史。

——美国塞内卡瀑布第一届女权大会,《情感与决心宣言》❷

女王渴望征召所有人去讨伐"女权"这疯狂、邪恶、愚蠢的东西……

——维多利亚女王对狄奥多尔·马汀爵士说❸

一八四八年，英国的道森太太申请离婚。因为她丈夫公开自己的婚外情，经常用马鞭抽打妻子，还用金属柄发刷打她，但她的申请最终被驳回了。这种判决是有先例的，早在八年前，另一位不快乐的妻子——塞西莉亚·玛丽亚·科克兰（Cecilia Maria Cochrane），便被法院处以类似的判决。由于婚姻生活不幸，塞西莉亚逃回法国与母亲一起住，却被丈夫骗回英国，然后将她关起来，以防她再逃走。她母亲带了一份人身保护令（habeas corpus）②到英国来，试图营救塞西莉亚，法院却趁机教训了她一顿：女人生来就是要服从父亲或丈夫，一旦进入婚姻，她们就要死守着婚姻。因此，"毫无疑问，英国法律赋予了丈夫统治妻子的权利……他可以用武力胁迫她……他可以打她"。法官认可塞西莉亚的丈夫有权拘禁妻子：

> 有人认为，我拒绝将塞西莉亚·科克兰释放，等于判她永久监禁。但我坚持认为，夫妻若能抱"一结婚就不能离婚"、"婚姻是永恒的"之决心，那他们从这婚姻中得到的快乐，一定比不把婚姻当回事、动辄就要离婚的夫妻多得多。❶

以上这些并不是凤毛麟角的个案。几乎与这两个案例同时代的，还有一位爱迪生太太，她试图离婚的想法也被否决了，尽管她能证明她的虐待狂丈夫正与她妹妹通奸。另有一位泰乌西太太则在"维护善良风俗"的大帽子下被判不许离婚，虽然连大法官本人都认为她的控诉有理。女性申请离婚很难成功，因为那时候的婚姻体制还很牢固，即使其他一切都在瓦解。一七〇〇至一八五〇年间，革命的九头怪兽将欧洲及美洲扯裂，摧毁了许多年来将人类囚禁在屈服状态的锁链。在非洲、印度、阿拉伯及东方，男女帝国冒险家打破地理知识的束缚，重新绘制世界地图。为了要赶上潮流，甚少离家外出的人纷纷以怀表、重复上膛的来福枪、轧棉机、无线电信及发电机来与世界交涉。但尽管有种种进步，一大反常却仍然留存下来：各地的女人仍被局限在自文明发轫以来几乎从未改变的性奴隶状态。

人类社会已进步到二十世纪，却未在男性霸权的普遍信仰上做出任何改变，每个女人依旧从小就接受着"男人比较重要"的观念。例如在十九世纪初后革命时期的法国，一位访问者曾记载，在用餐时间，"总是屋主第一个先吃；接下来是其他男人；一直要到男人吃完，才轮到女主人以及她的女儿和女性朋友"。到十九世纪中叶，这一男性特权业已扩大为一连串特权，这一连串特权是借着不让女人获得男人所获得的一切来维系的。以下由伊丽莎白·加蒂·斯坦顿（Elizabeth Cady Stanton）为一八四八年在美国塞内卡瀑布举行的女权大会所写的"宣言"，道出了男人加诸女人的种种不平等：

> 他从不让她有选举权……
> 他剥夺她的离婚权。
> 他剥夺她的财产拥有权，甚至剥夺她的薪水……
> 他将离婚法律订得……完全不顾女人的幸福……
> 好职业几乎都被男人独占……
> 他不让女性受高等教育……
> 表面上，好像他已给男女订立了一套新的道德标准，但实际只是换汤不换药……❻

当然，男人并不这样看。而赞同保持现状的并不只是男人而已——多数女人也衷心地支持这种状况继续下去。十九世纪英国女诗人、小说家卡洛琳·诺顿（Caroline Norton）就是一个例子。当她的律师丈夫想尽一切办法要控告她通奸、不让她接近小孩、不给她任何生活费时，她在无奈之下只好靠写作谋生，自行料理生活上的一切事宜。这时的她必定感受到了男性霸权的威力。然而即使她后来成了离婚法律改革运动的领导者，卡洛琳仍然宣称："我，作为一个人……确信男人的天生优越性就如我相信上帝的存在一样。女人要承认自己比男人低劣的事实。"卡洛琳·诺顿相信，她是在为她之外"千千万万更多的人"说话："某些女性所推动的'平等权利'及'同等智慧'，实在是疯狂、愚蠢的想法，不足代表多数女性的意见。"

这一观点获得了国际舆论的大力支持。在英国,维多利亚女王以她对"'女权'这疯狂、邪恶、愚蠢的东西"的无情鞭挞,表达了各地统治阶级的看法。维多利亚的恐惧,是"要是女人让自己变得不像女人,就将会成为最可恨、无情甚至恶心的人!"这也是全世界各年龄、各阶级女性的共同恐惧。在美国,反对女性拥有选举权的,竟然是女性;其他地方亦然。热心女权的改革分子只有一小撮,而决心维持男人的自然支配、对改革者施以尖锐攻击的反对者却大有人在。

事实上,男性的支配地位绝非自然之物,而是仓促间重新创造出的概念。由于有女人准备让自己变得不像女人,以向男人讨回公道;男人便想出各种处罚方式,以迎接这些女性所提出的挑战。社会主义改革者比阿特丽斯·韦布(Beatrice Webb)对此有过亲身体验。一八八九年三月,她访问伦敦大学的马歇尔教授,意图与其共同讨论她的新研究计划。尽管她已是一位富有声誉的研究者,但她发现自己并未得到眼前这位老学者的重视:

……女人是次等人,要是她不肯臣服,男人就也不肯娶她。男人在婚姻中失去了自由,若得不到女人的全心奉献,那他何必结婚?女人因此不应发展任何会令男人不悦的能力:体力、勇气、独立都会令男人不悦;女人太强悍是会令男人吃不消的……"若你跟我们竞争,我们可不会娶你。"他以一笑作结。❻

女性劣势的重申,并不仅是通过每个个人进行的。在每个惊慌的男家长背后,历史因素正联手创造着男性支配的新条件:新的脚镣、陷阱、鞭子和刺棒,随着美丽新世界种种结构的产生而出现。这些结构大致分为三类:

工业组织与资本主义的兴起;
现代科学的诞生与"女性特征"(the nature of woman)的重新定义;

立法者对社会变化的反应。

这三者中,工业化带来的破坏是最容易看出来的。南非女性主义者奥莉芙·施赖纳(Olive Schreiner)认为,工厂制造侵占了女性生产劳动和社会劳动从前的地盘:

我们的纺车全坏了,我们再也不敢像从前那样骄傲地说,我们能亲手制衣服……有段时间我们拥有揉面槽和酿酒桶,但今天,我们的面包经常是由别人制造的,我们吃现成的面包。❼

旧式家庭经济结构的丧失,将女性从曾赋予她们地位与成就感的中心位置上推落,取而代之的是她们必须要面对一种严峻的男女分工。在此分工中,男人是英雄,是负担生计的人,这等于把女性推到了较低、较不重要的地位上。事实上,新的工作状况不仅使女性脱离其先前的生产劳动,如烘焙及酿造;还使女性脱离她们的男人。男女从前是家庭单位里彼此依赖和珍惜的伙伴,如今却各走各的路——男人去从事复杂的工商业活动,女人却日渐陷入从事低层次、不稳定、低报酬劳动的怪圈。随着她们对整体经济的贡献变差,她们的地位也每况愈下。

这一新的、结构性的男女分工影响了所有女性,而不只是那些正兴起的"劳动阶级"女性。在前工业时代,多数女性在部分是家、部分是工厂的家庭单位内生活、工作,与子女、孤寡亲属、长辈、未婚女性、仆人及学徒共聚一处。家庭与工作的分离不仅使女性脱离其多产的劳力及她们的男人,而且使女性脱离子女,脱离其他女性,脱离对自己生活的操控,脱离与外在世界的接触……不管是贫苦劳工的糟糠之妻,还是豪门贵妇,都无法在事务的管理上发挥任何影响力或扮演任何角色,她们在工作领域不具有任何发言权,却又被迫继续工作。十九世纪的女性体验了从高经济地位转而沦入低阶层的滋味。

随着女性被边缘化,甚至成为新的下层阶级,人们日渐觉得她们提出了一个独特且前所未有的复杂问题:所谓的女性问题(woman question）也正是在此时诞生。新的难题需要新的解决办法，而在十九世纪兴起的所有学科中，再也没有什么比科学更能助人解决难题的了，这一新学科提供了"绝对必然"（absolute certainty）的安慰——人脑如今能被测量、分析得极精细——于是，头骨学（craniology）诞生了。头骨学毫不犹疑地假设，智慧与脑容量有直接关系；接着又"证明"了白人男性的脑容量比黑人、东方人、美洲原住民或任何被殖民者的脑容量都要大。

头骨学对于"女性问题"的贡献，在于斩钉截铁地证明，男人的脑容量几乎总是比女人的脑容量大。不过，以脑容量来论证男性优越却很快面临了质疑。如果纯粹比较脑容量，女人的确输给男人；但论及与身体的比例，女人却必然胜过男人。由于"男性智能较高"的观念对男性霸权的正当化是十分重要的论据，这下子麻烦大了。头骨学很快做出应变——智能位于脑前叶、颅顶及后头部，这几个地方男脑都比女脑大。在此谬误连篇的"科学"论证中，最重要的问题却始终未被提及：若阳物和脑的大小是衡量能力的指标，那么这世界岂不是该由鲸统治？

当世界的统治者忙于证明自己比猴子优秀时，鲸自然无法成为他们的争论焦点。一旦进化论与头骨学相辅相成，反女性智慧的大业便宣告完成——达尔文轻蔑地宣布，"女性较不发达的大脑是低等人种、低等文明状态的特征"。由此可见，在近代世界里光芒耀眼的科学，不是被用来追求真理，而是被用来包装陈旧的谎言。此外，科学成为权力的新工具；男人很快取得了这一崭新而广阔的知识处女地的支配权，将定义世界、树立标准的权利抓在手中。科学的胜利使这一可追溯至人类起源之际的过程得以完成；权力、意义与创造力的本源，从前是神奇的女性子宫，后来是神圣的阳物，如今则是男性的脑部。伟大母亲至高无上的功能被彻底颠覆，于是男人的科学心灵构筑了女人矮小且发育不全的形象，到现在这一形象仍在我们的脑中根深蒂固。

跟工业化一样，现代科学也提供了女性角色及功能的新定义，此定义确定了女性的次级地位，使女性的地位每况愈下。医生、生理学者、生物学者、妇科医生、骨相学者甚至赤脚医生……所有这些人在以无数

"女性特征"的"科学论据"对"女性问题"做出贡献的同时,发现科学论据所表明的事实显而易见:女人是脆弱的而男人是强壮的,因此男性拥有支配权不仅是对的,而且是必需的。好医生的卓越贡献,在于他们提出了大量的"科学证据",证明女性是"女性生理结构暴政"下的终身牺牲者。这是什么意思呢?以下这段由美国妇科医学学会会长乔治·恩格尔曼博士(Dr George J. Engelmann)所说的话,很生动地表达了这一点:

女性一到青春期,便得承受月经来袭的痛苦;即使她能平安通过这次考验,之后又能平安生产,她还是得时时受到月经来潮的困扰,一直要到停经,她才能躲开性风暴,享受波浪平息的安宁。⓮

女性的每项天赋功能都已经被视为生命威胁,理性的科学人自然无法对这样一种脆弱的生物寄以太多信心。如今出现在伪生物学视线下的女性,是一种不仅在身体上相当脆弱,同时在精神上也相当脆弱的生物。神经失调及精神不稳定是她们的宿命,而这些缺陷是无法以教育来加以弥补的:年轻女性只要一学习,便会对她们脆弱的神经系统造成伤害,因此学习对女性而言相当危险。曾因在进化论辩论中的角色而被卡莱尔封为"基督教中最大笨蛋"的哲学家赫伯·斯宾塞,便极力鼓吹"头脑体操"对年轻女性的不良效应:神经质、贫血、歇斯底里、发育不全及过度消瘦,这是知识女性常见的病,但这还不是全部。斯宾塞警告说,过度用脑会制造……平胸女孩,因此那些熬过高压教育的女性往往生不出健康的孩子。

女性受教育的代价,是变得脆弱、无力而体弱多病,这想法不只斯宾塞一人有。但女性要是精神脆弱到无法受教育,那么她大概也无法做其他事情了。女性羸弱的身体与脆弱的精神因此成为可不给予她任何公民或法律权利的理由,使之永远停留在"天然状态"。一直到一九〇七年,仍有一位英国伯爵否决了一份为女性争取投票权的法案:

> 我认为她们太歇斯底里、太感情用事而不理智……且不懂得与人妥协。我认为女人不是妥当的政府领导人,她们是非常不可靠的领导人……❾

这位英国伯爵的话,得到了另一位英国贵族的支持:"令人担忧的是,若我们让女性受教育,让她们脱离天然状态,若我们将她们从家庭生活带入政治生活……吾国每个人的家庭和幸福都会受到不良影响。"这位贵族的意思很明显:女性若想逃离其天生劣势,一定会破坏社会结构,因此必须加以制止。

女性的地位和公民权尽丧,只能靠社会和文化的力量来维持。除了工业革命和科学的胜利,十九世纪的法律也是压制妇女解放的另一个重要因素。这一过程在法国最为明显。在法国,拿破仑法典被推为当代最进步的法律里程碑;但其实拿破仑法典却是最藐视女性权利的一套法律。在旧制度下,已婚女性享有充分自由,能控制自身财产,对社会有强大影响力,法国大革命将这些权利扩张,如方便离婚便是一例。如今,拿破仑决意以罗马法为基础来重建法国法律,他严格立法,以确保女人对男人完全顺服,她对他的一切意愿都要服从。

毫无疑问,拿破仑确实将强烈的个人意志灌输于自己的法典之中。"女人应该致力于编织。"他这样告诉斯塔尔夫人(Madame de Staöl, 1776-1817,法国女作家、文艺理论家)的儿子,"斯塔尔夫人什么都好,就是编织不在行。"拿破仑对女性的态度不断流露出这种狭窄、保守、粗鲁的歧视性观点,以及只要他是国内唯一的权力当局,每个男性就都能拥有对家庭的完全操控权的霸气。拿破仑一边通过国家委员会推动他的"改革",一边宣称:"丈夫必须拥有无上的权威及对太太提'太太,你不可上戏院,不可接待这般那般人;你所怀的孩子必须是我的'之类的要求。"同样地,每位女性必须了解她有"在家从父、出嫁从夫"的义务。

为达到这一目的,拿破仑法典将前所未见的——更确切地说是专制、独裁的特权,授予每位丈夫。他能强迫妻子去任何他要她去的地方;她拥有或赚得的每样东西都要变成他的；离婚时，他保留小孩、房子和所有财产，因为她在他们的共有财产上是没有权利的；就婚外情而言，她若发生婚外情就会被关进监牢，但同等情况下，他却可平安无事地大搞外遇。一八〇四年，拿破仑法典成为法律后，法国女人的处境还不如黑暗时代。当新法典与公制横扫文明世界，法国女性的现代悲剧不可避免地在全世界许多其他角落上演着。

然而，就在父权力量疯狂集结的时候，在这种种压迫结构之内却产生出了灭亡自己的种子。工业革命使女人对新身份、新目标的追求更加积极而热烈，它也将达成此诉求所必需的工具交到女性手中。工业革命成功地创造财富，也创造了作为丈夫社会地位标志的"闲妻"。剩余商品及剩余利益的制造无可避免地制造出了剩余女人，同时也制造了历史进程中一种全新的概念：女人应完全被男人赡养。大批新兴中产阶级女性沦为介于瓷娃娃和家庭宠物之间的角色，沦为今日仍可见的标准"小女人"的角色——被剥夺工作及影响力，"闲妻"如今只有努力学习"家务技巧"，学习礼仪、花艺和茶道。

然而，随着时光流逝，"这种不让女人出头的、奇特的男性执迷"，套用历史学家里恩寇特的话，"被证明从一开始就是错误的：历史文献显示，不管怎样，女性必须时常处于事物中心，不可能长久忍受被闲置"。赋闲久了以后，"懒女人"便会开始质疑她慵懒、闲散的生活方式以及她对男人在金钱、地位和意义上的依赖。她会发现，她没法再忍受过这样愚蠢、不自然的生活，这样的生活不是她所想要的。

在天秤的另一端，职业妇女则毫无闲暇质疑自己的命运。她完全顺服于丈夫、老板，在刚刚兴起的"双重负担"下呻吟，白天做一份全职工作，晚上为家事奔忙。但这些女性不是结婚后才开始工作，她们往往在结婚前已有工作经验。资本主义的兴起创造出一连串之前不曾存在的工作，如银行职员、金融业者、商人、零售业者、接线员、打字员等等。身为速记打字员、接线生、收银员、秘书及店员的无数年轻女性组成了职业女性的大军，这类新经验到最后一定会让她们明白，"纵使她们会十八般武艺，她们也未必能找得到好工作"——正如一位评论者所指出的那样。此外,"年轻女性只工作到结婚"的观念也被社会工作者如英国改革者拉伊小姐(Miss Rye)反驳。一八六一年,她对年轻职业妇女的境况做了如下评论:

> 我办公室每天都有一堆人来找工作,找工作的人潮源源不断。与我境况相同的办公室很多……每天都有许多女性来应征,却根本没有位置。❶

在这种情况下,职业妇女与"闲妻"一样被迫丢弃"饭票",开始明白自食其力的重要性。只是,单身女性还能享受自己的经济独立,已婚妇女却必须把薪水贡献给丈夫——女人的薪水平均只有男人薪水的一半,这样的经济独立原本已经够可怜了,结婚后的女性却连这样的价值都要被夺走。

其他因素也使得女性越来越难与男性竞争。科学家对女性弱点的新发现显然对女性打击很大,使女人难以招架,不过依旧有不甘屈服的女性,如南丁格尔这位白衣天使便是个典型的例子。她不畏艰难险阻、服务病患的精神,永远光照历史。对这样一位女性,相信没有人敢称她是"女性劣等生理结构"的牺牲者。哈里特·杜伯曼"将军"(Harriet "General" Tubman)也是一样,她以将美国黑奴从美国南方偷运到北方各州的"地底隧道"闻名,并曾在南北战争中发动一场军事行动,解放了七百五十多名黑奴;这是美国历史上唯一一次由女人计划、领导的军事行动。

这类勇敢坚毅的女性,自然无法忍受男人将女人刻画成肤浅、愚蠢的模样。杜伯曼的同志、黑奴解放论者索杰娜·特鲁斯(Sojourner Truth),在一八五一年女权大会上的讲话,最能表达女性的抗议:

> 那边有个男人说,女人需要被扶上马车、抬过沟渠,并在各处都得到礼遇。可从没有人曾助我上马车或过水坑,也没人礼让我——难道我不是女人吗?

看这只手臂！我犁田、耕种、收集稻谷，没人帮助我——难道我不是女人吗？

我工作和男人一样勤快，饭量和男人一样大，力气和男人一样强。难道我不是女人吗？

我生了十三个小孩，眼看着他们中的大多数被贩卖为奴，而当我悲伤哭泣，唯有耶稣会倾听我的心声——难道我不是女人吗？⑪

不过，最后妄想巩固父权权力基础，因而激起女性革命火焰的，不是科学家，而是立法者。可以说，这场争取女性平等权利、个人自由及完整人权的奋斗，代表着"革命世纪"巨大政治变动的尾声。女人声明她们只是跟随男人的脚步，争取被男人在工业化世界中所抹去的社会参与权利。就民主政治的理想本质来看，男女在法律上应享有平等权利，但掌权者未必这么想。一旦政府为了民主的需求开始修法，他们便会把握机会，不让女人获得男人所获得的每项权利。在大西洋两岸，女人被迫面对"the Rights of Man"的精确解释是"男人"拥有权利的事实。

尤其令女性不能忍受的是，在男人获得"一人一票"等种种新权利的同时，女人不但未获得权利，还受到了之前不曾受到的限制，英国便是实例。从前，歧视女性的法律并不存在，法律从未禁止女性出席议会，而也确有好几位大修道院女院长这样做。一直到斯图亚特王朝（一六〇三至一七一四年）统治之时，贵族女性仍握有选择议员候选人及决定谁当选的权利，这些女人不允许她们的政治权利被轻视，如多塞特女伯爵（Countess of Dorset）便这样严厉驳斥一个试图干预她投票的大臣："我曾被一位篡夺者（克伦威尔〔Cromwell〕）欺凌过，我曾被一位朝臣（一位曾对查理二世动怒的女伯爵）侮辱过，但我不会被一位臣民摆布。你的人不会当选。"在这番话中，上流社会女性对自身政治权利的珍视被体现得淋漓尽致，她们行使正当的政治权利，以打破"只有男人才有统治权"的绝对信条。如今，女性在法律上的权利被女性议会史上前所未见的法案剥夺，因为有种种歧视女性的法案，改革产生的利益遂只为男性所有。正是这样的不平等，促成了妇女运动的诞生。

这不是到十九世纪中叶才发生的事。貌似起源于十九世纪中叶的妇女运动，事实上早在十八世纪结束前即已扎根，其时女性的声音已提高，打破了太平盛世的宁静——在默许男性霸权概念多年后，女性终于找到了这一古老观念的破绽，发现了在这种观念影响下诞生的每项卑鄙行径和风俗，于是女性采取了行动。首先行动的人是玛丽·沃尔斯顿克拉芙特（Mary Wollstonecraft）。乍看之下，玛丽的故事与任何其他贫苦无依的女孩的故事没什么不同——被送到富有人家做女仆，想进学校念书却未成，四处游荡，与人谈恋爱却落得连带私生子一同被抛弃的下场。但乏味的罗曼史中也有其不凡之处：玛丽·沃尔斯顿克拉芙特于一七九二年创作了女权运动史上最著名的论著《女权辩》（Vindication of the Rights of Woman）。

玛丽的出发点是她对"男人对女人的暴政之大奸大恶"无可抑制的愤怒。从这个出发点，她回溯她所遭受的所有社会罪恶：缺乏教育、好工作难找以及男人可以尽情玩弄女人，女人却一失足就永不得超生的双重道德标准。她视现存的男女关系为残忍的、不公正的——"男人要的是女人的身体，哪管她的心灵"——并严厉驳斥女性举止的传统标准："他们要我们只做温柔的家庭主妇，这对我们是多大的侮辱！"《女权辩》殷殷为女性要求受教育权、工作权，并与男性平等往来，它明言了一些永恒的女性主义关怀，并以雷霆万钧之势向世人宣布了自己的关怀。在《女权辩》为女性所受的种种不公发出了强烈的不平之鸣之后，便很少再有人能宣称女性对上帝和男人交给她们的命运只应该心悦诚服地接受。

男人当然不可能对这针对男权的大规模攻击感到开心。男人听到玛丽·沃尔斯顿克拉芙特的这番痛击，自然会觉得自尊心被刺伤，要发出尖锐的甚至歇斯底里的回应。对女人而言，"男人这种'贼喊捉贼'的行为实在好笑"。这是沃尔斯顿克拉芙特的一个法国学生——弗罗拉·特里斯坦（Flora Tristan）不加修饰的总结。特里斯坦自己的一生读来像一本女性主义者奋斗手册：父亲死后她陷入赤贫，经历了一次短暂而不快乐的、影响她一辈子的婚姻。在拿破仑法典下，她无法离婚，也无法得到探视孩子的权利。她发表自传《一个贱民的跋涉》（*Pérégrinations d'un Paria*）时，她的丈夫想要杀了她，加上警方的不断骚扰，她不幸在一八四四年去世，年仅四十一岁。作为一位社会主义者，特里斯坦全心支持沃尔斯顿克拉芙特对女性受教权和工作权的呼吁。她其余的贡献是对"男女平等司法权乃是达到人类和谐的唯一手段"的坚持。对于始终认为自己才是人、认为自己已够和谐的男人而言，这种建议简直莫名其妙。

然而就在女性正在学习将她们的利益与男人的利益分开的时候，一些男人也开始借着拒绝再次欺压女性，将自己与其他男人做出区分。一八二五年，社会主义哲学家威廉·汤姆森（William Thomson）受自由思想家惠勒夫人（Mrs Wheeler）的启发，出版了《女性请求脱离男性暴政》（Appeal of one half the human race, Women, against the pertentions of the other half, Men……）一书。这部卓越而颇具前瞻性的文献使性压迫与种族压迫间有了明确的关联——女人是无意识的生育机器和家庭奴隶，在男人的欺压下过着西印度群岛上黑人的生活。

《女性请求脱离男性暴政》一书不断强调的，是婚姻生活对女人的迫害。"家是女人的牢房，"汤姆森写道，"男人布置了一个家，然后从外头找女人来替他管家……这家里的每一样东西都是他的，而在所有装置物中最可怜的应属他的生育机器——妻子。"唯有取得政治平等，女人才能获得自由。汤姆森在书的结尾为妇女投票权大声疾呼：

英国的女性，醒来吧！全世界各地所有受压迫的女性，醒来吧！醒来品尝快乐。这样的快乐，当你身心获得完全发展时便能得到……你的受压迫使得男人陷入无知与专制之恶，而你的自由则回报男人以知识、自由与快乐。⓬

汤姆森因为替女人请命而遭到他所处社会的嘲笑与排斥。四十年后的一八六九年，约翰·斯图尔特·米尔（John Stuart Mill）跟随汤姆森的步伐，发表了他那篇掷地有声的论文——《女性的卑屈》（The Subjection of Women）。不过，尽管有男性支持者发起争取自由、争取平等、争取完整人权的斗争，要实现真正的自由、平等仍有待女性自己去努力奋斗。

在另一个划时代的历史转折点上，女权运动成为历史上第一个由女性策划、执行的运动。由于它的领导者表现出了她们在呼吁中所强调的力量、尊严与公正，并具备卓越的人格与政治手腕，因此大获成功。这是彰显勇气与决心的国际性运动：在英国，女性誓死追随妇女参政权论者潘克赫斯特夫人（Mrs Pankhurst）；她这样劝告一个自信不足的年轻妇女参政权论者："向上帝祷告，我的宝贝——她会听见你的！"这些话，无疑彰显了她神一般的领导能力。其他人则从单纯、崇高的目标中获取力量——引用一句苏珊·B. 安东尼（Susan B. Anthony）的话："女人就是要向男人要权利，如此而已。"

最重要的是，她们有毅力。以一八六六年成立的第一个女权学会的法国创办人——玛丽亚·代斯哈斯美（Maria Desraismes）来说，她在十九世纪六十年代左右已经是一个著名的女性主义者和反教权主义者，一八九一年出版了她最后一部作品——《人性中的夏娃》（*Eve dans l'Humanité*）。伊丽莎白·卡迪·斯坦顿（Elizabeth Cady Stanton）一八九二年从美国国家妇女选举权协会主席的职位退休时，已经七十三岁；苏珊·B. 安东尼（Susan B. Anthony）接手做了八年，直到八十岁才下台。在每一个州、每一个国家，都有女性为争取女权而鞠躬尽瘁。

而争取女权斗争进行得最激烈的是英国。美国的女性已拥有较多权力，一来是因为美国这个国家的民主理想，二来是因为美国女性在西部所扮演的先锋角色。反观英国，英国是全世界发展工业革命最早、最成功的国家，又享有"日不落"帝国的美誉，但女性却完全被排除在这些关键性的国家大业之外，可见英国社会对女性的歧视。一八三二年，随着英国改革法案（Reform Bill）的通过，这一歧视更有被合法化、永久化的趋势。改革法案把投票权重新授予从前被剥夺这一权利的广大民众，却在英国立法史上第一次将投票权只赋予男人。

抗议随即而来。不只女人抗议，男人也抗议。一八三二年八月三日，著名的激进分子，"演讲者"杭特（"Orator" Hunt），向议会递交陈情书，要求女人也应取得投票权。他呼应美国与法国两地革命分子的看法，认为不给投票权就不应对其收税，而女人既与男人一样要纳税，她们便应享有投票权。

杭特的请愿受到议员的辱骂与嘲笑,但战争毕竟已轰轰烈烈地开始了。在一八四〇年世界反奴役大会上,英国废奴论者将她们的女性主义视野传授给她们的美国姊妹,促成了一八四八年美国纽约州塞内卡瀑布会议,妇女选举权的争取在大西洋彼岸正式展开。一八六九年,伊丽莎白·卡迪·斯坦顿与苏珊·B. 安东尼发表了激进的女性主义简讯《革命》(*Revolution*),女性追求平等的决心至此已告确立。

女性被剥夺投票权,是女性劣势最重要、最明显的象征,因而投票权的争取,也就成了妇女解放计划的重点。但争取女权不是只争取妇女投票权而已,还有其他的自由要争取。如打倒宗教暴政就是一项,而在这方面女人并不孤独。自十九世纪四十年代起就有一群学者,大部分是德国人,他们致力于质疑《圣经》,其结果不仅是推翻《圣经》作为史证的价值,更造成了《圣经》地位的重大改变。对传统基督教信仰同样有强大杀伤力的是地质学的种种发现,这方面的发现,从英国地质学家查理斯·莱尔(Charles Lyell)在一八三〇年出版《地质学原理》(*Principles of Geology*)一书起,便以无懈可击的证据,显示了创世记叙述只是一个神话。当达尔文告诉大家人类不是上帝的手工制品,而是如同其他任何动物一样经时间进化而来时,创世记故事便遭到了另一次致命的打击。在历史学者、语言学家、地质学者及达尔文主义者的联手攻击下,《圣经》及其男性霸权的叙述在十九世纪五十年代已沦为虚构,不复从前的地位。气势既已形成,女性主义自由思想家自然要使尽全力出击。她们质问:男人为何能在一个显示亚当是夏娃身边顺臣的故事上建立起男性霸权理论?

基督教对女人的贬低引起了很多人的不满,以下这段一八七六年时来自意大利罗马天主教会的控诉就是一个例子:

> 女人必须从外部对教会施加影响,随着新文化……她们将能停止相信、也不再让她们的小孩相信——雨是由耶稣所造,雷是上帝愤怒及敌意的象征,农作物丰收或歉收是神的意志的结果……⓭

最激烈的控诉来自美国。在美国，伊丽莎白·卡迪·斯坦顿与苏珊·B. 安东尼都坚决相信，《圣经》是两千年来女性进步之路上最大的阻碍。对斯坦顿而言，《旧约》纯粹是无知、未开化民族的历史，后来被窜改了，来为男尊女卑提供理论依据。一直要到《女人圣经》（Woman's Bible, 1895—1898）问世，女性才因接触了新的《圣经》版本，而开始了解位居创世记故事的关键位置是什么滋味。两千年来，上帝始终为反女性主义披上了一层可敬及神性的外衣。如今，白髯老男家长却只是一位没穿衣服的国王。

女性主义者对基督教塑造的女性卑微形象的拒绝，对女权运动另一关键议题——"要求受教育权"有重大影响。女人的无知是与基督教教条相连的——夏娃的罪恶包含伸手摘取知识树上的果子，因此她的惩罚便是永远被剥夺知识。由于这种教条两千年来未受到挑战，一代代被定罪的女性遂在心智蒙昧的状态下被抚养长大，被贬为无知、愚蠢的生物。"我们被教育得纯然无知，男人为压制我们的天赋理性真是无所不用其极。"英国女作家玛丽·沃特利·蒙塔古夫人（Lady Wortley Montagu）在十八世纪难过地抱怨道。

到了十八世纪末，对女性受教育情况的抗议已变得相当普遍。"多数人认为女人只要能认得丈夫的床，不会把丈夫的床跟别人的床搞混，就够聪明、够有学问了。"教育先驱汉娜·伍丽（Hannah Woolley）以她独特且犀利的话语表达了她的不满。但究竟该如何教育女性呢？历史上并无多少前例可循。西方固有源远流长的"博学女士"传统，女性获得知识的途径却大多来自学校以外——聪明的邓德莉亚姊妹（d'Andrea sisters，俱为十七世纪意大利律师），是由她们的父亲教导；十五世纪塞浦路斯王后卡特莉娜·柯纳（Caterina Corner），是由她的兄弟教导；而十六世纪诗人及人道主义女祭司图莉亚·达拉哥那（Tullia d'Aragona），则是由她的情人教导……并无学校传统可资依凭。此外，有些人的遭遇甚至令人同情，如撒克逊少女伊丽莎白·艾尔斯托布（Elizabeth Elstob），她虽靠着勤奋自修而在盎格鲁撒克逊语的研读上颇有造诣，却以贫困潦倒而终，连想维持一所女子学校也不可得。命运尤惨的是玛丽·艾斯忒尔（Mary Astell），十七世纪初，她向安妮女王建议成立全世界第一所女子高等教育学院，并获得一万英镑赞助的承诺，但后来招致激烈反对，不但这一万英镑泡汤了，类似的建议更是推迟到了一百五十年后才有机会被再次提出。

汹涌的革命浪潮，使得女性受教育的问题无法再拖延。在汤姆森出版为女性请求受教育权的《女性请求脱离男性暴政》的同一年（一八二五年），托马斯·赫胥黎（Thomas Huxley）出生，从他写的文章中，我们可以看出随着时间的推移，人们的观念所发生的巨大变化：

当女性在沉沦，当所有女人中有十分之九处在蒙昧无知的状态，我看不出我们能如何创造进步；为显示我的观念没错，我已决定……让我女儿要跟我儿子一样去念物理学……她们一定要出人头地，不能只是等着嫁人。⓫

他们的洞见，使其足以与科顿·马瑟（Cotton Mather, 1663-1728, 美国清教徒牧师及作家）、托马斯·摩尔（Sir Thomas More, 1478-1525, 英国政治家及《乌托邦》一书的作者）及伊拉兹马斯等人并列，这些人以及其他无数支持女性应有受教育权的男人，其影响力是难以估量的。以芭芭拉·波迪肯（Barbara Bodichon）为例，她在一八六五年读了英国第一篇论妇女投票权的论文，后来成为欧洲选举权运动的关键人物之一；她还创立了女性主义刊物，并协助创立了剑桥格顿学院（Girton College）。所有这一切之所以成为可能，是因为她有一位进步的教育家父亲，他和赫胥黎一样，认为自己的女儿所受的教育应完全与自己的儿子所受的教育相同。

女性受教育权的议题，与妇女投票权的争取一样，最终在女性手中获得突破。从艾玛·威拉德（Emma H. Willard）于一八二一年在美国创设特洛伊女子学院（Troy Female Seminary），到毕尔小姐（Miss Beale）于一八九三年在英国牛津创立圣希尔达学院（St. Hilda's College），女性办学的例子不胜枚举。这些成功是以改革者之间尖锐的冲突为代价的。有一些人，如美国的凯萨琳·比彻（Cathrine Beecher），坚决信奉女性的传统角色，要求课程中一定要有家政学，以让女孩们为婚姻生活做准备。其他的人，如格顿学院的创办人埃米莉·戴维斯（Emily Davies）则持有异见，认为男女学生应受同等教育，成绩也应达到同样标准。幸运的是，分裂归分裂，各人倒也都能在自己的岗位上克己尽责。这股女性办学的风气甚至延伸到了英美地区以外：从十九世纪六十年代起，新西兰的达尔林普（Lear-month White Dalrymple）、希腊的凯哈吉亚（Kalliopi Kehajia）、印度的拉玛拜（Pandita Ramabai）及俄罗斯的特鲁布尼柯娃（Marya Trubnikova）……女性之间展开了广泛的合作，以推进从幼稚园到研究生院的各级女性教育。

随着越来越多女性进入大学就读（女性改革者已经证明，要是男人不让她们进大学，她们就自己建立大学），女性进入职场的权利不再被抹杀。或许男医生会想不通，女人为何想当医生而不是护士，但想成为医生的女性却迫不及待地去追求自己的目标——"我当然希望一年赚一千英镑，而不是二十英镑。"第一位英国女医生，伊丽莎白·加勒特·安德森（Elizabeth Garrett Anderson）这样说道。这不加修饰的言词看似势利，但背后其实有强烈的女性主义和理想主义存在。加勒特·安德森是在听过由伊丽莎白·布莱克威尔（Elizabeth Blackwell，美国第一位女医生）发表的演讲后，萌生了当医生的想法；跟布莱克威尔一样，加勒特·安德森尽力以各种方式帮助女人，除为选举权奋斗外，还开设诊所，终于在一九〇八年成为英国萨福克郡奥尔德堡（Aldeburgh, Suffolk）的第一位女市长。

这些女人需要过人的勇气，以抵抗来自四面八方的攻击。澳大利亚医生哈里特·克利斯比（Harriet Clisby）在英国及美国奋斗多年，最后才在一八六五年——自己三十五岁的时候成为医生。美国对想成为医生的女性并不总是这样宽容；当哈里特·杭特（Harriet Hunt）在一八五〇年被哈佛医学院院长奥利弗·温德尔·福尔摩斯（Oliver Wendell Holmes）③特准入学，愤怒的学生群起抗议，最后终于逼得她离开，且再也没能回来。

即使顺利入学,接下来还得迎接许多挑战。为了成为匈牙利第一位女医生,薇尔玛·胡贡奈-瓦莎(Vilma Hugonnai-Wartha)必须进修高级拉丁文和数学、担任医学院教授助理、发表两篇论文,还得通过口试;除此之外,还必须进修普通课程。等她在一八七九年完成这一切,学校却宣布由于女性的身份,她只能获颁助产士证书。后来,即使她在苏黎世大学也表现优异,她还是再一次受到了"女性只有在与男医生合作的前提下才能当医生"的新立法的打击。

女性无论想进入哪个行业,都要历经一番奋斗,每个国家又都有其自身对女性主义的特有挑战,因此,并没有所谓放诸四海皆准的抗争原则,而只有依各地不同状况所发展出的抗争内容。因此,在印度,沙拉金尼·奈都(Sarojini Naidu)、阿巴拉·博思(Abala Bose)及其他人反抗的是妻子殉节及种姓制度;而在日本,市川房枝(Fusaye Ichikawa)抨击的则是剥削了不少日本女性的公娼制度。

毋庸置疑的是,在激起女权运动的所有因素中,最重要的是在美国南方各州所进行的反奴役运动。许多女性是因为看到了黑奴的苦境,深受震撼,才投入到对自由的追求中——废奴论者莎拉·格里姆克(Sarah Grimke)看到一个女奴惨遭毒打时,才只有四岁,而这一场景令她永生难忘。当她还是个孩子时,她便反抗"禁止任何人教导奴隶读、写"的法律,为此她也遭到一顿痛打。这样的女性在成长过程中,往往会感受到男性社会对女性强烈的敌意而成为活跃的女权运动者。"我不为女人要求恩惠,"莎拉·格里姆克这样宣称,"我只要求她们自己站起来。"既已为反奴役奋斗,便不可能不为女权奋斗。"在我成为一位废奴论者之前我是一个女人,"露西·斯通(Lucy Stone)这样告诉马萨诸塞州反奴役协会:"我必须为女性发言。"

而她们确实在四处为女性发言,为受教育权,为法律改革、工作权、民权及最重要的投票权而奔走呼号。投票权在象征意义上的重要性,从"它在所有其他权利都已获得后才被获得"的事实即可看出:女人要在获准进入中等学校、大学、职场,取得财产权及离婚权后,才能获得投票权这一完整公民权的象征符号。一八六九年,美国西部的怀俄明州赋予女性投票权,使美国在赋予女性投票权一事上居于世界领先地位。接下来是新西兰——一八九三年给予女性投票权;再来是澳大利亚、丹麦、芬兰、冰岛、挪威及俄国,最后是英国——于一九一八年赋予女性投票权。争取女性投票权的战役,在历经种种艰难之后,至此宣告结束。女性取得了投票权。女人赢了。

然而,真的赢了吗?在断头台的阴影下,德古吉呐喊着革命从未给女性带来利益。女人历经漫长历程、付出巨大代价所争来的权利,本质上都是男人的权利。女人除了攻进男性特权的古老城堡、炮轰男性霸权所盘踞的城池外,其实别无选择。但若认为取得投票权就是取得了最后胜利,可是大错特错。即使在胜利的时刻,也有人已经意识到了未来路途的艰难:

> 了解女权运动、了解真正的新女性精神的人,不会假定现代妇女为了投票权、受教育权、经济自由而战,是因为女人想成为男人。这概念是从男人的脑中发明出来的。女人今日所争取的,就像她历来所争取的一样,是争取当女人的自由。❺

这是什么意思?要找到这问题的答案,得开始另一次战斗,开辟另一个战场。女人虽然已经很疲倦了,但仍义无反顾地扛起枪,再次向前迈进。

---

❶ Sir William Blackstone, 'Greatest of all English jurists'.

❷ 'Declaration of sentiments and resolutions' of the First First Women's Rights Convention in America, Seneca Falls, 1848.

❸ Queen Victoria to Sir Theodore Martin, 1870.

❹ 有关塞西莉亚的例子,可参见 A. Dowling, *Reports of Cases Argued and Determined in the Queen's Bench Practice Courts* (1841), VIII, pp. 630ff。有关道森、爱迪生和

泰乌西太太，见 Julia O'Faolain and Lauro Martines, *Not in God's Image*: *Woman in History* (London, 1973), p. 333.

⑤ Louise Michele Newman, *Men's Ideas*, *Women's Realities*: *Popular Science* 1870 – 1915 (New York and London, 1985), pp. 192 – 193.

⑥ Beatrice Webb, *My Apprenticeship* (1926), p. 92.

⑦ Olive Schreiner, *Woman and Labour* (1911), p. 50.

⑧ George J. Engelmann, 'The American girl of today', the President's Address, *American Gynecology Society* (1900).

⑨ 这位英国伯爵是 Earl of Halstead, 见 Hansard Vol. 175, 4th Set. (1907), col. 1355。下一段中的英国贵族是 Lord James of Hereford, Hansard。

⑩ 'The emigration of educated women', Social Science Congress in Dublin, 1861, 见 Viola Klein, *The Feminine Character*: *History of an Ideology* (London, 1946), p. 22.

⑪ Kate Millet, *Sexual Politics* (1969), Chapter 3, 'The sexual revolution, first phase'; 亦可参见 H. Pauli, *Her Name was Sojourner Truth* (1962).

⑫ Roger Fulford, *Votes for Women*: *The Story of a Struggle* (London, 1958), p. 16.

⑬ A. Angiullti, *La Pedagogia*, *lo Stato e la Famiglia* (Naples, 1876), pp. 84ff.

⑭ Thomas Huxley, *Life and Letters of Thomas Huxley* (2 Vols, New York, 1901), I, p. 228.

⑮ Anne B. Hamman, 'Professor Beyer and the woman question', *Educational Review*, 47 (March 1914), p. 296.

① 译注：卡尔特修道院（Charterhouse）是在伦敦一修道院遗迹所建立的养老院；原在该地，而现在移到戈德尔明的公立学校。

② 译注：人身保护令是在普通法下由法官所签发的手令，命令将被拘押之人交送至法庭，以决定该人的拘押是否合法。

③ 译注：福尔摩斯除曾任哈佛医学院院长外，还兼有医生、诗人及幽默作家等身份。

11

身体政治

> 未拥有身体操控权的女人,不能算自由的女人。
>
> ——玛格丽特·桑格(Margaret Sanger)

> 无论是怎样的威胁利诱,女人都不可将自己的个体性(无论是精神或身体的个体性)降服于丈夫的威压之下。妻/母的职能必须完全保持在女人自身的选择范围内。
>
> ——伊丽莎白·艾尔米(Elizabeth Wolstenholme Elmy)

> 每逢有对女性不利的说法出现,女士们总爱埋怨我们这些男性精神分析家,说我们向来对女性存有根深蒂固的偏见……我们只能说:"别生气。你是例外,你没有这些女人的毛病。"
>
> ——弗洛伊德

女人赢得了投票权。除了为女权而奋斗的光荣象征外，女人也赢得了其他权利及自由——受教育权、公民权、工作权及财产拥有权。但高等教育受教育权对一位十四岁的未婚妈妈有什么意义？对一位因为二十年内连生十七个小孩而子宫下垂、没法前去投票的中年妇女，投票权又有什么意义？

如很多人预料到的那样，就算女性争取到了受教育权、公民权、工作权和财产拥有权，但若未争取到身体解放，依旧不算是真正的胜利。一九一九年，美国亲职协会（American Voluntary Parenthood League）的维克多·罗宾逊（Victor Robinson）将争取避孕权解释为争取自由的基石与极致，并对可能遭遇的阻力提出警告：

当女性取得高等教育权，男人宣称念太多书的女人不会是好女人。当她敲开医学大门，男人宣称研究高深学问的女人没法成为一个好太太。当她要求生产时用麻醉药，男人立刻告诉她若女人生产时未经历痛苦，她们会不爱孩子。当已婚女人要求财产拥有权，男人赌咒这样一种激烈做法会完全消灭女人的影响力，有如在家庭基础下引爆一座火山，把婚姻幸福整个摧毁；且他们要我们相信，他们之所以反对女人要求财产拥有权，不是因为他们不敬慕公义，而是因为他们更爱女人。在女人争取公民权的许多年间，男人聚集在赌场、酒吧，互相抱怨是女人使家庭破碎。如今女人要求自己身体的控制权，而有男人回答，要是女人知道如何避孕，她们会泯灭母性。似乎总有一些男人万分恐惧，好像女人正在计划灭族。企图同这类男人说理是愚蠢的，我们只能希望，避孕法在获得普遍认识及明智运用后，这种男人会被淘汰。❶

因此，在争取身体权的战役中，避孕是关键议题，其最主要的诉求，就像女权运动中的投票权。然而一旦说到身体，牵涉的绝不只避孕权而已。设若女人能从"女性生理结构暴政"中解放出来，她就有成为独立自主个体的机会。设若她能将自己从性活动、怀孕、生产、哺乳、怀孕的无尽循环中解放出来，她便能获得个人成长与社会身份。设若性能不再带来勉强怀孕、堕胎、甚至死于难产等悲惨后果,女人便不会再被视为有罪的、该被惩罚的。设若每个女人都能掌握这些概念及掌控自己身体的方法,男家长将会付出多少代价?

这当然是说得容易,但争取身体权的战役才刚刚开始,其任务乃是重新定义女人的性特征。新的工业文明业已利用十九世纪的"进步"——尤其是种种"科学"假说,将女人重新定义为无力的、意志薄弱的群体,进一步巩固了女性劣势说。该劣势的根源,不消说,在于"性情多变的、无才智亦无意志的浪荡子宫"。对现代医学专家及他们之前许多世代的男人而言,女人只不过是一座造型精巧的生育机器。让我们回想三百五十年前马丁·路德那轻蔑的嘲笑——"女人的功能就是生孩子!"

一旦女人被视为由子宫主宰,就等于被判了终身监禁。十九世纪的妇科医生,以莎士比亚式奔放的文思,将女人一生分作七个阶段:出生、月经来潮、破身、怀孕、生产、授乳以及停经。所有这些都完全聚焦在"女人生命最伟大的冠冕及喜悦——**母职**",等于不断提醒女性女人的天职就是要做妻子与母亲。妻/母角色是女性"必然的命运"中如此重要的一部分,以至于"女人一直要到生了孩子,才算完美的、发展成熟的人"这样的观念一直被奉为理所当然。然而女人成为母亲的过程,照优良医生的经验,并不十分自然:

> 每个女人都是带病过一生。"女性生理"始终跟着她,无论她是否痛苦,她都是病着的……所有女性都是天生病患。❷

所有女性?没错,就是所有女性。一位杰出的妇科医生告诉他的病人:"女人要是知道她的骨盆里带着什么样的危险,她会不愿意长大。"

这种对女性猎獝的体内环境的执迷,造成的影响不可小觑。由于女人被视为生殖动物,所以她所经历的每一项失调都会被当成生殖器官失调处理。贫血、歇斯底里、疯狂、犯罪都被视作性病处理,妇科医生经常会为病人摘去卵巢或输卵管。毫无疑问,这种做法不但没治好病人的病,反而加重了病人的病情,让她对医生更加依赖。为求得"精神上的效果"而对病人施行拓宽子宫颈及刮子宫壁手术的现象也很普遍，这类手术尤其经常被施于女性特征不明显或性情狂暴的女孩身上。而最残忍的要属阴蒂割除，即所谓的女性割礼——切除阴蒂和外阴部——而这却被支持者称为"崇高的活体解剖"。整个十九世纪及二十世纪初，这一手术被施以治疗手淫、幻想症、阴道黏膜炎、背脊痛及歇斯底里症，尤其常被施以治疗癫痫。连英国和美国这两个"进步"国家都倒退回黑暗时代，同中古的近东和中东一样，将施行阴蒂割除作为治疗女性疾病的手段。

然而这样一幅"女性终身带病"的图像绝非事实。只要对月经和生殖作番历史检视，就能发现，女性不断想控制身体，且经常能够达成某种程度的控制，避孕就是其中很重要的一项。由于生产始终是女人经历的最危险的体能活动，想避孕便是很自然的念头。从史前到今天，林林总总的避孕用品及器具，除了显示出女人为避孕花了多少力气外，也对"母性本能"的观点投下了一个反讽的注脚。所有似乎能发挥避孕效果的东西，都曾被女性想方设法地加以使用。

许多女性避孕用品相当恐怖，女性除非有极大的避孕决心，否则绝不会使用。在日本，《枕草子》建议将水银（mercury）、一只马蝇及一只水蛭加以混合，一起烧成糊状，趁滚热时吃下。或用大量郁金香与冷水里的猴脑及镜子里的水银一起炖煮，再将混合物吃下。其他一些地区则对动物粪便显示出了无法解释的执迷：公元前一八五〇年，埃及人初次在一张纸草上提及的避孕法，是建议将蜂蜜与鳄鱼粪便搅在一起，塞进阴道。非洲其他地方则偏好大象的粪便。公元九百年，粪便风吹进英国，《撒克逊医药书》（*The Book of Saxon Leechdoms*）上甚至有这样一则可怕的避孕建议："取一块新鲜马粪，将它放在热煤里，然后把它放进女人的衣服下，使它在女人大腿间发出恶臭，让女人流很多汗……"其他避孕法依赖的则是障碍理论。这方面脚步最快的是日本人，他们发明了子宫颈帽，一种涂油的竹纤维圆纸片，但它很容易在性行为中被推开或破坏，还不如巴纳特地区（Banat，在东欧，包括罗马尼亚西部、南斯拉夫东北部及匈牙利南部等地）的德国—名匈牙利女人所用的融化蜜蜡制的子宫颈圆片。其他像蛋黄、骆驼口涎、胡桃叶、番红花、洋葱、薄荷、干燥根茎、海草、破布、鸦片及草等种种原料也在不同地区被用做塞子以塞住子宫口,防止精子进入。最特殊的要算是卡萨诺瓦(Giacomo Casanova de Seingalt, 1725-1798,威尼斯探险家兼作家)的个人用品——一个浸泡在碱中的阳具及半个柠檬。将柠檬凸起的一端塞入阴道,挡住子宫颈:面向阴茎削平的一端,则会在性交时淌出柠檬汁。此等不寻常的性经验,有助于解释何以卡萨诺瓦能在历史上留名,而其他许多生性好色的旅行家却湮灭在了历史中。

可见,女人并非不顾性交后果;相反,女人会做许多避孕工作。公元二世纪的希腊妇科医生,以弗所的索拉那斯(Solanas of Ephesus),便曾推荐过一个小小的仪式:"在性交的关键时刻,即男人准备要射精的时候,女人不妨屏住呼吸,稍微转身,好让精子没法太深入子宫。"青楼女子则获得了"性行为时的激烈动作有助于驱逐精子"的建议——此建议的发明者显然期盼的是一个活跃的性伴侣,而非一个只是躺在那儿屏住呼吸的女人。

女人自己显然也相信这建议。常见的妙方包括咳嗽、打喷嚏、跳上跳下甚至冲出门在雪地里打个滚以逐出精液。最常见的避孕方式为撒尿(此方法已为全世界女性使用数千年,且至今仍在使用)及用酒或醋冲洗阴道,或采用事前避孕法:女人在脖子上戴护身符以避免受孕,这类护身符包括亡婴的牙齿、《古兰经》的一段经文以及趁月亮落下前摘下的鼬鼠的左睾丸。

女人,当然,在她们"要性,不要怀孕"的努力中并不完全孤独,这从安全套的长远历史即可看出。无论是由亚麻、天蚕丝、羊盲肠、鱼膜、皮革、龟壳还是牛角制成,安全套似乎都是个败兴的玩意:一六五〇年,法国女作家塞维涅夫人(Madame de Sévigné)就曾抱怨,"以金箔匠所用的薄皮(做金箔时夹在箔间)制成的安全套,挡住欢乐,却又挡不住感染危机"。这句话提醒我们,设计安全套的初衷即是保护男性而非女性,是作为预防疾病的工具,以抵抗肆虐欧洲的性病。男人若真有心不让女人怀孕,他会采取所谓的性交阻碍法,"只要往尿道底部(那里一按，逼精液入膀胱，男人就能够不射精。"但这任务实在太困难了，很难想象有谁能做到。

这么看来，避孕还真不是件易事。其他避孕法也不容易，例如晚婚——这种原始但重要的避孕法至今在爱尔兰仍在使用。性交中断法、算"安全期"、无性婚姻或梭罗的"道德抑制"必然也分别被想避孕的人采用过。还有更糟的避孕法。许多避孕法相当危险，如吃死骡耳朵上的脏东西，吃镜子上的水银，喝铁匠淘洗工具的水，用羊毛、树皮、根茎、明矾、腐蚀药来塞住阴道，说是避孕，简直是杀人。

问题的关键在于，这些避孕法根本没用。尽管一些被使用的材料，如蜂蜜或阿拉伯树胶，的确具有挫伤精子或杀死精子的效用，但要达到避孕效果，还是得运用二十世纪的科学知识。而以上提到的种种避孕方式，女人必须要有强壮的胃、稳定的手、钢铁般的意志及几乎好得不可思议的运气，才能在长达三十年的生育生涯中，"只在想要孩子的时候才有孩子"。

事实上，无论在我们这个时代之前数千年中的大多数女人在想什么，她们在生育这件事上是没有多少选择的。小孩是上帝送来的礼物："婴孩越多，幸福越多。"伊丽莎白一世时代的人这样相信。女人的一生似乎离不开母亲这一角色与职业；诚然，在女人能获得母职外任何其他个人职业之前的许多世纪，母职一直都是女性权力及重要性的主要来源。"谁是最伟大的女人，活着的还是死了的女人？"斯塔尔夫人问拿破仑。"有最多小孩的女人。"拿破仑毫不犹豫地给出了这样的答案。并不是只有科西嘉岛人才有此执迷。在美国，清教徒伦理加上新世界的广袤无垠，使繁衍后代成为刻不容缓的事；而在罗马教会支配下的人民也必须无条件承担起制造天主教徒的任务。

其他地方，尤其在贫穷国家，超高的幼儿夭折率使得不断补充新生儿成为必需；贫穷、过度生育、父母疏忽和幼儿死亡间，存在着错综复杂的关系。即使在发达国家，对生产也抱着"顺其自然"的态度，认为避孕是违反自然及违反神的行为，这是维多利亚女王的首相威廉·格拉斯顿（William Gladstone）的女儿写信给父亲时说的话。婴儿或母亲死于难产在多数社会被视为平常——为生产后的母亲祈福时，常念"感谢神让她安全通过死亡幽谷"的词句，便是一个证明——而所有社会都借一夫多妻制来进行妻子替换。在东方社会是准许同时娶几个妻子，在西方社会则是准许续弦。

这些境况对女人的影响，可从一位文艺复兴时代商人——格雷格里乌·达帝（Gregorio Dati）的日记看出。达帝的第一任爱妻班德伽（Bandecca），在流产后九个月归西，达帝只好与他的"鞑靼丫环"结合，丫环为他生了一个儿子，但他希望有嫡出子，因此又讨了一位妻子。他的第二任妻子在九年内为他生了八个孩子，最后难产而死。他的第三任妻子生了十一个小孩，后来"主决定要召回我可爱的妻子吉内福拉（Ginevra）。她在阵痛多时后死于难产"。不用说，达帝又结了婚。他的第四任妻子生下六个小孩，难产一次。五个女人，在三十年内，总计为他怀孕二十八次。

达帝对父职的巨大胃口，其实并不稀奇。他的几任太太所受的苦，无论就达帝所处的时代或后来许多世代而言，也都不稀奇——我们只能质疑，十九世纪的托马斯·杰弗逊（Thomas Jefferson）何以能在给他女儿的信中如此满不在乎地说"生孩子是轻而易举之事"，当时他的太太已死于难产，而他的女儿也在两个月后死于难产。比较而言，塞维涅夫人对她挚爱的独生女所表现出的焦虑（她的女儿结婚头两年怀孕三次，包括一次严重流产）要诚实得多。在一封言辞激烈的信中，她警告她的女婿："你所爱的女人的美丽、健康、活力及生命都可能被你不断为她造成的痛苦所毁，"并威胁他，"我要把她带走！你以为我把她交给你是要让你毁了她吗？"弗朗索瓦丝（Françoise）熬过了这次怀孕，但她母亲的忧虑并未终止。她一生下小孩，她母亲便警告她别试图靠哺乳来避孕："如果你的月经再度开始后，你很想与丈夫行房，这很可能意味着你已经怀孕；而若你的接生婆另有说法，她就一定是受了你丈夫的贿赂！"

在这种状况下的丈夫，既不能做自私的好色者，又没法当愁眉苦脸的禁欲者，真可谓左右为难，但他一定能掌控自己的性生活——但许多女人可做不到。当所谓的现代带着其进步与繁荣驾临西方，女人却沮丧地发现生育只变得更坏，而没有变得更好；在一场将影响所有女人命运的决定性的权力斗争中，男人终于赢得了对女人孕事的操控权。男人对女医生的攻击由来已久——专业男医师向来不能忍受专业女医师的存在。而随着药物、助产钳、麻醉及正式医学训练的到来，男医师终于能篡夺女人身为助产士的古老职位，自己扮演最重要的男性妇产科医师的角色。

新的男性妇产科医生顶着专家之名，毫不费力地摆平了以往的女助产士，尽管他们的技术未必优良。"伟大的威廉·斯梅利（William Smellie）"，打破成规的"英国接生能手"，便曾因乱剪婴儿脐带而让婴儿差点流血致死。斯梅利告诉对其治疗方案表示质疑的产婆说，此项革命性新技术可用来防止新生儿痉挛。但他后来私底下承认，他对这项新技术根本没把握。

正如一位英国首席妇科医生在一八四八年所指出的，随着麻醉药及消毒剂在西方问世，医学终于能够开始检验它自己关于"女人在生产时的痛苦和死亡只是'必要之恶'，可视为'神的赐福'"的偏见。不过，就西方之外的地区而言，对女性死于难产见怪不怪的态度则似乎未有多少改变，造成女性死于产床的种种风俗与习惯也未被革除。譬如，在印度，一位英国女外科医师，沃恩博士（Dr Vaughan），便曾在英国掌握统治权的最后日子里发表了这份令人丧气的报告：

女人在一楼。在她旁边有一两个肮脏的老女人，手脏兮兮的，头上长满虱子……病人阵痛了三天，孩子还是生不出来。一检查，我们发现她的阴户肿胀而破裂。据她们说，没错，情况是很糟，她们得使出九牛二虎之力来为她接生……我们替病人施打麻醉药，用钳子将小孩夹出。我们在母亲体内发现了蜀葵根茎，在子宫内还发现了线头和一块包着奎宁种子的脏兮兮的破布……别以为只有穷人才受这种苦，许多有大学学历的印度男人的太太也是躺在破草席上，由这类杂牌产婆照顾……❸

沃恩早就意识到，这种痛苦、感染与死亡的根源并非在于照顾女人的产婆，而是在于丈夫的态度。在后工业国家，同样的观点也开始被提出，因为西方女人虽生活在进步得多的社会里，却依旧发现自己受到男性社会观点与期望的禁锢与折磨。西方女人于是拿出争取选举权的那种勇气，开始争取自己的身体权，并视此为争取人权大计的一部分。为了达到目的，她们面临另一项艰巨的工作——这工作和改变男人视女人为生育机器的态度一样艰巨——改造女人和男人的性（remaking sexuality, female and male）。

只要男人依旧视自己为女人身体的主人和拥有者，女人就无法做自己的主人。整个十九世纪，尽管有许多骚动、不安及革命发生，大体上却没有动摇男性自黑暗时代以来即存在的视女性为性奴隶的观念。一八四四年，恩格斯（Friedrich Engels）在英国北部旅行，他注意到他所造访的每家工厂都理所当然以女工为奴隶，要女工为老板提供性服务。女工十之八九会同意，因为怕被炒鱿鱼。老板根本视工厂如妓院，他的权力大到能统御属下的身心，他是她们绝对的统治者。

这不只是一些不幸女工的事。当女性主义者开始四处寻找时，她们敏锐地发现了不少受压迫、争自由的女性，她们生活在一个"驱使女性去当性奴隶的社会"，这个社会是通过男人对女人生殖功能的不断强调所形成的。克里斯特贝尔·潘克赫斯特（Christabel Pankhurst, 1880-1958）①写道："其教条是：女人就是性，除性以外什么也不是。"男人喜欢将这一观念偷换概念，变成"女人生来就是要做母亲"，但那只是障眼法。男人心里真正想说的是，"女人之所以被创造，主要是为了满足男人的性欲，其次是为男人生小孩，男人要多少就生多少。"

并非只有激进的妇女解放者（如潘克赫斯特母女及其支持者）才持这类尖锐的观点。受社会改革者约瑟芬·巴特勒（Josephine Butler）启发而组成的国家妇女协会（Ladies' National Association）中的温和派也挺身而出，痛斥整个妇女阶级所受的性剥削。他们指出，女人仿佛被分成"好女人"和"坏女人"两种，但这两种女人本质上没有区别，都是男人的性玩物，受到男人的性剥削。巴特勒本人曾沉痛地指出，纯洁、受尊敬的女人所受的剥削事实上与她"意志不坚"的姊妹一样大；差别只在于：纯洁女人的身体被用来满足不同的性目的，是作为财产传承的"工具"存在，而非为了性欢乐。

在抨击男人的好色、恃强凌弱、对女人施以暴政的过程中，巴特勒被急于为自己辩护的愤怒男人贴上了"娼妓"的标签。但女人总算出了口气。巴特勒的控诉得到了美国的伊丽莎白·加蒂·斯坦顿的呼应：

> 沉浸在色欲中的男人已经对性交问题一手遮天太久了！让人类的母亲给这问题一个彻底无畏的检验，让男人不再如此嚣张。❶

与同僚露西·斯通和苏珊·安东尼不同，伊丽莎白·加蒂·斯坦顿对男女在性战争中的关系有相当清楚的看法。尽管也十分关心女人的完整、公民权和投票权，但她对赋予男性对女人身体的拥有权与操控权以及由男人制定的法律与风俗，却有格外痛切的个人义愤。在英国，致力于女权运动的弗朗西斯·斯温妮（Francis Swiney）也有着与斯坦顿一样强烈的义愤感，她认为女人被剥削并非历史的自然或偶然，而是一个发展完全的性体系的一部分：

> 想想男人统治、男人创造的宗教、男人的道德符号对女人的影响。女人已看到她的女儿，生物进化上的最高发展，被无情地贬为废物。她已看到她的儿子，生物学上"有缺陷的物种"，营养不良及恶劣状况的产物（因此是不完美的生物），凌驾在她女儿之上成为主人、统治者与暴君！……教会与国家、宗教、法律、偏见、风俗、传统、贪婪、色欲、恨意、不公、自私、无知及傲慢，在男人性统治的庇护下全部联合起来对付女人！❷

并非每个人都能赞同斯温妮，尤其是她公然宣称女人至高无上的优越性这一点。但斯温妮对男人施以的女性主义式的愤怒攻击——男人不过是优生学上的灾难、他们的脑袋小而弱、他们的身体好色而病态、他们的精子是一团毒素——仍令许多女性禁不住鼓掌叫好。各地女性受到斯温妮的激励,也开始对男人对性交的操控进行彻底无畏的检验。

如今,性产业的普及已经成为女性主义者的主要关注对象;十九世纪的各国立法者对这一问题未采取适当的做法,致使女性遭受到更多苦难;而男人的逍遥法外,愈发使女性主义者关切这一问题。不同国家有不同做法:法国对反雏妓运动者的呐喊,采取"不回应"的态度,妓女在街上被警察殴打的时候,也未见公众提出抗议。在英国,官方对妓女的暴力化为对妓女做例行性病检查的形式,在传染病防治法(Contagious Diseases Act)的保护下,政府可以为所欲为地对妓女施以检查,仿佛只有女性才会隐藏或传染性病似的。尽管各国对卖淫的处理方式不同,但所有改革者的任务倒是相同,那就是取回男人自以为应得的性权利。随着关于此问题的斗争渐次展开,两项重要的主题跟着出现,而二者都将改变女人在二十世纪的生活方式。

第一项主题得自最基本的人身权利:拒绝权。工业革命前,大概很少有比"老小姐"更被怜悯和鄙视的人了。社会通常认为,女人一定要有个男人,只要有男人肯追她,她就不该拒绝;单身贵族的概念在当时根本闻所未闻。通过提供给单身女性生活目标及工作,十九世纪的妇女运动提高了单身女性的眼界及自尊。在法律改革、选举权、女性受教育权、禁酒运动、废奴及其他各个领域,单身女性都找到了个人的成就感及质疑"婚姻是一切"这一观点的信心。由于在克里米亚的英雄行径,南丁格尔成为世界最著名的未婚女性。她拒绝婚姻,显示了她对自主性、个人性和身体自主权是多么看重。从"女人一接受男人求婚就得完全牺牲自己……她必须以夫意为己意"的宣言中,也能看出南丁格尔为何要拒绝婚姻。

觉醒了的未婚女性有自己的生活目标,但这并不意味她想活在性欲未被唤醒的禁欲状态里。随着拒绝权而来的是选择权。有了自由选择权以后,许多女人做了以另一个女人为爱悦对象的选择。尽管社会舆论一开始不接受女同性恋,但随着时间的流逝,如今传统道德必须接受发展成熟的女同性恋现实。十九世纪的人们对女同性恋并不陌生,但在过去,就像女性的许多其他私人活动一样,女同性恋大体为男性社会所忽视。

熟悉女同性恋的男人通常把女同性恋视为异性恋的另一种形式：以十七世纪亨利二世宫廷内女性为写作对象的布宏托姆，便曾将女同性恋描写成"不过是对异性恋的学习"，且由于不可能有"不贞的勾当"牵涉在内，女同性恋是可为丈夫所接受的。

教会可没有这么维护女同性恋。尽管《圣经》只有一处提及女同性恋（在圣徒保罗的贬斥里），基督教却对此"不自然的罪"表达出了相当强烈的厌恶，并对女同性恋施以死刑惩罚。一七二一年的欧洲，便有一个名叫卡萨丽娜·玛格丽莎·林克（Catharina Margaretha Linck）的德国女人，由于企图假扮男人与另一个女人结婚，而被处以火刑。这个例子显示了父权社会的无情，而这无情可在许多其他例子里看到。林克的罪不在于和女人做爱，而是在于乔装成男人以达到目的。同样地，在教会体制之内，修女或平常女人如果被逮到在使用"女同性恋者所用的人造阴茎"，又或者在乔装男人，也别指望会受到任何宽待。在教会人士、父亲和丈夫的心目中，女人亲吻、爱抚、共享一张床和互相爱抚至高潮都没什么大不了，只要她们是停留在"女人和女人做爱"的阶段——因为女人间的性行为不但不妨碍他们的利益，甚至还可满足他们的阳物中心幻想，这一点在"两个女同性恋者和一个男人"的情节始终是色情电影的标准情节上，可以看出来。

随着自主意识强烈、决心远离当代社会主流的女同性恋者的出现，女同性恋问题必须被重新审视。一八九二年，一个叫艾丽丝·米切尔（Alice Mitchell）的田纳西州年轻女人杀死了她的恋人弗雷达·华德（Freda Ward），以确保任何人都无法从她身边抢走她，可敬的美国人必须改变女同性恋行为只发生在旧世界，或只在法国色情片里发生的观点了。欧洲女同性恋者甚至早在一九〇〇年就已聚集起来，并找到了同性恋者骄傲的源头，就像这位本世纪初的德国科学家所说的：

鼓起勇气来吧，我的姊妹们，让这世界明白你们的生活权利与"正常"世界的人并无二致！反抗这世界，他们就会容忍你们，他们就会承认你们，他们甚至会嫉妒你们。❻

她的乐观似乎来得早了些。当男人把女同性恋理解成异性恋的另一种形式，他们对女人的浪漫友谊、情感联系、精神相契之爱，甚至两女密切结合当然能够容忍。但当女人不再隐瞒这类交合真实的、性的基础，男人的反应就不同了。因为如果两个阴蒂就能快乐地进行性爱，阳物霸权理论就站不住脚了。突然间，男人被迫面对一根手指、一副舌头、一个女人都能比他们的神圣器官做得更好的事实，再加上女人正在寻求的经济与政治平等，女人与男人平起平坐的日子眼看就要来临了。

这让男人觉得不能忍受。急着走出密室的女人发现男人在门外严阵以待，随时要对她们迎头痛击。在英国，女作家拉德克利夫·霍尔（Radcliffe Hall）于一九二八年出版了她的女同性恋小说《寂寞之井》（The Well of Loneliness）。教名为玛格丽特，却以约翰之名行走四方——拉德克利夫·霍尔由于对书中女主人公的负面看法（女主人公喊道："我是上帝在额头上盖有戳记的人之一，与凯恩一样，我是有污点的人。"）而被后来的女同性恋女性主义者抨击。但这位同性恋女主角也在一声令人难忘的呼喊（"噢，上帝，请在整个世界前承认我们，并给我们生存权！"）为她所有的姊妹发了言。然而，这声呼喊未被听见——拉德克利夫·霍尔被她所处的男性社会残酷地起诉，无论在社会地位或经济上均从此一蹶不振，因为男性中心社会要证明任何挑战男性中心社会权威的人，都是得不到好下场的。

男家长并未把所有注意力都放在女同性恋者对容忍及接受的呼吁上，他们还有另一场仗要打，这场仗也要求他们全力以赴。从十九世纪中叶起，随着卖淫、儿童色情（child sex）及殴打女人等议题受到女性主义者严格的检视，男性只能眼睁睁看着自己的性权利被逐一削夺。如今所有的性战争，尤其是女性为打击男性对女体的操控权而发动的抗争，都聚焦在了对避孕权的争取上。现代由玛格丽特·桑格发明的节育（birth control）一词，成为身体解放运动的象征及中心，就像投票权成为公民权战役的象征及中心一样。两者都激起了愤怒、偏执和憎恨等反应，两者也都要求运动者拿出执著与毅力。而在这两者中，避孕问题由于位居私领域的核心,对个体的影响极大;妇女投票权或许还不那么与每一个女人切身相关,而避孕权则与每个女人的身体息息相关。

新避孕法不同于旧避孕法之处,在于其效果显著。自有人类起,就有了子宫颈帽、阴道塞等避孕工具;但这些工具和技术发展到"可靠"阶段,已经是十九世纪中期。最显著的发展是橡胶硬化技术,这项在十九世纪四十年代发展出的技术促成了现代安全套的诞生,也使德国医师王尔德(Wilde)的铁/银帽发明得到改良。随着灌洗器(douche syringe)在十九世纪七十年代取得专利权,妇女进行避孕就像进浴室处理个人卫生一样,既不干扰生理运行,又能有效控制精子流动。

不过,就上述发展而言,科学的脚步似乎比大众意见要走更快。当英国激进改革者弗朗西斯·普雷斯(Francis Place)在一八二二年著书②盛赞一种避孕技术的神奇作用,"一片海绵,大约一寸见方,在性交前置于阴道,之后用双绞线取出",大众的反应只能用歇斯底里来形容。大西洋两岸的医师,尽管均相当爱岗敬业,却对此恶意颠倒自然的行为相当不以为然。为性而性、刻意避免怀孕的性爱,照这些医师看来,无异于"违反自然";而扼杀精子就等于间接杀婴一样。"海绵避孕器造成的伤害,是无论如何不能放任不管的。"英国医学学会的悲观论者劳士博士(Dr. C. H. F. Routh)这样大声疾呼:

······慢性子宫炎······白带······经血过多······阴囊积血······子宫痛及感觉过敏······恶性肿瘤······卵巢水肿······不孕、沮丧及令人厌恶的慕雄狂(nymphomania),都是由海绵避孕器所引起的······❸

改革者所畏惧的不仅仅是这种争论而已。一八七七年,英国改革者安妮·贝赞特(Annie Besant)被判入狱;虽然最后她逃过了牢狱之灾,但却丧失了对女儿的监护权。十年后,一位叫阿尔勃特(H. A. Allbutt)的英国医生,由于在《妻子手册》(The Wife's Handbook)中谈及避孕而被吊销营业执照。但在惊慌的男家长的愤怒之下,改革波涛依旧汹涌。一八二二年,阿丽塔·雅各布斯(Aletta Jacobs),荷兰第一位女医生,创立了世界上第一家避孕诊所。为避孕权奋斗的下一代女性，英国的玛丽·斯托普斯（Marie Stopes）及美国的玛格丽特·桑格，则发现最糟糕的时光已经过去，而胜利已然在望。性与生殖间的锁链已被折断，对心存乐观的桑格和斯托普斯而言，在这场战争中，自己已经获胜。桑格看到女性挣脱生育枷锁，不再因过度生育而遭受贫穷与体弱之苦；斯托普斯则看到避孕把女性带入更美好的"夫妻之爱"乐园。无论如何，两人都视女性为胜利者。在战争打得最激烈的时候，桑格将她的机关刊物命名为《女叛徒》（Woman Rebel）。如今革命结束，目的达成，"女叛徒"只消坐下来，享受她的革命成果就行了。

这两个女人的乐观无疑来得太早了。因为在十九世纪女性主义兴起的同时，男人对它的反挫也在紧锣密鼓地进行中。整个西方，所有父神都被踢倒在地，男人躺在地上，因自尊受创而呻吟，时刻都想着如何复仇。终于有人付诸行动——在维也纳，弗洛伊德着手进行着将男人恢复到宇宙中心正统地位的文化大业。

对女人来说，第一大不幸，是弗洛伊德出生于十九世纪中叶的德国布尔乔亚社会——对一个发誓要重塑整个世界的女性观念的人来说，德国布尔乔亚社会这个基本将女性同化为无脑娃娃或将女性推入歇斯底惨境的僵化、狭窄、反动而具破坏性的社会，是最好的社会结构模型。可以说，弗洛伊德是一个标准的犹太大男子主义者，这从他给他未婚妻的信中即可看出：

这场女性争取男女平权的奋斗着实荒谬。要是我的小女朋友去做这样的斗士，我会告诉她……我喜欢她，我希望她别参加这场争斗，回到安静祥和的家庭活动里去……我相信所有法律和教育改革行动都会失败，因为天地初开之时，自然便已决定女人必须是美丽、迷人、甜美的。法律和风俗或许会稍微改变这个境况，但女人的位置大体已经决定了：年轻时她是个被崇拜的甜妞儿，年纪大时她是个被爱的妻子。❸

弗洛伊德以"自然"为法宝，神气活现地走上舞台。他以极端的自信，完全无视妇女运动的存在，亮出了阳物。事实上，阳物从未曾消失过，只是女性对男性性特权的攻击让它暂时稍微收敛了气焰。而今，新兴的德国剧作家创作了一出新剧，再次让阳物成为主角。

这出戏的情节很简单：小男孩在成长过程中爱恋着他的母亲。有一天他发现了一个宝物——男性阳具，小男孩羡慕极了，巴不得自己也拥有同样的阳具。同时，他的妹妹也看到了这个景象——她感到愤怒极了，因为她没有阳具。小男孩最终将会克服自己的恋母情结及对阉割的恐惧，并长成像他父亲那样的男人，小女孩则会终身陷在对阳具不成熟的羡慕里。俄狄浦斯戏剧的逻辑其实很简单：做男人比做女人好，且这世上没有一样东西像阳具那样美好、有力、重要而值得拥有。

从这个出发点，很自然会得到以下结论：女人不如男人，因为她缺少阳具；女人根本就是不完全、有缺陷的存在。弗洛伊德既然如此执迷于阳具在性别发展上的重要性，自然就不可能不认为"女性阳具"——阴蒂，与阳具相较就不成熟多了。弗洛伊德认为阴蒂小而敏感，并认为阴蒂受困于一种"不成熟的阳刚特质"（childish masculinity）。唯有当女人将她的快感区从阴蒂转移至阴道，女性才算在性方面发展成熟。阴道高潮是真女人的标记，阴蒂高潮则意味着退回童稚期。对于这一理论所产生的影响，一位现代美国生物学家曾这样阐述：

> 弗洛伊德的阴道高潮理论着实具有压迫性，因为它坚决认为女性必须将她的快感区从阴蒂移至阴道，才算是性欲发展成熟。此说影响实在深远。许多女性由于无法顺利将快感区从阴蒂移至阴道，感受到了深深的自卑感与罪恶感。作为解释和治疗性冷淡的理论，阴道高潮理论的效果可谓适得其反，它要求女性以阴道来体验性爱，但阴道恰是女性最难感受高潮的部位……通过将女人的性完全以阳具来定义，阴道高潮理论促进了性的阳物中心性（phallocentricity of sexuality）。❶

阴道高潮理论着实影响深远。它确定了女人最个人、最秘密的部分以及她的性，从今起就要被男性"专家"操控——男人尽管从来不关心女人，却始终对女人的性掌握着各方面的操控权。对男人而言，阴道高潮理论是一个美妙的新领域，在这儿，旧地母必须臣服在新科学父神的权威之下。被打倒了的女性，无奈之余只有再次吟诵起旧台词：男强、女弱，男积极、女被动，男主权、女屈从；更细腻的说法，则来自弗洛伊德的一位女助手——玛丽·波拿巴（Marie Bonaparte）所著的《女性性欲》（*Female Sexuality*）一书：

> 由于女性在一切事物中的角色，从卵子到阴道，都是被动的，阴道必须以被动、潜伏、静止的姿态等待阳具降临，就像卵子必须以同样的姿态等待精子一样。可以说，我们每个女人的初次性经验，都是把睡美人的女性神话重述了一次。❶

这话说得真是漂亮，且它来得正是时候。随着避孕知识和技术的发展与传播，女人就快要取得对自己身体的操控权了。从现在起，西方男人无论如何也没法再像过去那样轻而易举地让女人不停怀孕、不停受苦。但这不是像某些乐观改革者所以为的那样宣告了女人所受的性压迫的结束。女人固然取得了若干身体自主权，对性有选择、拒绝权，但男人也打出了他们最好的一张牌——女人在心理上仍不得不受到性压迫，担心自己性冷淡，害怕自己不够女人、不成熟，像小孩一样。

这诡计真是天衣无缝。弗洛伊德的话所到的每一处，女人都免不了要惊惶失措，极力顺从。"未拥有身体操控权的女人，不能算自由的女人。"玛格丽特·桑格如是说。而弗洛伊德必然同意这句话，才会如此处心积虑地想要控制女人的身体。

---

❶ Louise Michele Newman, *Men's Ideas, Women's Realities: Popular Science 1870–1915* (New York and London, 1985), p. 105.

❷ Dr. Mary Schalieb, *The Seven Ages of Woman* (1915), pp. 11–12, 51. 女性特质是一种病的观念，为不少理论家倡导过，如 J. M. Allen 及 Dr. Howard A. Kelly 都曾

主张这方面的观念。

❸ Katherine Mayo, *Mother India* (London, 1927), pp. 97 – 98.

❹ A. Sinclair, *The Emancipation of American Woman* (New York, 1966), p. 72.

❺ Francis (sic) Swiney, *Women and Natural Law* (The League of Isis, 1912), p. 44; *The Bar of Isis* (1907), p. 38.

❻ Lillian Faderman and Brigitte Eriksson (trans. and ed.), *Lesbian Feminism in Turn-of-the-Century Germany* (Weatherby Lake, Missouri, 1980), pp. 23 – 32. 亦可参见 Faderman, *Surpassing the Love of Men: Romantic Friendship and Love between Women from the Renaissance to the Present* (1981).

❼ C. H. F. Routh, *The Moral and Physical Evils Likely to Follow Practices Intended as Checks to Population* (1879), pp. 9 – 17。在此要指出,许多人认为受过高教育的女性特别容易患上这些病。有关弗朗西斯·普雷斯这个人,可参见 Derek Llewellyn Jones, HumanReproduction and Society (1974), p. 228.

❽ Eva Figes, *Patriarchal Attitudes: Women in Society* (1970), pp. 27 – 28.

❾ Ruth Bleier, *Science and Gender: A Critique of Biology and its Theories on Women* (New York and Oxford, 1984), pp. 170 – 171.

❿ Juliet Mitchell, *Woman's Estate* (1971), p. 164.

① 译注:克里斯特贝尔·潘克赫斯特是英国妇女参政权论者。其母亲古登·潘克赫斯特(Goulden Emmeline Pankhurst, 1858 – 1928)也是妇女参政权论者。其妹西尔维娅·潘克赫斯特(Silvia Pankhurst, 1882 – 1906)则以反对婚姻建制及维护未婚妈妈的权益而著名,并在一九二七年产下私生子,以身体力行其理论。

② 译注:这本书叫《人口原则例解与证明》(*Illustrations and Proofs of the Principle of Population*),为论述避孕的最早的文献之一。除了关心妇女权益外,弗朗西斯·普雷斯还以致力于工会运动而著称。

12

时 间 之 女

> 真理是时间之女,而非权威之女。
>
> ——弗朗西斯·培根

> 历史——若我读得不错的话,是企图驯服父(Father)的记录……文明的最伟大胜利是教化男人。
>
> ——马克思·勒纳(Max Lerner)

> 二十世纪的男人和女人应该如何思考男性特质与女性特质,才能赶上时代?
>
> ——玛格丽特·米德

一九一四年八月四日，英国外交大臣爱德华·格雷爵士（Sir Edward Grey），在一片黑暗中俯视伦敦政府机关所在地。"灯光，"他说，"就要在整个欧洲熄灭。在我有生之年，我绝看不到它再度亮起了。"这番感叹自有道理——浩劫之后，没有任何参战国付得起瓦斯费或电费。打这场仗花了英国五百亿英镑，而复原费更是高达一千亿英镑。原可用来改善民生的钱，消耗在了一场让数百万人无家可归的战争中。

没死已算幸运，超过千万人死于这场战争。是什么使得政府里的老男人愿意送自己国家最优秀的年轻人到战场送死？无论是什么原因，对在战争中失去情人、丈夫、儿子及一切人生希望的女人而言，再崇高的说辞也无法安慰她们伤痛的万分之一。女人不仅要承担失去男人的苦楚，还要承担得不到平等与自由的痛苦。战争期间，英国护士伊迪丝·卡维尔（Edith Cavell）由于协助伤兵逃逸而被德军杀害；荷兰舞蹈家玛塔·哈里（Mata Hari）则因被误认成德国间谍而被法军杀死。女人享受不到男人所享的特权，却在枪杆子前与男人争取平等，这样的平等实在是讽刺，也显示了女性的处境并未获得多少改善。

这样的状况到第二次世界大战时又再次重演。法西斯主义的兴起，使得男子气概被极度强调，女人在前一世纪的奋斗中所赢得的利益则几乎悉数遭到抹杀。纳粹主义尤其强调女人的传统形象，希特勒认为精神有问题或性机能不全的女人才会搞妇女运动，纳粹宣传部长戈培尔（Paul Joseph Goebbels）则宣称："女人应只为丈夫打扮，且只为丈夫生育。"纳粹当局则认为男女不平等乃天经地义，就像亚利安种与非亚利安种不平等是天经地义的一样。既是天经地义，自是坚固难摧，就像历史学家理查德·葛伦伯格（Richard Grunberger）所说那样：

> 魏玛宪法给予女性投票权，因这一群优秀的女性主义者，从极"左"的罗莎·卢森堡（Rosa Luxemburg）、卡拉·蔡特金（Cara Zetkin），到若干右派德国议会议员，对德国战后政治景象的塑造出力颇多。介于这些政治人物和劳动妇女之间的，是一群女性专业精英：近十万名女教师、一万三千名女音乐家及三千名女医生。❶

这些女性如今已被逐出公共生活——纳粹党最早颁布的法令，就是永远禁止女性出任党职。女人该做的，当然是多生小孩和多为党培育人才。纳粹党承诺，回归"小孩、教堂、厨房"旧传统的女人，能获得"受人尊敬，荣耀加身"的报偿。

能获得这种报偿的女人并不多。纳粹对女人有多少尊敬，可从以下这个例子窥出大概：

在奥斯维辛集中营，有一所四十个房间的妓院，为特定人士服务。里边的妓女是领有许可证的。这些女孩一次工作两小时，一个礼拜工作三次……她每二十分钟敲一次铃……❷

以残酷著称的纳粹，也找到了一个前所未见的利用妓女的方式——她们被绑到死于集中营的男囚身上，以观察妓女的体热是否能让男人回春。这项由达豪（Dachau，位于联邦德国巴伐利亚州）德国空军一位名为西格蒙德·拉舍尔（Sigmund Rascher）的医生发明的实验，本来是想看看一位死于溺水的德国空军飞行员是否能经由此方式回春。各种方法都试过了，最后才想到用妓女的体热。希姆莱（Heinrich Himmler，盖世太保头目、纳粹党卫军最高负责人）对集中营主管波尔（Pohl）下此命令时只提出一个条件——妓女不可是德国妓女。

就纳粹政权的恐怖程度而言，这些女人还算幸运。集中营外有一群女人在反抗希特勒暴政，从女学童扎森浩斯（Hiltgut Zassenhaus，她不肯行纳粹举手礼，而将手臂刺入一面玻璃）到著名的反抗运动英雄们都是如此。由于她们无法加入军队，女人的反法西斯活动只能通过传递情报或参加游击队活动进行。这并非新鲜事，因女人自黛利拉（Delilah）①及雅亿（Jael）②的时代以来，就有以隐秘行动反抗敌人的传统。这样的传统尽管隐而不彰，却绝不能被忽视或否定。"现代革命事实上是靠女人获得成功的；女人一旦丢掉保守主义，便可证明自己两倍于男性革命者"——菲德尔·卡斯特罗（Fidel Castro）如是说。

女性与革命活动的联结实属平常。多数革命运动都来自为女性谋福利的理想：一八五〇至一八六四年间横扫中国的太平天国运动，最初便是以赋予所有女性完整的社会地位与平等的受教育权为理想。在当时，这理想可以说是相当激进。但尽管革命经常被呈现为替女人谋福利，但在实际的革命里，女人介入了革命的每一层面。六百个女人死于皮里普拉（Piribebuy）之役（巴拉圭反巴西战争中最后一役），而这只是女人在一八六四至一八七〇年的巴拉圭战争中所进行的无数战役之一。之所以提及她们，是因该场战役特别惨烈——一八六八年在皮里普拉，巴拉圭军队伤亡惨重、弹尽粮绝，女人只好用石头、沙及空瓶对抗敌军，写下了战争史上崇高而惨烈的一页。

可见，每当革命到达关键时刻，女性便要投入战场作战。最后一支女性常备军于公元七世纪在爱尔兰被撤废，但可追溯至古老母权体制时期的女性征战传统，却从未完全消失。例如在非洲，达荷美共和国（Dahomey）的"亚马逊女战士"便曾在一八六三年受到李察·波顿爵士的嘲笑："……全都又老又丑……这些士兵必定是因臀大而中选……她们像群羊般行动……"但波顿也记载了这支由二千五百人组成的军队在战场上的神勇作风。她们不可能全都又老又丑，因为全部二千五百人都是国王的正室。

尽管官方不肯采用女军人，自近代初期仍起有不少政府希望看到女人在战争中发挥积极影响力。十六世纪的西班牙人伊拉索（Catalina de Erauso）在宣誓入修道院的前一天晚上逃离修道院，辗转南美为西班牙人作战；"小猫"卡瓦纳（"Kit" Cavanagh）在一八九三年加入英军以寻找被强制征募的丈夫，结果在对抗法军时表现优异，竟被拔擢至骑兵队；汉娜·斯奈尔（Hannah Snell）在一七四八年英国海军袭击本地治里（Pondicherry，印度联合区域）的战役中身负十二伤，靠着在腹股沟部塞入一个球，才没被看出性别；古巴的罗雷塔·维拉奎兹（Loreta Velasquez）在三个小孩全死于热病后加入南部联邦，在美国南北战争中作战；而英国教区牧师之女弗洛拉·桑迪斯（Flora Sandes）则在第一次世界大战中领导塞尔维亚步兵队对抗保加利亚人。除此之外，还有不计其数的女军人，她们在战场上的表现，让人不再以为女人在战争中只能扮演看护伤者和为死者哀悼的角色。

当女人变成女战士，女人在传统角色中被压抑的那一面就会表现出来——特里尼达·特斯康（Trinidad Tescon），著名的菲律宾女军人（她曾参加一八九五年后菲律宾人对抗西班牙人的所有关键战役），便利用自己女战士、女英雄的美名为伤兵建立医院，在医院里她被男人们称为"妈妈"。同样勇敢的是俄国布尔什维克军人玛丽亚·波希卡雷娃（Mariya Bochkareva）。在立下光荣的服役纪录、获颁多面勋章后，波希卡雷娃以二千名志愿者成立一支女人军团，号称"女人敢死队"。这支敢死队战功彪炳，以至于类似的部队在整个俄罗斯纷纷成立，一个晚上就有一千五百名女性入伍，可见她们从军的热情是多么大。

不过，总体而言，女人对革命运动的最大贡献在于身为自由斗士，而非作为上前线作战的军人。这一传统在拉丁美洲尤其明显。在那儿，赫特鲁迪斯·博卡内格拉（Gertrudis Bocanegra）在墨西哥独立战争期间建立并管理一个女人地下网络，后遭政府逮捕，于一八一七年死于酷刑。中国革命分子秋瑾也遭遇了同样的噩运。秋瑾是位有信仰的女性主义者，以圣女贞德为典范，在一八九八年投入了反清战斗。秋瑾在一九〇七年起义失败，被捕殉难，但由于她坚忍不屈（至死未供出同志姓名，仅写下"秋风秋雨愁煞人"七字），她的组织留了下来，而她的勇毅精神也激励了后继者，对推翻清政府统治起到了积极作用。

为自由奋斗的女性，往往要付出代价。许多女人为革命赔上性命，如俄国的索菲亚·佩罗夫斯卡雅（Sofya Perovskaya），她在一八八一年计划刺杀沙皇亚历山大二世，不幸事情败露，她的爱人被捕，她愤而自杀。活下来的人也付出了惨痛代价：佩罗夫斯卡雅的同志兼友人埃利沙维塔·科瓦尔斯卡雅（Elisaveta Kovalskaya）在西伯利亚度过了二十年；另一位佩罗夫斯卡雅的同志，维拉·菲格纳（Vera Figner），也在尼瓦河（River Neva，位于苏俄西北部）的恐怖岛上服了二十年徒刑，那光景，照菲格纳后来在回忆录里形容的，"简直生不如死。"或许，最凄惨的要算维拉·柳巴托维奇（Vera Liubatovich），她和她的爱人逃到日内瓦，在那儿，他们生了一个孩子。她的爱人后来被秘密警察逮捕，柳巴托维奇丢下孩子去找他，结果被捕，被放逐到西伯利亚，可谓全盘皆输。

然而真正的革命者绝不会被困难所击倒。在二十世纪的几次大革命中，中国革命尤其以女性的积极参与著称，女性不但自动投入革命洪流，有一些人，如康克清③，更在十多岁就拿起了枪。邓颖超也是一位勇敢的女性，她是参加一九三四至一九三五年长征的三十五位女性之一，宁可抛弃家庭，也要与丈夫周恩来参加"让共产主义在中国生根"的二万五千里长征。周恩来后来成为新中国的总理，邓颖超则掌理着好几项政府高层职务。何香凝④这位在二十世纪二十年代毅然剪发的中国早期女性主义者，在一九二五年痛失夫婿。开剪发风气的向警予，则在一九二七年"白色恐怖"风潮席卷中国时赔上性命。然而革命之轮依旧顺着二十世纪三十至七十年代的多次革命往前行：在西班牙，"豪放女"多洛雷斯·伊巴露丽（Dolores Ibarruri）以其强有力的反法西斯口号"不让他们通过"号召了整个时代的人心；阿尔及利亚的贾米拉·布帕查（Djamila Boupacha）和古巴的海蒂·圣塔玛莉亚（Haydee Santamaria），则为了唤醒全世界的良心而遭受残酷的性虐待；除此之外，还有乔伊斯·恩宏哥（Joyce Nhongo），她领导黑人游击队抵抗罗德西亚（Rhodesia，位于非洲中南部）白人政府军对她的攻击——在她生女儿的前两天。

代价诚然很高，但付出代价必有收获。在革命前的中国，男人要是疼太太、不肯打老婆，是会被扔到当地行政长官或地主的地窖里去的。一旦革命禁止男人打老婆的风气，女人立刻抓住了逃离五千年暴政的机会，就像这位不满的丈夫所抱怨的：

> 我所有的朋友都打老婆，所以我只是遵守风俗。我要是不打老婆就觉得全身不对劲……解放后我不敢再打她了。我要是发脾气、举起拳头要打她，她就会和小孩会联合起来反抗我，对我说毛主席不准男人打老婆，我只好缩手……这年头，谁要是敢打老婆，准会招来抗议。打老婆是不可能的了。●

对男人而言，这是挫败；对女人而言，这是革命成功。这可不完全是毛主席的功劳。尽管中国共产党中央委员会确曾颁布殴妻禁令，但这是依靠中国妇女协会的力量，才使法令落实。到二十世纪六十年代末，女性自助团体出现，中国妇女遂能聚在一起吐苦水，讨论自己的处境及丈夫的滥权，并挑战（甚至惩罚）不肯放弃往日坏习惯的男人。

改朝换代未必会给女人带来如此明显的好处。对乡下女人或都市贫民而言，生活仿佛永远只在无尽的生育和生存竞争中打转。有时候，革命静悄悄的出现，人们在一开始看不出其重要性。譬如避孕丸的发明就是这样。一九五五年，美国马萨诸塞州乌斯特生化中心一位名叫格雷格里·平克斯（Gregory Pincus）的美籍研究员，宣布他已经分离出一群妊娠素型的化学类固醇，一般妇女这时根本懒得注意这件事情。但平克斯事实上已发现了宝贝，有能力将多日以来的梦想转变成现实的物质。平克斯所发现的妊娠素，口服后具有抑制排卵的效果，从此，"口服避孕药"就这样平静地诞生了。然而它将要发挥强大的影响力，改变许多人的命运。

平克斯在一九五五年于东京举行的科学研究会议上报告了他的发现，而这会议本身也是一个科学上的里程碑。在这会议上发表的另一篇报告，是有关子宫内避孕器的改良。子宫内避孕器是在二十世纪二十至三十年代于德国和以色列首先获得发展，背后则有古老医学知识的支持——每位印度接生婆都知道，若能嵌一根豆荚、香草枝或甘草根到子宫里去，妇女就不会受孕。但早期的子宫内避孕器并不好用，科技尚未发展到能制造良好的子宫内避孕器，制造出来的避孕器不是不灵，就是引起骨盆发炎。如今才刚在改良收音机上取得技术胜利的日本人，又顺利改良了避孕器。一个不会坏的迷你塑胶圈（即不久后众所周知的 coil）被放到子宫后，达到避孕效果。

不到十五年，就有逾两千万名女性在使用避孕丸，逾一千万名女性使用子宫内避孕器。不难想象，为何有这么多的女性如此喜爱使用这些避孕法。这两种避孕法的避孕率都很高，且完全是由妇女掌控，不像安全套——女人总是弄不清丈夫是否已买了安全套、他是否愿意使用这种"扫兴的东西"、他是否来得及戴上以及安全套是否会中途脱落……

避孕丸和子宫内避孕器比子宫颈帽还多一样好处，那就是它们可以一年三百六十五天、一天二十四小时不间断地执勤。而子宫颈帽（加了杀精虫药膏的子宫颈帽在一九三二年由牛津大学发明）则要求在性行为前戴上，使性行为变得好像是经过算计的行为（今晚我要做爱）或无意义的例行公事——"记得于每晚刷牙时戴上它，其他的就留给你丈夫操心。"一份二十世纪五十年代的英国避孕说明书上这样写道。如今，有了避孕丸和子宫内避孕器，女人可以自由自在、没有负担地进行性生活，而且也不必担心怀孕。避孕使得性与生殖分离——新的避孕技术如今已带来了避孕与性的分离。

如此这般，一个自人类存在以来即已存在、不断引发两性战争的问题又被摆上了台面——谁控制女体？历史上头一次，西方社会发现自己面临着"女人能像男人那样无拘无束、随心所欲、不需事前计划、毫无负担地享用性"这样的状况。随着规范堕胎的西方法律在二十世纪六十年代松绑，性与生殖的关系越来越远了。

从堕胎史中可以看出，社会与法律对女体的操控，从来只反映父权的规范与偏执，从不反映女性的需要。一直到一九三九年的英国，由伯克特勋爵（Lord Alfred Birkett）所主持的政府委员会仍再度肯定了国家对女性生殖的控制权。直到国家不再执着于拥有操控权，而对个人自主权的让步形成法律上的认定，彻底的转变才在西方发生。

在拥有强烈罗马天主教传统、堕胎不只是非法甚至被认为不道德的国家，冲突尤其强烈，事端、纷争无时不在进行。幸好有女性主义者长期不懈的关心，争取堕胎权的运动才能成功。在爱尔兰，一群女性一起从都柏林旅行到贝尔法斯特（Belfast，在爱尔兰北部，是英国的一部分，实施英国法律）去买避孕药，当所谓"避孕火车"开回都柏林，群众给予热烈支持，海关关员对此非法走私也采取睁一只眼闭一只眼的态度。在法国，包括西蒙·波伏娃等著名知识分子在内的众多女性，签署并传播《三四三号文件》（*Manifeste des* 343）。这份文件指出所有签署人都曾经历非法堕胎，且她们不怕被起诉。从这份文件上，产生了由吉赛拉·哈利米（Gisela Halimi，为被迫害的阿尔及利亚自由斗士贾米拉·布帕查〔Djamila Boupacha〕辩护的律师）创建的支持堕胎组织——选择（Choisir）。"选择"的创建促成了由西蒙·维尔（Simone Veil）在一九七四年于法国议会提案的有关避孕及堕胎的划时代法律的通过。

二十世纪七十年代末，大西洋两岸的重大法律决议，使得欧洲和美国女性的生活整个改观。一九七三年，美国最高法院宣布"个人拥有包括堕胎决定在内的隐私权"，之后又在一则划时代的声明中肯定了女性的堕胎权：

> 由于女性是生育胎儿者，且女性受怀孕的影响较立即而直接，她的利益较父亲的利益应获得更多关注。❶

英国法院对妇女堕胎权的支持态度甚至更为明确：英国法律不赋予父亲在堕胎一事上任何被咨询的权利。

父亲没有权利？宣告"我的身体由我自己决定"的女性竟能得到法院支持？这是怎么发生的？这是经过女性主义者近二十年的不懈努力，才得到的成效。我们必须了解，女性争得选举权后，对妇女运动依旧勇往直前。引用女权运动者朵拉·罗素（Dora Russell）对黛尔·斯班德（Dale Spender）的话说，"妇女运动在本世纪从未停歇过！"甚至在第二次世界大战时期，也有一部重要的女性主义文本问世，那就是西蒙·波伏娃对女性受压迫的惊世骇俗的脉络分析——《第二性》（*The Second Sex*, 1949）。

由于女性向来绝缘于历史书，绝缘于当代经历的记录，绝缘于男人通过工作及公共活动所享有的经常性的接触，因此从来不存在一个明显、连续且被接受的女性政治活动传统。唯有当男人提出反击、男性握有种种新特权，女人才会回头看，发现她们的力量、她们的团结和她们的政治史。而每当这种情况发生，每件事都必须被重新发现、重新发明，以抵抗男人"绝不让女人得逞"的决心。男人是这样不肯认错，简直令女人沮丧不堪。现代女性主义之母贝蒂·芙莱顿（Betty Friedan）为这沮丧取了个名字，叫"无名的烦恼"（the problem without a name），这个名字

随着她一九六三年发表的著作《女性的奥秘》(The Feminine Mystique) 一同为世人所知:

二十世纪中叶,美国女性普遍受苦于一种奇异的骚动、一种不满足感和一种渴望。每位郊区妇女都必须独自面对这个问题。她铺床、买杂货、打扫卫生、吃花生奶油三明治、替小孩当司机……夜里躺在丈夫旁边,她不敢问自己一个问题:"这就是一切?"❺

贝蒂·芙莱顿的成就在于将快乐主妇的神话击成碎片,她因此使得女性能将她们在家庭领域内的牢笼击破,彼此分担挫折与愤怒。大约在同时,一股强烈的愤怒也从另一个方向注入了。二十世纪六十年代的激进政治吸引了许多坚强而有抱负的年轻妇女投入反种族歧视及反越战的行列,不过,投入进去之后,她们却发现领导游行、演讲的是男人,女人只是坐在一旁黏信封、听讲而已。当女人听到黑人领袖斯托克利·卡迈克尔(Stokely Carmichael)说,"女人在运动中的唯一位置是听话,"女人看到有一群人比黑人、比越南人更需要解放——她们自己。女性的愤怒与行动的爆发在下列大事记里体现得淋漓尽致:

一九六六年美国国家妇女协会(America's National Organization of Women)成立,由芙莱顿出任会长。

一九六九年安妮·科特(Anne Koedt)发表划时代论文《阴道高潮神话》(The Myth of the Vaginal Orgasm),打破了阴道高潮的误解,强调了阴蒂之于女人高潮的重要性,并用此理论来为女人的性加油打气。❻

一九七〇年凯蒂·米利特(Kate Millett)的《性政治》(Sexual Politics)、杰曼·格里尔(Germaine Greer)的《女宦官》(The Female Eunuch)、舒拉米斯·费尔斯通(Shulamith Firestone)的《性的辩证:女性主义革命论》(The Dialectic of Sex: The Case for Feminist Revolution)出版。

首届国家妇女解放大会在英国召开。

一九七一年美国国家妇女政治组织委员会(US National Women's Political Caucus）成立。

一九七三年国际女性主义大会召开（International Feminist Congress）。

一九七五年联合国宣布进入"女权十年"（Decade of Women's Rights）⑦。

二十世纪六十年代至今法律改革（law reform）、平等机会立法（equal opportunities legislation）全面实行。

二十世纪八十年代"积极行动"（positive action）等计划纷纷在工业国家施行。

于是乎，妇女运动脱离了其混乱、不确定的最初发展阶段，进入了稳健发展期，不只女性投入，男性和政府也加入其中。新的抗议声音和新的分析视野，赋予运动让人眼睛一亮的权威性与合法性：

> 女人是被压迫的阶级……我们被当成性玩物、生育者、家仆及廉价劳工……男人除了对我们施以管束之外还有暴力威胁。**由于我们与我们的压迫者相处如此亲密，女人彼此间又相互隔离，我们无法把我们所受的个人痛苦视为政治状况。**⑧

从这原创的、有内涵的、又极富洞察力的视野之中，产生了妇女运动的一个最强有力的口号：个人的即政治的（personal is political）。这是头一次，许多女人接受了"敌人不是教会、国家、法律、政府或'他们'，而是所有这些的代表——她们床上的男人——他"的概念。

许多女人认为这是她们等了一辈子的声明；这则声明解释了社会现实该如何运作，也让女人看出了个人经验背后的社会力量。对这些女人而言，采取行动似乎是无可避免的。如果女人能顺利地将女性主义口号化为行动，而使个人的成为政治的，那她们就有力量替女人扳回一些优势。女人投入政治及权力斗争是一个相当缓慢的过程。当斯里兰卡的西里玛沃·班达拉奈克（Sirimavo Bandaranaike）在一九六〇年成为全世界第一位女总理，没有人敢期望还有后来者，但她的上任确实开启了女性从政之风。强悍、能干、渴望权位且十分希望能活出美国女性主义者风采的吉尔·约翰斯顿（Jill Johnston）的话语中闪现着真理的光芒，她说："没有人该一辈子屈居幕后。"从此，女性政治家开始活跃在世界舞台上。

要在男人的权力政治领域内发展，必须在精神和体力上都拿出极好的耐力和惊人的体力。南希·阿斯特（Nancy Astor）成为英国千年历史上第一位加入议会的女性之后，她却说自己加入议会的第一个六个月的感受，"简直像在地狱里"。在多数国家，连要赢得选举候选人资格都难如登天——法国社会主义者珍妮·戴瑛（Jeanne Déroin）在一八四九年试图进入法国议会时曾遭到嘲笑和辱骂，因为当时唯一开放给女性的公职是邮局局长和学校教师等职位。然而女人坚持自己的候选人资格，意志顽强，不屈不挠。一八七二年，政治生涯精彩跌宕的伍德赫尔（Victoria Claflin Woodhull）成为美国历史上第一位竞选总统一职的女性。伍德赫尔和她的妹妹也成立了美国第一所女性专业股票经纪商业公司，但由于过分领先时代，她最终成了丑闻和笑柄。

但就在伍德赫尔竞选总统之后不到一百年，女性出任重要公职逐渐成为风尚。一九六六年，英迪拉·甘地（Indira Gandhi）成为印度第一位女总理；一九六九年，梅尔夫人（Golda Meir）在一群男候选人中胜出，成为以色列总理；一九七四年，埃莉诺·格拉索（Eleanor Grasso）成为美国第一位不靠丈夫裙带关系而当选的女州长⑤；同年，法国新获任命的卫生部长西蒙妮·维尔（Simone Veil）在议会成功领导了堕胎法律改革；一九七九年，贝娜齐尔·布托（Benazir Bhutto）成为巴基斯坦总理，玛格丽特·撒切尔（Margaret Thatcher）成为英国首相；之后还有其他令人振奋的"角色突破者"（role-bysters，这是美国媒体给这些女人的封号）：维格迪丝·芬博阿多蒂尔（Vigdís Finnbogadóttir），于一九八〇年成为冰岛第一位女总理；一九八四年，纽约的杰拉尔丁·费拉萝（Geraldine Ferraro）出马竞选美国副总统，虽未当选，却离成功只有一步之遥。这类成就不断在全世界的教区、各种公职及政府行政部门内上演，气势之盛，令人想起一位美国女商人的宣言："女人来了——呼啸而来。"

不过，不是所有女性主义者都欣赏女性在男人权力世界所获的成功。分离主义者便怀疑女人遭男性体系收编的速度过快，因而质疑"既被收编,何言反抗?"这是引用美国黑人诗人奥德烈·洛德(Audre Lorde)的话。分离主义者相信,男人和女人的政治的需要和规范不仅不同而且对立,因此她们组成女性政党与团体,为女性取向(Woman-identified)的种种议题呐喊、奋斗。从二十世纪六十年代开始,到现代女性主义重新诞生后这几十年,不少古老但未受注意的社会问题被关注,因而女性救难中心及强暴危机处理中心随之产生。环保议题也在许多女性的政治行动议程上占据重要位置,正如历史学家里恩寇特所说:"把地球弄脏了的西方人,如今必须与愤怒的地母作战——沉稳、慈爱的地母有时也是会发怒的,多面的印度教女神时母便是如此。"

"女人致力于环保"的意念造就了全世界最持久的一座和平营,英国南部格林汉康蒙(Greenham Common)的女人和平营。尽管有来自附近美军⑥、英国法庭、当地警察、无聊男子的不断骚扰及英国小报的恶意攻击,女人营仍然挺立了十几年,成为女人致力和平运动的光荣象征:

噢,姊妹们,你们来,尽情歌唱,
手拉手,
姊妹们,我们在为地球请命。

环保事业仍需努力,女人争取平权的事业亦然。在最初胜利的陶醉后,二十世纪末期的女性主义必须逐渐了解一个事实,即:每消灭一个敌人,就多一个敌人;新的压迫兴起,这些压迫与从前的压迫一样,内里蕴含着相当深的不平等,要消灭这些不平等是相当不容易的。由于经历了太多失望,女性已渐能看出其奋斗永难成功的性质;也渐能了解,女性固然获得了许多权利与自由,但只要基本困境未改,这些好不容易获得的权利与自由依旧会被摧毁。

女性在社会变化期间尤其能激发自身潜力,那是因为此时旧建制崩塌,社会准许女性(及其他从前被排除的人)进入从前无法进入的结构。女性在公共领域或在工作领域的进步,因此与变动时期分不开:边境女性努力拓荒,移民女性供职于企业,竞选公职或工会职务。二十世纪七十年代不景气的世界经济，推动了女性参与劳动市场（在英国，女性占劳动人口百分之四十七），促成了女权运动后二十世纪六十年代的时代变革，就像第一次世界大战时的情形一样——当时有数百万女性抛弃家庭投入工厂，并发誓再也不回去做家务了。

她们当然还是回去了。家务不能没有人做，整个时代新进的工程师和技术员、两次世界大战的职业女性，于是都回到家里。无论当时工作、开车、送小孩上托儿所和育幼院有多么必需，这些解放征象终究被视作对危机的反应，且终会破坏基础。不确定、不满足与恐惧的氛围，当然是战争危机所造成的，可也与女性如今拥有工作、不再在家做贤妻良母的事实有关。男人受不了环境变化的压力，便把女人当成罪魁祸首，视女人为压力之源——而这种不确定、不满足与恐惧的氛围对女人亦然，这使得女性在承担压力外还得承担作为压力之源的罪名，往往令女性难以招架。

女性的前进常招来反挫，不外下述几个原因：

女人工作，男人却失业。（"女人抢走了男人的工作。"）

女人走出家庭樊笼，与工厂里或其他团体里的女性发展关系。

女人有自己的收入，并且经济独立。

女人获得公共权利。

女人掌握了"男性"技能（骑马、打猎、经商），从而消解了男性全能的神话，并对男性领导权提出了挑战。

"炉灶旁的天使"消失：女人忙于其他事情，家事没人理。

另外，渴望回到旧的生活方式的人类天性——"等一切回复正常，我们就能再过幸福日子"……"等这场可怕的战争结束……"我们便不难了解，为何女人所获的利益总是无法久留。男人总是暗中反击。"我们很惊讶地发现，获得投票权并不意味着你因此就是个完整公民。这个发现很令人伤心。"在妇女赢得投票权五十年后，一位妇女选举权论者发出了这样哀叹。

女性不断重复这样的发现。女人必须明白，她们的自由并非凭空得来，而是通过一次又一次的努力换来的。在十九世纪，注意力被放在投票权、教育和女性对职业的取得上。前苏联女权运动者科拉罗·列金便是一个对这三个领域非常了解的人，她在一九○七年创立国际社会主义者妇女协会（International Socialist Women's Congress），并因立论精辟、见解独到而在国际上享有极高的知名度。

然而就像许多其他女权运动者一样，列金真诚地相信，女性的政治与社会解放有赖于女性取得对劳动力的完全参与，及取得完整的法律权利。不过，美梦还未做完，列金的阵营里已有女人为理想捐躯，列金的朋友兼同僚罗莎·卢森堡被政敌捉去，凌虐至死。列金及卢森堡都不相信马克思能为女人谋福利；在获得若干堕胎权与离婚权之后，前苏联女性发觉自己的处境比过去更糟了。如今她们是政权的经济工具以及男人的性玩物，白天要工作不说，晚上还得挑起育儿及家务的重担。

结果可想而知。本世纪初，前苏联女性的平均寿命比男性的平均寿命少两年，尽管从国际上说，女人的寿命一般较男人长。到二十世纪六十年代初，前苏联女性的平均寿命更是比男性的平均寿命少了八年。然而党依旧实行旧政策，对男女角色、男女分工抱持传统观念：

> 男孩在学校时就得为从军做准备。他接受严格的体能与军事训练，以成为成熟的军人……而女孩呢？她得准备做母亲。学校必须教给女孩诸如人体解剖学、生理学、心理学、教育学及卫生学等专门知识。❸

这种病态的性别隔离至今仍然可见诸于每个社会的深层结构，因为它不断活跃在人心最深处。对女人而言，人生目标仿佛只有两种——不是当蜡烛两头烧、疲于奔命的工人/妻子/母亲，便是当一个百无聊赖、空虚困顿的家庭主妇/懒惰者。在这两者外似乎没有其他选择。而这两者中，似乎又以全职家庭主妇的角色较为讨好，因为家庭主妇似乎较能掌握自己的生活，较职业妇女多了几分清闲。但这只是个假象，因为家庭主妇实际上也是被家务拖着走，而家务最主要的特征就是怎么做也做不完。

自夏洛蒂·柏金斯·吉尔曼俏皮地指出"家庭既不再需要丈夫，也不需要太太"，至今百余年过去了，女性的家务工作量并未有减少的迹象。胡佛电动吸尘器、洗衣机、电冰箱、洗碗机、食物处理机及微波炉从十九世纪中叶起即源源不绝地从实验室及工厂流出——煤气炉于一八四一年在英国发明；第一台胡佛电动吸尘器在一九〇八年取得专利……**但女性花在烹饪、清洁及照顾家人上的精力却一点也没减少**。随着家务本身变得更精密而困难，花在家务上的时间一点不比从前少，且女性必须更努力工作，以符合崭新科技所带来的家务高标准。

有人建议减少或重新定义家务，但这建议并未获得采纳。认为社会的不平等起源于家庭的夏洛蒂·柏金斯·吉尔曼建议撤废家务。她认为，烹饪、清洁及照顾幼儿的工作应社会化，并由男女共同执行，让家成为个人休闲及娱乐的所在。不过，男人显然不喜欢和女人共同分担家务，他们宁可把时间花在发明家用电器上，自己享福，而让女人忙得团团转。

家用电器的生产也使家务成为孤寂、机械化、边缘化的活动，这又进一步使家务成为女人眼中的低地位工作（"我只是个家庭主妇"成为二十世纪六十年代女性的标准自嘲）。不受重视，不被关注（除了被广告商关注），被疏离且被鄙视，家庭主妇好比不领薪水的家庭奴隶，经常要靠药物维持精神，这一点从女性酗酒/吸毒的现象在西方日益严重便可看出来。

所谓职业妇女（仿佛家庭主妇所做的不算工作），则在家务外还有可以拿到薪水的工作做，而她工作的收入最多只是男人所得的四分之三。同工同酬虽然已在许多国家得到立法规范，但它只对男女同工不同酬的情况带来了细微的影响。女性组成全世界正式劳动力的三分之一，但就薪酬而言，她们却只获得了总收入的十分之一，拥有不到总财产的百分之一。再者，在工作领域内，女性始终停留在低层次的岗位上，得不到升迁，也得不到能带来地位与财富的工作。在社会中，以女性为主力的工作必然得不到尊重，这类工作始终是低薪工作，被视为"女人家的活儿"。在种种因素的共同作用下，女性始终被排除在重要资源之外，她们没法改善自己的处境，也没法在她们的家庭和社区内发挥更多作用。

然而，话说回来，西方工业社会中的女性如今在工作领域中表现杰出，时时想更上一层楼，这本身便是一种长足的进步。在过去，男人们很容易就能将女性排除在高层工作外；如今的女性可没有这么好打发，要是敢阻挡她们升迁，她们不但会抱怨，还会挺身反抗。不过，会这么做的多半是白人中产阶级女性，获益的也多半是她们。即使当白人女性主义者试图关怀黑人女性的利益，她们的关怀也经常得不到黑人女性的回应。对受惯压迫的黑人而言，白人总是居心叵测，白人的关怀总有不良意图在内。托妮·莫里森（Toni Morrison，黑人女作家，一九九三年诺贝尔文学奖得主）在一九七一年发表的一篇论文中把黑人女性对妇女解放的想法解释得很清楚："太多运动和组织曾口口声声说要关怀黑人女性，结果是却作践、利用她们。她们不想再被利用去帮助别人获得权力——她们不想再为他人做嫁衣。"

对一些黑人女性行动主义者而言，女性主义只是白人放出的烟幕，好让黑人女性看不到真正的战场和真正的敌人——种族主义。其他人，像贝尔·胡克斯（Bell Hooks），则呼吁所有被压迫者一条心：被白人男性霸权压迫的所有人应团结起来对抗共同敌人，而非彼此对抗。这里边的意思很清楚：尽管所有女性都因身为女性而受到压迫，但并非所有女性都受到同等程度的压迫。黑人女性认为，"男压迫女"的说法，很可能只是白人的说辞，以"男压迫女"来观察非白人社会，容易产生误解。就以美国拉科塔族（Lakota）原住民女性来说，她们十分服从男性，但这只是其古老传统的一部分。要拉科塔族女性学习美国女人的态度，对男人采取强势的态度和作为，等于要她们放弃纯真自我去学美国人，这会造成她们的人格分裂。

种族歧视与性别歧视交错之处，问题往往很复杂。以南美洲来说，当地的绅士总秉持着"女士至上"的原则——但众所皆知，黑人女性在当地不能算女性（每位南美绅士都有一堆图书馆的书籍，上面写着黑人女性只是"高等动物"，而非完整的人）——因此假若你是黑人女性，你便不是完整的人，得时时秉持"白人男性至上"原则。终于有一个女人觉得受不了。罗莎·帕克斯（Rosa Parks）这位黑人女性之所以能名垂青史，就是因为她不肯应一位白人男性的要求让出座位（事情发生在一九五五年阿拉巴马州蒙哥马利城的一辆公车上）。她的行为在南美洲激起了黑人联合抵制巴士的风潮，又在此基础上，促成了民权运动的诞生。黑人终于团结起来，争取被压抑的人权。

之前受种族歧视的族群只是自扫门前雪，封闭在自己的国家，极少跨国串联。女人亦然。孤军奋斗的结果，往往使得许多女人备感沮丧——伊朗女人说："自由会来，但尚未来到，也不会来这儿、来我们身上。"伊朗历经西化（伊朗在二十世纪五十至七十年代间力行西化政策）、柯梅尼掌权、原教旨主义复苏……但男人对女人的暴政却丝毫未变。一位西方观察家曾从宗教和政治两方面阐述伊朗女人所遭遇的困境：

在一九七八至一九七九年，有教养的女性穿上黑色罩袍（chador）⑧作为对国王的抗议，而柯梅尼则痛斥国王对女性的态度……"国王宣称女性应只是性感尤物。这一观念等于把女性视为娼妓和性玩物。"

今天，露出太多头发的人会被送到感化营进行"道德感化教育"，面纱被视为独立于西方价值的象征。未能正确穿着希嘉布（hejab，正确的宗教服）会被视为反革命。⑨

以上说法，虽是由西方男性所陈述，却得到了伊朗女性的支持。作家玛希德·阿密尔·沙希（Mashid Amir Shahi）便曾公开抨击柯梅尼"女人和男人不平等，女人在生理、天性和智力上均比男人差"的说法。而柯梅尼这话的意思，可由以下这段话中看出来：

强暴自然而然就会发生。政治犯在被处死前会被凌虐、强暴，尤其是年轻女性。他们强暴九岁的女政治犯，因为假若他们处死一位处女，神就会不高兴。女人受到各种凌虐，诸如脸被泼强酸、头发被烧等。这意味着，在伊朗，只要是女人便是政治犯。

政治犯——在过去，身为女人是违反自然、违反上帝的罪恶，如今，女人成了体制必须时时加以收束的一股游离于意识形态之外的力量。在此体制下，胆敢质疑自己所处的社会意识形态的女人会被打入"魔鬼之女"的行列，而魔鬼之女是上帝的男人或男人的上帝决心要加以消灭的。女人只要敢辩论、质疑、挑战，便不是女人。女人是被自然设计来讨好、赞美男人，来爱慕、服侍男人的。否则要女人干吗？

在这种基本认定中，潜伏着女性特质的永恒神话，及自恋男人永不餍足的幻想。对男人而言，答案很简单——女人是为男人而存在，且女人应为此事实觉得感激。这种非分的要求，被二十世纪的造梦工厂——好莱坞电影工业表现得淋漓尽致。好莱坞的罪恶和执迷把女性性化（the sexualizing of the female），事实上这是所有大众媒体的共同特征，也是其商业成功的秘诀。而尽管广告现已取代电影成为西方工业社会性定型（sexual stereotyping）的主要载体，好莱坞仍有其领先之处。战后各地居民对男人和女人、工作和爱情所抱持的看法，很大一部分来自好莱坞电影的影响。

透过银幕的不朽魅力，好莱坞究竟要告诉观众什么？拍出《彗星美人》（All about Eve）、《美人计》（Notorious）、《惊魂记》（Psycho）及《金刚》（King Kong）等片的好莱坞大亨究竟想传达什么讯息？除了好女孩和坏女孩、妓女和圣女、小女人和好太太以及国家的诞生是男人的杰作（女人只能在旁烧开水），好莱坞电影里究竟还有什么？要了解这个问题，不妨去看《绅士爱美人》（Gentlemen Prefer Blondes）。不知为什么，好莱坞对宗教倒是十分崇敬（《拿撒勒的基督》〔Jesus of Nazareth〕、《生来是售票室的男人》〔The Man Born to be Box-Office〕），因此好莱坞俨然成为美国的教堂，每部片都有新《圣经》，每部片都诉说着一个故事，而这个故事是曾被讲述过的最伟大、最古老、最残酷、最愚蠢的故事——男人生来就是男人。

男人就是男人，而好莱坞电影这个美国游乐场是最能表达这一事实的地方。当好莱坞电影大亨们张大眼睛检视一张张滚动过摄影机的电影胶片时，父神必在旁窃笑不已。是的，既然已经有电影作为镇压、管教女人的工具，男人不就乐得轻松了吗？

在男人支配女人的永恒事业里，二十世纪的大众传媒究竟是在何种程度上取代了旧的支配工具，至今尚无定论。但可以确定的是，在对女性色情的偷窥中，在对母亲、处女、妓女这类女性原型的重复运用里，在好女孩/坏女孩的对照中，好莱坞由于对管教女人贡献良多，而取得了与柯梅尼的"道德警察"并肩的光荣地位。

随着大众媒体这一伪现代工业带领我们走向未来，我们可预测到女性追求自由与平等的下一阶段的新场所。随着文明前进，女性劣势的来源和位置被定位在自然、生理、宗教、生理机能、脑容量和女性心理上。女性已取回的权利则有受教育权、财产拥有权和投票权，这类权利的取得使得女性的地位大为提高，但其他若干层面仍进展缓慢。这不是要贬低至今已取得的奋斗成果，而是要说，女性主义者现已明白，世界不是那么容易改变，她们还有很长的路要走。

要对现代社会进行改造，有很多事情要做。譬如性平等就是一项。**人类至今所进行的一切民主实验，一切革命，一切对平等的呼吁，均未触及性平等**。每个社会在其权力结构中都存在着一连串精密、相互作用的串制符号，这套符码无论在何处都一定使得男人地位比女人高。所有社会都陷在传统的男女分工里，男人从这样的性别分工中得到的财务和权力收获一定比女人大。女人享受不到男人享有的权利、特权、可能性和休闲时间。无论在何处，男人仍阻挡在女人与权力、女人与国家、女人与自由以及女人与她们自己之间。

这故事没有结局，就像女人的历史，虽然年代久远，但就某种意义而言，才刚刚开始。女人向来不只为生存奋斗，也为生存的意义奋斗——如今，她们在组织、集结、推进，不只为新的定义，也为了**定义权**。格达·勒纳就呐喊："一旦男人丧失支配权，定义权由男女平分，历史的书写将会是什么样呢？"在她对未来的观照里，"我们终将拥有一片天"：

我们如今知道，男人并非人类的标准，男人和女人都是人类的标准。

男人并非世界中心，男人和女人都是世界中心。这一见识将如哥白尼"地球不是宇宙中心"的发现那样，大幅度地改变全人类的意识。❶

新女人当然需要新男人，但如今她不会犯过去那么多女人所犯的"将自由、前途完全托付给男人"的错误。女性自觉及自立的新精神已经渗入从女性主义者理论到流行音乐的每个领域，如海伦·雷蒂（Helen Reddy）的这首歌：

> 我是女人，听我怒吼
> 音量惊人，
> 我不会回头，
> 因为我已经历太多
> 我曾经在底层，
> 没有人能再把我压在底层……
> 我是女人，看我成长
> 看我踮起脚尖，
> 伸展双臂，
> 但我仍是个胚胎，
> 有很长、很长的路要走
> 直到我使我兄弟了解……
> 我是万能的，我能做任何事——
> 我是强壮的，
> 我是无敌的，
> 我是女人！

这一新女性力量存在于对一个古老真理的真切体会中："我们了解，唯一在乎我们、能为我们的自由努力不懈的人，是我们自己。我们的策略来自我们对自己、对姊妹及社区健康的爱，因此我们努力奋斗不懈。"爱、奋斗和工作——这就是女人的历史。而如果真的存在一个终极真理，它应该是：爱、奋斗和工作会继续。阿尔弗雷德·阿德勒（Alfred Adler, 1870 – 1937）⑨如是说：

> 无论我们给它取什么名字，在人类当中我们一定能发现这种活动——这一欲从劣势升到优势、从挫败到胜利、从低处到高处的奋斗。

---

❶ Richard Grunberger, *A Social History of the Third Reich* (1971), pp. 322 – 323。上段中培戈尔的话也是引自本书。

❷ Vera Laska, *Women in the Resistance and the Holocaust* (Connecticut, 1983), p. 181.

❸ Lisa Leghorn and Katherine Parker, *Woman's Worth: Sexual Economics and the World of Women* (1981), p. 83.

❹ 这则美国一九七三年的判决，可参见 *Planned Parenthood of Missouri v. Danforth* (1976), 428 US 52; 49 L. Ed 788。下段中英国的例子，可参见 *Paton v. Trustees of BPAS* (1978) 2 All ER 987 at 991。有关法律对堕胎态度的历史回顾，见 Katherine O'Donovan, *Sexual Divisions in Law* (London, 1985), pp. 87 – 92.

❺ Betty Friedan, *The Feminine Mystique* (1963), p. 15.

❻ Ruth Bleier, *Science and Gender: A Critique of Biology and its Theories on Women* (New York and Oxford, 1984), p. 167。科特的论文很重要，因为它挑战了弗洛伊德"女性有两个性器官——阴蒂和阴道，后者是'成熟的'，前者是'不成熟的'"之理论，并否定了弗洛伊德"以阴道高潮来治疗性冷淡"的看法。由于科特的这篇论文，性议题成为女权运动的重要论题，女性主义者纷纷指出，女性一定要将对她们身体的管理权收回自己手中，别让男性"专家"操控她们的身体。

❼ 这段引文来自纽约一个自称"红袜子"的妇女团体所起草的一篇妇女解放宣言。见 Anna Coote and Beatrix Campbell, *Sweet Freedom: The Struggle for Women's Liberation* (1982), p. 15.

❽ R. Fuelop-Miller, *The Mind and Face of Bolshevism* (New York, 1965), p. 173.

❾ Tim Hodlin, 'Veil of tears', the *Listener* (12 June, 1986).

❿ Selma James (ed.), *Strangers and Sisters: Women, Race and Immigration* (1985),

p. 85.

① 译注：《旧约·士师记》第十六章第四至二十一节，记载了黛利拉诱骗出卖参孙（Samson）的故事，后人以黛利拉喻指"女诱骗者"、"以色相引诱男人的女子"。

② 译注：雅亿，底波拉时代的女英雄，基尼人希百的妻子。她杀死了她的客人西西拉。见《旧约·士师记》第四章第五节。

③ 译注：康克清为朱德夫人。

④ 译注：何香凝为廖仲恺夫人，善于绘画。廖于一九二五被刺身亡。

⑤ 译注：格拉索为民主党员，于一九七五年当选康乃狄克州州长。在此之前，她曾任康乃狄克州议会议员（一九五二——一九五七年）及国务卿（一九五八——一九七〇年）。一九七〇年，她当选美国众议员。

⑥ 译注：格林汉康蒙附近有美军驻守的核子飞弹基地。

⑦ 译注：一九七六至一九八五年为联合国明定的"女权十年"。在国际监督之下，全世界各国都致力于提升妇女地位，各地区妇女团体也不断串联，十年之中举办了三次世界妇女会议。

⑧ 译注：黑色罩袍为穆斯林或印度妇女所穿从头盖到脚只露出脸部的外袍，多为黑色或黄褐色。

⑨ 译注：阿尔弗雷德·阿德勒为维也纳著名的精神分析学家。他不同意弗洛伊德强调生物学因素与性因素的论点，而首先强调的是社会、人际与等级制度的关系，认为就身为人类的我们的塑造而言，后天环境比先天的影响要大得多。此外，阿德勒的若干学说以深富女性主义色彩著名。例如，他认为女性患精神官能症的原因在于父权体制下女性的劣等处境，患精神官能症的女性其实是在抗议她们在父权体制下的处境。

译后记

　　近年来妇女运动在台湾风起云涌，妇女研究渐成气候，女性丛书出版甚火，在众多女性丛书中"女性书写"与"书写女性"甚具特色，女性以女性之笔，书写不同族群/阶级的女性，借女性口述历史、自传、传统去累积、建构妇女生活史/生命史，逐渐打破过去历史诠释权掌握在男性手中而衍生的缺失，历史不再是"his story"。

　　这般荣景，颇接近本书作者"我们亟需更多女性写出更多、更好的女性史来，丰富女性史的内容"的期望。在欣见妇女史的建构在台湾日渐茁长的同时，我们亦乐见这样一本将妇女史置于巨幅时间/空间脉络下观照、从宏观角度切入的论著有机会摊于国内读者眼前，以中译本的形式，取得大众的阅读鉴赏。窄观点、宽视镜的彼此映照，本土、国际的交相激荡，必能丰富读者对妇女研究/女性史的认识。有心于女性视野的读者可从这众多论述中挑选适合自己的观点，建立一己的认知，发挥个人的实践力量，谱写自己的故事。

　　本书原著系一九八八年由 Michael Joseph Ltd 出版，之后数次再版。此中译本之译文力求信实、可读，正文部分全数译出，并加入若干译注：原书注释部分，择重要、说明性强者译出。原书行文，相当通俗，作者欲突破学术书范围、以易读文字影响广大读者之心，不难体会。译者但愿译文如此之处理，既不违原著精神，又兼顾篇幅与读者之阅读方便。

　　本书原著涉及历史学、考古学、人类学及宗教、文化各方面知识，译者学浅,在勉力以赴之余,亦时有心余力绌之叹。在这方面,我要感谢几位好友/先生的帮忙。书中日、法文及两国文学方面,感谢学弟郑其伦先生多方为我解难;印度教知识方面,则感谢好友吴继文先生为我释疑;几处回教方面疑难,感谢佛光大学比较宗教学研究所教授蔡源林先生赐教;人类学方面译文,多得熊鹏翥先生相助,谨此一并申谢。最后要特别感谢繁体版编辑吴莉君、郑立俐小姐在资料提供上的协助和编校上的用心。译文中若有任何桀误,为译者力有不逮所致,当由译者负完全责任。

是为译后记。

刁筱华,一九九八年十月于台北